U0887463

"十四五"职业教育国家规划教材

城市轨道交通供电技术

（第 2 版）

陶　艳　朱闻名　主　编
张　莹　主　审

人民交通出版社股份有限公司
北　京

内 容 提 要

本教材为“十四五”职业教育国家规划教材，职业教育城市轨道交通类专业教材。其主要内容包括城市轨道交通供电系统概述、外部供电系统、牵引变电所的主要电气设备、变电所的电气接线、接触网、城市轨道交通电力监控系统、城市轨道交通供电系统的安全要求 7 个模块，以及试验（实训）指导手册。

本教材紧跟城市轨道交通行业发展的步伐，对接城市轨道交通供配电技术国家专业教学标准、城市轨道交通变电检修岗位和接触网检修岗位作业标准、《城市轨道交通变电检修职业技能等级标准》和《城市轨道交通接触网维护职业技能等级标准》两项“1 + X”职业技能等级标准，以应知应会为基础，以技能应用为目的，以必需、够用为标准，充分融入城市轨道交通供电行业的新技术、新工艺、新规范、新标准，围绕核心职业能力的形成来组织内容。同时，依托城市轨道交通供电行业和运营企业的真实案例，将城市轨道交通变电检修和接触网检修岗位所需要的具体安全责任、爱岗敬业、吃苦耐劳的劳动精神和严谨细致、精益求精的工匠精神等职业素质充分融入教材，旨在实现技能和素质的同步融合培养，德技并修。

＊本教材依托“智慧职教”精品在线开放课程，配套了丰富的助学助教资源，请有需求的教师加入“职教轨道教学研讨群（QQ 群号：129327355）”获取。

图书在版编目(CIP)数据

城市轨道交通供电技术/陶艳，朱闻名主编．—2 版．—北京：人民交通出版社股份有限公司，2021. 11(2025. 8 重印)

ISBN 978-7-114-16060-8

Ⅰ. ①城…　Ⅱ. ①陶…　②朱…　Ⅲ. ①城市铁路—供电系统　Ⅳ. ①U239. 5

中国版本图书馆 CIP 数据核字(2021)第 267052 号

“十四五”职业教育国家规划教材
Chengshi Guidao Jiaotong Gongdian Jishu
书　　名：城市轨道交通供电技术（第 2 版）
著 作 者：陶　艳　朱闻名
责任编辑：袁　方　杨　思
责任校对：席少楠　刘　璇
责任印制：张　凯
出版发行：人民交通出版社股份有限公司
地　　址：(100011) 北京市朝阳区安定门外外馆斜街 3 号
网　　址：http：//www. ccpcl. com. cn
销售电话：(010) 85285911
总 经 销：人民交通出版社股份有限公司发行部
经　　销：各地新华书店
印　　刷：北京市密东印刷有限公司
开　　本：787 × 1092　1/16
印　　张：13. 25
字　　数：277 千
版　　次：2010 年 8 月　第 1 版
2021 年 11 月　第 2 版
印　　次：2025 年 8 月　第 2 版　第 7 次印刷　累计第 20 次印刷
书　　号：ISBN 978-7-114-16060-8
定　　价：39. 00 元
(有印刷、装订质量问题的图书，由本公司负责调换)

第2版前言

供电系统是城市轨道交通的动力源泉。没有供电系统的可靠、安全供电，就不可能有城市轨道交通的正常运行。随着城市轨道交通的飞速发展，新技术、新工艺、新规范和新标准不断应用于城市轨道交通供电系统，因此，《城市轨道交通供电技术》必须通过再版对相应内容进行更新，以适应城市轨道交通及其供电系统智能化、绿色化发展。

再版后的教材具有如下特点：

（1）结构形式模块化。本教材以轨道列车变电检修和接触网检修岗位的应知应会为基础，以岗位典型工作任务为核心内容，以城市轨道交通供电系统的主要组成模块为主线，采用模块化编写思路，设计了“城市轨道交通供电系统概述”“外部供电系统”“牵引变电所的主要电气设备”“变电所的电气接线”“接触网”“城市轨道交通电力监控系统”“城市轨道交通供电系统的安全要求”等7个模块及1个试验（实训）指导手册。教材结构完整，层次分明，充分考虑了学生知识、技能和素质培养需求。

（2）内容对接“三标四新”。本教材紧跟城市轨道交通行业发展的步伐，对接城市轨道交通供配电技术国家专业教学标准、城市轨道交通变电检修岗位和接触网检修岗位作业标准、“城市轨道交通变电检修”和“接触网检修”两项“1+X”技能等级标准（三标），以应知应会为基础，以技能应用为目的，以必需、够用为准则，充分融入城市轨道交通供电行业的新技术、新工艺、新规范、新标准（四新），围绕核心职业能力的形成来组织内容。如模块1将城市轨道交通发展现状的数据更至最新，模块7中增加了“1+X”技能等级标准要求的“作业安全防护”内容，试验（实训）指导手册中删除了部分与岗位工作相关性不强的实训内容，增加了“三相变压器空载试验”“电流互感器变比与极性判别试验”“拉出值及线岔检调”等与岗位职业能力需求及考证标准紧密对接的内容。针对每个试验（实训）项目，紧密对接“1+X”考证要求和标准，明确了实训场地、实训设备及工具、实训组织及要求、实训内容、操作步骤以及考核标准。

（3）精心设计试验（实训）指导手册。从学生喜欢动手，但是又难于动手的学情出发，选取城市轨道交通变电检修和接触网检修岗位和“1+X”证书（中级）中的典型任务和易于实现的任务，基于工作过程，行动导向，将作业规程转换成详细、直观的试验（实训）指导手册。手册中针对每个试验（实训），明确了实训场地、实训设备及工具、实训组织及要求、实训内容、操作步骤以及考核标准，既能方便学生学习和动手实践，又极大方便教师对试验实训任务的完成效果以技能考核进行客观评价。

（4）充分融入课程思政。本教材理论联系实际更加紧密。书中很多案例均更新为城市轨道交通运营企业的真实案例。以真实案例为载体，将城市轨道交通变电检修和接触网检修岗位所需要的安全责任、爱岗敬业、吃苦耐劳的劳动精神和严谨细致、精益求精的工匠精神等职业素质充分融入教材内容，旨在实现能力和素质的同步融合培养，德技并修。

（5）配套立体化教学资源。本教材依托智慧职教平台精品在线开放课程（见二维码），配套了丰富的助学助教教学资源。包括微课、视频、动画、课件、作业指导书、习题及答案等，推荐读者通过在线课程展开学习。

本教材由湖南铁道职业技术学院陶艳、朱闻名主编。其中，模块1至模块4由朱闻名编写，模块5至模块7、试验（实训）指导手册由陶艳编写。国家“万人计划”教学名师张莹教授对本书进行了审定。

本教材还对第1版教材中的一些有错误和有歧义的地方进行了修正。但限于编者水平，教材中仍不可避免会存在谬误和不妥之处，真诚希望读者和专家继续予以批评指正。

在线开放课程二维码

编　者

2021年10月

目录

本教材配套资源索引

欢迎读者通过“智慧职教”平台精品课程展开学习。

本教材课程思政教学设计

学习项目（章）	知识目标	技能目标	素质目标	教学模块（节）	思政元素	思政案例（具体资源见开放课程平台）
模块1：城市轨道交通供电系统概述	K1-1：掌握城市轨道交通的定义、特点及类型； K1-2：掌握城市轨道交通供电系统的功能及要求； K1-3：掌握城市轨道交通供电系统的组成及各组成部分的作用； K1-4：掌握城市轨道交通供电系统制式的发展历程及应用现状； K1-5：掌握杂散电流腐蚀形成的原因及防护措施	A1-1：能区分各种类型的城市轨道交通系统的特点； A1-2：能画出城市轨道交通供电系统的构成图； A1-3：能复述城市轨道交通供电系统采用直流制式的原因； A1-4：能复述城市轨道交通供电系统中地下杂散电流产生的原因和防护措施	Q1-1：培养民族自豪感和自信心； Q1-2：具备安全用电、安全作业意识； Q1-3：具备严谨认真、精益求精的工匠精神	城市轨道交通概述	国家富强的民族自豪感，争当国家主人翁的责任感	新闻：《从一无所有到世界第一，中国城轨的超燃逆袭》
				城市轨道交通供电系统的功能	用电保安全、作业要严谨的职业意识	视频：《电气化电路安全》
				城市轨道交通供电系统的组成	一丝不苟、认真严谨的工作态度	视频：《轨道交通安全警示教育，防止触电危害》 宣传片：《电气化电路安全宣传》
				城市轨道交通供电系统的制式	勇于创新、为国家做贡献的工匠意识	新闻：《工匠精神　轨道力量——深挖技术创新好点子，推进智慧城轨高发展》
				城市轨道交通供电系统的杂散电流腐蚀与防护	精于工、匠于心、品于行的工作态度	视频：《电力工匠龙二哥》
模块2：外部供电系统	K2-1：掌握外部供电系统的电源电压等级及设计原则； K2-2：掌握外部供电系统对城市轨道交通的三种供电方式； K2-3：掌握主变电所的设备和主接线选择；	A2-1：能分别指出外部供电系统的电源电压等级和中压网络的电压等级； A2-2：能画出三种外部供电方式的示意图并指出其特点和适用范围；	Q2-1：具备爱岗敬业、甘于奉献的职业岗位精神； Q2-2：养成吃苦耐劳的职业态度；	电源	用电安全、遵章守纪、甘于奉献的岗位精神	视频：《国家电网安全用电宣传》 视频：《供电人坚守岗位献礼国庆》
				外部供电方式	吃苦耐劳、爱岗敬业的职业精神	故事：《供电检修技术员：我们一年300天都在荒郊野岭工作》
				主变电所	坚守岗位、追求卓越、不断提升自己的职业精神	视频：《国网长沙变电站检修》

续上表

<table>
<tr><th>学习项目（章）</th><th>知识目标</th><th>技能目标</th><th>素质目标</th><th>教学模块（节）</th><th>思政元素</th><th>思政案例（具体资源见开放课程平台）</th></tr>
<tr><td>模块2：外部供电系统</td><td>K2-4：掌握中压供电网络的电压等级和构成形式</td><td>A2-3：能画出各种类型的中压网络构架图</td><td>Q2-3：具备严谨认真、精益求精的工匠精神</td><td>中压供电网络</td><td>不忘初心、牢记使命、勤谨仔细的职业态度</td><td>纪录片：《不忘初心　牢记使命——供电检修班组纪实》</td></tr>
<tr><td rowspan="6">模块3：牵引变电所的主要电气设备</td><td rowspan="6">K3-1：掌握牵引变电所的类型和原理；
K3-2：掌握牵引变电所的设备类型；
K3-3：掌握整流机组的结构原理；
K3-4：掌握各种高压开关设备的结构、原理及使用注意事项；
K3-5：掌握互感器的结构、原理及使用注意事项；
K3-6：掌握高压成套配电装置的结构</td><td rowspan="6">A3-1：能画出直流牵引变电所的接线原理图，并复述其原理；
A3-2：能辨别牵引变电所的各种设备，并说明其作用和原理；
A3-3：能画出整流机组的原理示意图，并复述其原理；
A3-4：能拆装几种常见的高压开关电器，并复述其结构和原理；
A3-5：会判断互感器的极性和使用互感器；
A3-6：能看懂各种电气设备的型号</td><td rowspan="6">Q3-1：培养民族自尊心、自信心和自豪感；
Q3-2：具备团结协作、友爱和谐的团队精神；
Q3-3：具备严谨认真、精益求精的工匠精神</td><td>牵引变电所概述</td><td>民族自强、国家不断进取的民族自尊心、自信心</td><td>视频：《京张高铁完成又一重大节点工程：全线牵引变电所完成送电》</td></tr>
<tr><td>整流机组</td><td>沉下心来，热爱专业，钻研专业，不断进步的精神</td><td>动画：《整流电路的形象原理》</td></tr>
<tr><td>高压开关设备</td><td>培养学生安全作业的意识，精益求精的工作态度</td><td>动画：《真空断路器的结构及工作原理》</td></tr>
<tr><td>互感器</td><td>培养学生友好和谐，又保有自我特点的态度</td><td>视频：《互感器的结构》</td></tr>
<tr><td>避雷装置</td><td>敬畏自然，爱护和保护自然环境</td><td>视频：《雷电的形成》</td></tr>
<tr><td>成套设备</td><td>团结一心，发挥集体最大效应的团队精神</td><td>视频：《成套设备的基本认识》</td></tr>
<tr><td>模块4：变电所的电气接线</td><td>K4-1：掌握典型的电气主接线形式及其特点；
K4-2：掌握变电所常见的电气主接线；</td><td>A4-1：能看懂变电所的电气主接线图和二次回路图；</td><td>Q4-1：养成严谨认真、严于律己、一丝不苟的工作态度；</td><td>电气主接线形式</td><td>严谨认真、严于律己、一丝不苟的工作态度</td><td>视频：《绘制电气主接线图的规范》</td></tr>
</table>

续上表

<table>
<tr><th>学习项目（章）</th><th>知识目标</th><th>技能目标</th><th>素质目标</th><th>教学模块（节）</th><th>思政元素</th><th>思政案例（具体资源见开放课程平台）</th></tr>
<tr><td rowspan="3">模块4：变电所的电气接线</td><td rowspan="3">K4-3：掌握二次回路的类型及二次回路图的结构原理；
K4-4：掌握变电所的控制、信号回路的结构原理；
K4-5：掌握电气接线图的识别</td><td rowspan="3">A4-2：会分析变电所的一次回路和二次回路的原理</td><td rowspan="3">Q4-2：培养规范、安全作业意识；
Q4-3：具备严谨认真、精益求精的工匠精神</td><td>变电所电气主接线</td><td>遵守作业规范，恪守行业标准，具有安全作业意识</td><td>视频：《高压配电倒闸操作》</td></tr>
<tr><td>二次回路概述</td><td>打好专业基础，养成踏实学习、认真工作、积极向上的个人生活态度</td><td>视频：《老电工 20 个常见电气符号识记》</td></tr>
<tr><td>变电所的控制回路、信号回路</td><td>安全无小事，坚守岗位的严谨工作态度</td><td>视频：《荣家湾火车追尾事故惨痛教训》</td></tr>
<tr><td rowspan="5">模块5：接触网</td><td rowspan="5">K5-1：掌握接触网的作用、特点及类型；
K5-2：掌握柔性架空接触网的组成及各组成部分的作用；
K5-3：掌握刚性架空接触网的组成及各组成部分的作用；
K5-4：掌握第三轨式接触网的结构、组成及技术、应用特点；
K5-5：掌握接触网的供电方式；
K5-6：掌握接触网的运行管理和检修规程、制度</td><td rowspan="5">A5-1：能区分各种类型的接触网，了解其特点；
A5-2：能对柔性架空接触网的各组成部分进行装配；
A5-3：能区分第三轨式接触网和走行轨；
A5-4：能熟记接触网的检修规程和制度</td><td rowspan="5">Q5-1：培养扎根专业、不断探索的创新意识；
Q5-2：养成严谨求实、一丝不苟的工作态度；
Q5-3：具备爱岗敬业、甘于奉献的职业精神</td><td>接触网概述</td><td>脚踏实地、日积月累的务实学习态度</td><td>视频：《接触网作业流程及标准》</td></tr>
<tr><td>架空接触网</td><td>扎根专业、不断探索的创新意识</td><td>视频：《接触网红外测温仪检修》</td></tr>
<tr><td>第三轨式接触网</td><td>安全无小事，严谨求实、一丝不苟的工作态度</td><td>视频：《广州地铁 4 号线折返途中拉弧电火花》</td></tr>
<tr><td>牵引变电所向接触网的供电方式</td><td>坚守岗位、忍受寂寞、默默奉献的岗位精神</td><td>故事：《浙江 4 位“95 后”姑娘在偏远牵引变电所保电的故事》</td></tr>
<tr><td>接触网的运行管理与检修</td><td>预防为主、重检慎修的铁路精神</td><td>视频：《接触网检修规则》</td></tr>
</table>

续上表

学习项目（章）	知识目标	技能目标	素质目标	教学模块（节）	思政元素	思政案例（具体资源见开放课程平台）
模块6：城市轨道交通电力监控系统	K6-1：掌握电力监控系统的定义、功能和特点； K6-2：掌握城市轨道交通电力监控系统的组成及原理； K6-3：掌握控制端和被控端的软硬件配置； K6-4：掌握数据通信网的拓扑结构； K6-5：掌握数据通信方式、交换方式和通信协议	A6-1：能复述电力监控系统的功能和特点； A6-2：能画出电力监控系统的组成原理图； A6-3：能分析控制端和被控端的软、硬件配置情况； A6-4：能分析电力监控系统的拓扑结构和数据交换原理	Q6-1：培养民族自豪感和民族责任感； Q6-2：具备爱岗敬业、甘于奉献的职业精神； Q6-3：具备主动学习、勇于创新的精神	电力监控系统概述	学好基础知识，提升学习兴趣，将被动学习转换为主动学习的进取态度	视频：《CBCT 城轨系统》
				电力监控系统的组成及原理	敢于挑战难题，勇于啃下工作中"硬骨头"的精神	视频：《安全供电保障地铁系统调试》
				电力监控系统的数据通信	坚守岗位、勇于技术革新的工作态度	视频：《武汉地铁首次用上"通信护盾"，搭载量子保密通信系统》
				自动化系统集成	以国为荣、为国添彩的民族自豪感、民族责任感	视频：《每天能自己上下班——用灯光上网的地铁在中国造出来了》
模块7：城市轨道交通供电系统的安全要求	K7-1：掌握牵引变电所的安全管理制度； K7-2：掌握接触网安全作业管理制度； K7-3：掌握 SCADA 系统安全管理制度； K7-4：掌握工务和电务人员安全作业管理制度	A7-1：能熟记供电系统的各项安全管理制度； A7-2：能够照章操作	Q7-1：具备乐于奉献、积极向上、坚持不懈的供电坚守精神； Q7-2：养成认真负责、安全至上的职业习惯； Q7-3：具备爱岗敬业、吃苦耐劳、一丝不苟的工匠精神	供变电安全	乐于奉献、积极向上、坚持不懈的供电坚守精神	视频：《地铁供电先锋》
				接触网作业安全	团结同事、精攻专业、钻研技能的爱岗精神	新闻：《地铁接触网班：空中作业拼技能，家庭和睦见真爱》
				电力监控系统安全管理	一分钟不马虎，对岗位负责，安全至上、零风险的职业习惯	纪录片：《北京地铁保安全》
				工务、电务维修作业安全	爱岗敬业、吃苦耐劳、一丝不苟的工匠精神	视频：《徒步 11 公里，弯腰 500 次，守护地铁安全运行》

模块 1

城市轨道交通供电系统概述

问题导入

在当今城市发展过程中，城市轨道交通在公共交通系统中的地位越来越重要。供电系统作为城市轨道交通系统的重要组成部分，相当于人的中枢系统。没有可靠、安全的供电系统供电，没有牵引系统足够的动力支持，就不可能有城市轨道交通的正常运行。城市轨道交通供电系统到底由哪些部分组成？各部分又是如何起作用的呢？本模块将回答这些问题。

学习要点

1. 城市轨道交通的定义、特点及类型；
2. 城市轨道交通供电系统的功能及要求；
3. 城市轨道交通供电系统的组成及各组成部分的作用；
4. 城市轨道交通供电系统制式的发展历程及应用现状；
5. 杂散电流腐蚀形成的原因及防护措施。

技能目标

1. 能区分各种类型的城市轨道交通系统的特点；
2. 能画出城市轨道交通供电系统的构成图；
3. 能复述城市轨道交通供电系统采用直流制式的原因；
4. 能复述城市轨道交通供电系统中地下杂散电流产生的原因和防护措施。

建议学时

4 学时。

微课堂

城轨交通概述	城轨供电系统功能与特点	概说电力系统	低压供配电系统	探索牵引供变电系统	城轨供电系统供电制式	牵引供电方式

单元1.1 城市轨道交通概述

一 城市轨道交通的定义和特点

城市中，使用车辆在固定导轨上运行并主要用于城市客运的交通系统称为城市轨道交通。《城市公共交通分类标准》（CJJ/T 114—2007）将城市轨道交通定义为“采用轨道结构进行承重和导向的车辆运输系统”。

城市轨道交通是城市公共交通的一个重要组成部分，随着城市的不断发展，已逐渐成为城市最主要的交通工具之一。它以其鲜明的特点，赢得了城市管理者和市民的青睐，成为“城市交通的主动脉”。它的特点包括以下几点。

1. 安全

城市轨道交通大部分与地面隔离，其特定的路权方式使系统安全、可靠。此外，因为城市轨道交通具有运量大的特点，人们对其设计、建设、管理、资金的投入多，对其安全性也特别重视。

2. 快捷

城市轨道交通的线路条件受地面环境影响小，并具有良好的控制体系，速度快。

3. 准时

城市轨道交通在可靠技术支持下，按照运营计划行驶，一般都会准时运营。

4. 舒适

城市轨道交通有良好的环控体系和候车环境，乘车舒适度高。

5. 运量大

城市轨道交通的车厢空间大，以地铁为例，地铁A型车客运能力为4.5万~7万人次/h。

6. 无污染(或少污染)

城市轨道交通的动力主要是电能，没有污染（或少污染）。

7. 占地面积少，不破坏地面景观

城市轨道交通的线路主要在地下，占用城市地面面积少，不会破坏地面景观。但是，城市轨道交通也存在如建设投资大、路网结构不易调整、运营成本高、技术条件要求高等缺点。

二 城市轨道交通的类型

按照不同的标准，城市轨道交通可以划分成不同的类别。如按轨道空间位置划分，可分为地下铁道、地面铁路和高架铁路；按轨道形式划分，可分为重轨铁路、轻轨铁路和单轨铁路；按服务区域划分，可分为市郊铁路、市内铁路和区域快速铁路等。由于目前各国对于城市轨道交通的划分尚未有统一的标准，造成城市轨道交通的类型也不是很明确。下面列举一些基本上得到认同的城市轨道交通形式。

1. 地铁

地铁是地下铁道交通的简称，泛指高峰时单向客运量在3万~7万人次/h的大运量快速轨道交通系统。地铁适合运量需求大的城市。目前世界上一些著名的大城市，如东京、纽约、伦敦、巴黎、莫斯科、北京、上海等，均已形成一定规模的城市轨道交通网络，且以地铁为主干，向城市的各个方向延伸。根据交通运输部发布的《2020年城市轨道交通运营数据速报》，截至2020年底，全国（不含港澳台）共有44个城市开通了233条城市轨道交通运营线路，运营总里程达7545.5km。

地铁具有以下特征：

（1）全部或大部分线路建于地面以下。

（2）建设费用高、周期长，成本回收慢。

（3）行车密度大，速度快。

（4）客运量大，一般在高峰时单向客运量为3万~7万人次/h。

（5）地铁列车的编组数取决于客运量和站台的长度，一般为4~8辆。

（6）地铁车辆的消声减振和防火均有严格要求，既安全，又舒适。

（7）供电系统的制式主要有直流750V第三轨受电或直流1500V架空线受电弓受电。

2. 轻轨

城市轻轨铁路（简称轻轨）泛指高峰时单向客运量在1万~3万人次/h的中等运量轨道交通系统。轻轨是在老式的地面有轨电车的基础上发展起来的，在西欧、北美等地区已经成为城市公共交通的主流。图1-1所示为广州轻轨。图1-2所示为大连轻轨。

图1-1　广州轻轨

图1-2　大连轻轨

与一般的铁路相比，轻轨具有以下特征：

（1）线路可以为地面、地下和高架混合型，一般与地面道路完全隔离，采用半封闭或全封闭专用车道。

（2）建设费较少，每千米线路造价仅为地铁的1/5～1/2。

（3）中等运量，每小时单向运输能力一般为1万～3万人次，介于地铁和公共汽车之间。

（4）轻轨车辆有单节4轴车、单铰双节6轴车和双铰三节8轴车等。

（5）对车辆和线路的消声和减振有较高要求。

（6）供电制式以直流750V架空线（或第三轨）供电为主，也有部分采用直流1500V和直流600V供电。

3. 市郊铁路

市郊铁路是指将城市市区与郊区尤其是远郊区联系起来的长距离城市轨道交通系统。它主要为短途、通勤的旅客提供运输服务，故也称通勤铁路（commuter rail）或地区铁路（regional rail）。现在其概念范围也在扩大，包括城际直达的高速铁路，俗称“快轨”。

和其他的轨道交通形式相比，市郊铁路具有如下特点：

（1）站间距大。

（2）速度快，最高速度可达100km/h以上。

（3）建设成本低，一般每千米线路造价是地铁的1/10～1/5。

（4）运量大，单向运送能力高达6万～8万人次/h。

图1-3所示为英国伦敦的市郊铁路。

4. 单轨

单轨铁路简称单轨，是指车辆在一根轨道上运行的一种轨道交通系统。通常分为跨座式和悬挂式两种类型。前者车辆的走行装置（转向架）跨骑在走行轨道上，其车体重心处于走行轨道的上方。后者车体悬挂于可在轨道梁上行走的走行装置的下面，其重心处于走行装置的下方。图1-4所示为我国重庆的单轨铁路。

图1-3　英国伦敦的市郊铁路

图1-4　重庆的单轨铁路

单轨的优点：

（1）线路多架于空中，可充分利用城市空间，适宜在大城市的繁华中心区建设，具有交通和旅游观光的双重作用。

（2）线路构造较简单，建设费用低，为地铁的1/3左右。

（3）能实现大坡度和小半径曲线运行，可绕行城市的建筑物。

（4）一般采用轻型车辆，列车编组为4～6辆。

（5）走行装置采用空气弹簧和橡胶轮结构，并采用电力驱动，故运行噪声低，无废气，乘坐舒适。

单轨的缺点：

（1）能耗大。由于其走行装置采用橡胶轮，它与混凝土轨面的滚动摩擦阻力比钢轮钢轨大，故其能耗比一般轨道交通约大40%，且有轻度的橡胶粉尘污染。

（2）运能较小。一般每小时单向最大客运量为1.2万人次。

（3）单轨线路不能与常规的地铁、轻轨等接轨。

（4）道岔结构复杂、笨重，转换时间较长，从而延长了列车折返时间。

（5）列车运行至区间时若发生事故，疏散和救援工作困难。

三　城市轨道交通系统的组成

城市轨道交通系统是一个比较复杂、庞大的系统，由车辆、供电系统、通信系统、信号系统、自动售检票、暖通空调、屏蔽门（安全门）、自动扶梯和电梯、防火系统、灭火系统、给排水系统、综合监控系统等组成。

1. 车辆

城市轨道交通车辆是用来运输旅客的工具，按有无动力可分为两大类：拖车（用字母T表示），本身无动力牵引装置；动车（用字母M表示），本身带有动力牵引装置。在运营时，城市轨道交通列车一般采用动拖结合、固定编组的电动列车组形式。城市轨道交通车辆不仅要有良好的牵引、制动性能，保证运行安全、正点、快速，还要有良好的旅客服务设施，使旅客感到舒适、方便。

2. 供电系统

电能是城市轨道交通车辆电力牵引系统必需的能源，电动车辆以及为轨道交通运营服务的机电设备，包括通风、空调、照明、通信、信号、给排水、防灾报警、电梯、自动扶梯等也都依赖供电系统。

城市轨道交通供电电源一般取自城市电网，通过城市电网一次电力系统和轨道交通供电系统实现输送或变换，最后以适当的电压等级和一定的电流形式（直流电或交流电）供给用电设备。

3. 通信系统

城市轨道交通通信系统是传递语言、文字、数据、图像等多种信息的综合业务数字系统。它包括数字传输、电话交换、调度电话、有线和无线通信、闭路电视、有线广播、时钟、电源等设备系统。城市轨道交通通信系统要求高可靠、易扩充、组网灵活、独立采用通信网络，并能与公共通信系统联网。

测一测

1. 城市中，使用车辆在（　　）上运行并主要用于（　　）的交通系统称为城市轨道交通。

2. 城市轨道交通可以划分成不同的类别，按轨道空间位置划分可分为（　　）、（　　）和（　　）。

3. 地铁具有速度快、客运大，一般在高峰时单向客运量为（　　）人次/h。

4. 单轨铁路简称单轨，是指车辆在（　　）上运行的一种轨道交通系统。通常分为（　　）和（　　）两种类型。

4. 信号系统

城市轨道交通信号系统是保证列车运行安全和提高线路通过能力的重要设施。以前列车运行，主要是司机根据色灯信号（红、黄、绿）进行操作。而城市轨道交通具有高密度、短间隔、短站距和快速等特点，其信号系统也从传统的方式，即以地面信号的显示传递行车命令，司机按行车规则操作列车运行的方式，发展到按地面发送的信息自动监控列车速度和自动调整列车间隔的方式。实现这一方式的关键设备是列车自动控制（Automatic Train Control，ATC）系统。

5. 其他

自动售检票、暖通空调、屏蔽门（安全门）、自动扶梯和电梯等车站设施及防火系统、灭火系统、给排水系统等环控设施，在保证乘客有一个良好的候车环境的同时，更保证了乘客能够安全、快捷地乘坐列车。

综合监控系统包括电力监控系统、机电设备监控系统、屏蔽门监控系统、防淹门（Flood Gate，FG）互联系统、火灾自动报警系统、广播系统、闭路电视系统、车载信息系统、车站信息系统、自动检售票系统、信号系统、时钟系统。它涉及的专业门类较多，是一个真正意义上的综合系统。

单元 1.2 城市轨道交通供电系统的功能

城市轨道交通供电系统是为城市轨道交通运营提供所需电能的系统，不仅为城市轨道交通电动列车提供牵引用电，而且为车站、车辆段、控制中心等其他运营服务建筑提供所需的各种动力与照明用电。在城市轨道交通的运营中，供电一旦中断，不仅会造成城市轨道交通运输系统的瘫痪，而且会造成财产损失，甚至危及乘客生命安全。因此，高度安全可靠而又经济合理的电力供给是城市轨道交通正常运营的重要保证和前提。城市轨道交通供电系统具有以下 7 个功能。

1. 接受、分配电能

城市轨道交通供电系统从城市电力系统引入 AC110kV 高压电，降压为 AC35kV 中压电供给 AC35kV 中压环网，再由中压环网将电能分配到相应各个车站内的牵引变电所和降压变电所。

2. 列车牵引供电

将 AC35kV 中压电整流为 DC1500V 直流电，输送至沿运营线路架设的接触网，电动列车从接触网上取电，驱动列车运行。

3. 降压及动力配电

将 AC35kV 中压电降为 AC380V/220V 低压电，向车站和区间的各种动力和照明设备供电。降压变电所及其跟随所，以及环控电控柜、各类配电箱和配电用电线、电缆完成降压及配电任务。

4. 防止误操作

城市轨道交通供电系统中任何一个环节的操作都应有相应的联锁条件，不允许因误操作而导致故障发生。尤其是各种隔离开关（无论是电动还是手动）或手车式开关的隔离触点，都不允许带负荷操作。防止误操作的联锁条件可以是机械的，也可以是电气的，还可以是电气设备本身所具备的或是在操作规程和程序上严格规定的。防止误操作，是保证系统安全、可靠地运行的关键。

5. 方便、灵活的调度

城市轨道交通供电系统应能在控制中心进行集中控制、监视和测量，并应能根据运行需要，方便、灵活地进行调度，变更运行方式，分配负荷潮流，使系统的运行更加经济、合理。当系统发生故障而使一路或两路电源退出运行时，为保证地铁列车的正常运行，电力调度可以对供电分区进行调度和调整，以达到安全可靠、经济运行的目的。

6. 完善的控制、显示和计量

城市轨道交通供电系统应能进行本地控制和远动控制，并可以方便地进行操作转换，系统各环节的运行状态应有明确的显示，使运行人员一目了然。各种信号显示应明确，事故信号、预告信号分别显示。各种电量的测量和电能的计量应准确，并便于运行人员查证和分析，牵引用电和动力照明用电应分别计量，以利于对用电指标进行考核与经济分析。在控制中心应能对整个供电系统进行控制、信号显示、各种量值的计量统计。

7. 电磁兼容

国际电工委员会（International Electrotechnical Commission，IEC）对电磁兼容（Electro Magnetic Compatibility，EMC）的定义为“设备或系统在其电磁环境中能正常工作且不对该环境中任何事物构成不能承受的电磁骚扰的能力”，其中，“任何事物”可以是设备、装置、系统，也可以是有生命或无生命的物体。城市轨道交通车辆是强电、弱电多个系统共存的电磁环境，为了使各种设备或系统在这个环境中能正常工作，且不对该环境中其他设备、装置或系统构成不能承受的电磁骚扰，各种电气和电子设备的系统内部以及和其他系统之间的电磁兼容显得尤为重要。供电系统及其设备在地铁这个电磁环境中，首先是作为电磁骚扰源存在的，同时也是敏感设备。在城市轨道的电磁环境中，供电系统与其他设备、装置或系统应是电磁兼容的。在技术上应采取措施，抑制电磁骚扰源、消除或减弱电磁耦合、提高敏感设备的抗干扰能力，以实现各系统的电磁兼容，使城市轨道交通车辆安全、可靠地运行。

测一测

1. 城市轨道交通供电系统不仅为（　　）提供牵引用电，而且为（　　）、（　　）、控制中心等其他运营服务建筑提供所需的各种动力与照明用电。

2. 城市轨道交通供电系统从城市电力系统引入高压电，降压为中压电供给中压环网，再由中压环网将电能分配到相应各个（　　）和（　　）。

3. 降压变电所将中压电降为（　　）低压电，向车站和区间的各种动力和照明设备供电。

单元 1.3 城市轨道交通供电系统的组成

我国的电力生产由国家经营管理，因此，无论是干线电气化铁路、工矿电力牵引，还是城市轨道交通的电力牵引，均由国家电网供给。城市轨道交通作为城市电网的一个重要用户，其组成如图 1-5 所示，归纳起来主要有外部供电系统、牵引供电系统和动力照明供电系统三大部分。

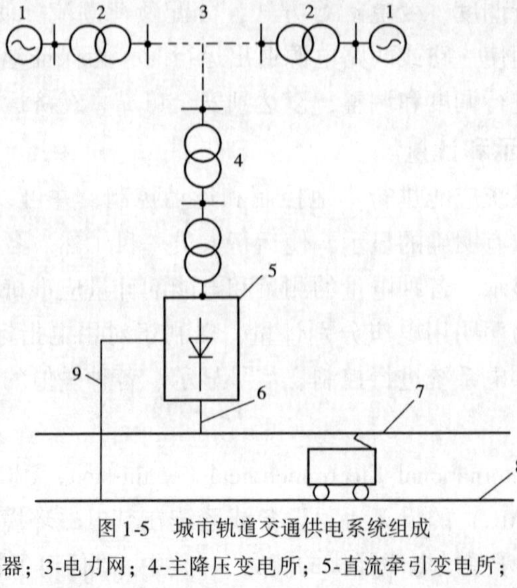

图 1-5　城市轨道交通供电系统组成

1-发电厂（站）；2-升压变压器；3-电力网；4-主降压变电所；5-直流牵引变电所；6-馈电线；7-接触网；8-走行轨；9-回流线

一 外部供电系统

发电厂（站）是发出电能的中心，一般可分为火力发电厂、水力发电站和原子能核电站等。为减少线路的电压损失和能量损耗，发电厂发电机发出的电能，要先经过升压变压器升高电压，然后以 110kV 或 220kV 的高压，通过三相传输线输送到区域变电所。

在区域变电所中，电能先经过降压变压器把110kV或220kV的高压降到电压等级（如降低到10kV或35kV），再经过三相输电线输送给本区域内的各用电中心。城市轨道交通牵引用电既可从区域变电所高压线路得电，也可以从下一级电压的城市地方电网得电，这取决于系统和城市地方电网的具体情况以及牵引用电容量。

对于直接从系统高压电网获得电力的城市轨道交通系统，往往需要再设置一级主降压变电所，将系统输电电压如110kV或220kV降低到10kV或35kV以适应直流牵引变电所的需要。从管理的角度上看，主降压变电所可以由电力系统（电业部门）直接管理，也可以归属城市轨道交通部门管理。

如图1-6所示，虚线2以上，即从发电厂（站）经升压、高压输电网，区域变电所至主降压变电所部分通常被称为城市轨道交通供电系统的“外部（或一次）供电系统”。

二　牵引供电系统

如图1-6所示，主降压变电所及其以后部分统称为“牵引供电系统”，它应该包括直流牵引变电所、馈电线、接触网、钢轨及回流线等。在城市轨道交通牵引供电系统中，电能从牵引变电所经馈电线、接触网输送给电动列车，再从电动列车经钢轨（又称轨道回路）、回流线流回牵引变电所。由馈电线、接触网、轨道回路及回流线组成的供电网络称为牵引网。因此，城市轨道交通牵引供电系统即由直流牵引变电所和牵引网组成，如图1-7所示。

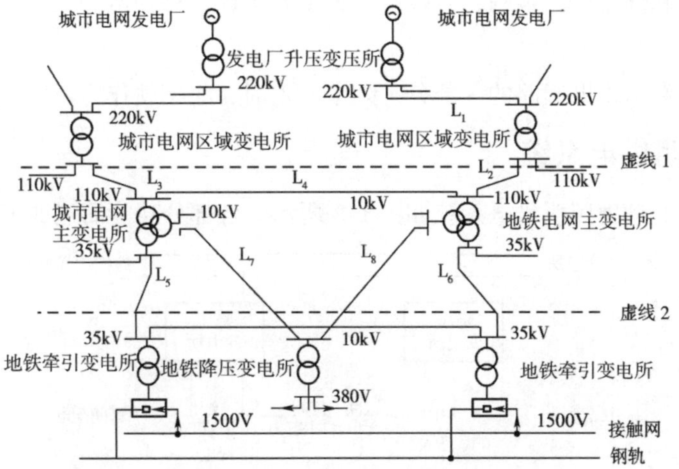

图1-6　城市轨道交通外部供电系统

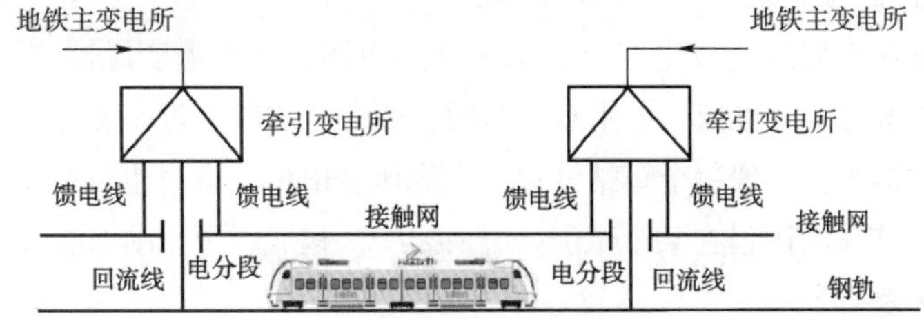

图1-7　城市轨道交通牵引供电系统

1. 直流牵引变电所

供给城市轨道交通一定区域内牵引电能的变电所，是牵引供电系统的核心。一般由进出线单元、变压变流单元、馈出单元构成。其主要功能是将中压环网的 AC35kV 或 AC10kV 三相高压交流电源经变压变流单元后转换为城市轨道交通列车所需的电能，并分配到上下行区间供列车牵引用。

2. 接触网

接触网是沿列车走行轨架设的一种特殊供电线路，可经电动列车的受电器向其供给电能。其按结构可分为架空式和接触轨式；按悬挂方式又可分为柔性（弹性）接触网和刚性接触网。习惯上，由于接触轨式是沿线路敷设的与轨道平行的附加轨，故又称第三轨；而采用架空方式时，才称为"接触网"。

3. 馈电线

从牵引变电所向接触网输送牵引电能的导线称为馈电线。

4. 回流线

用以供牵引电流返回牵引变电所的导线称为回流线。在采用跨座式单轨电动车组时，需沿线路专门敷设单独的回流线。

5. 电分段

为便于检修和缩小事故范围，将接触网分成若干段，称为电分段。

6. 钢轨

钢轨构成了牵引供电回路的一部分。列车行走时，将钢轨作为牵引电流回流的电路。

三 动力照明供电系统

城市轨道交通动力照明供电系统如图 1-8 所示。各部分功能简述如下。

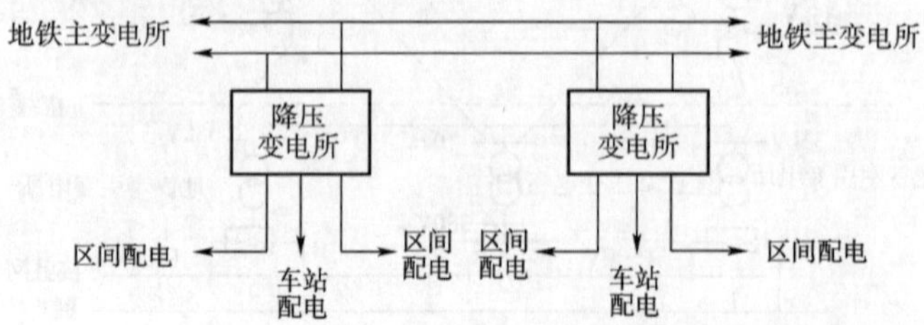

图 1-8　城市轨道交通动力照明供电系统

1. 降压变电所

降压变电所从中心变电所或主变电所引入两路电源，经配电变压器将电压降至三相 380V 交流电，为车站用电设备（如风机、水泵、照明、通信、信号、防火报警设备等）提供电源。

在动力供电系统中，一般每个车站设置一个降压变电所，有时也可几个车站合设一个，也可将降压（动力）变压器附设在某个牵引变电所之中，构成牵引与动力混合变电所。

2. 配电所（室）

配电所（室）仅起到分配电能的作用。降压变电所通过配电所（室）将三相 380V 和单相220V交流电分别供给动力、照明设备，各配电所（室）对本车站及其两侧区间动力和照明等设备配电。

3. 配电线路

配电所（室）与用电设备之间的导线为配电线路。

地铁车站及区间照明电源采用380V/220V系统三相五线制系统配电。正常时，工作照明、事故照明均由交流供电，当失去交流电源时，事故照明自动切换为蓄电池供电，以确保事故期间必要的紧急照明。

车站设备负荷可分为以下三大类。

一类负荷：包括事故风机、消防泵、主排水站、售检票机、防灾报警、通信信号、事故照明。

二类负荷：包括自动扶梯、普通风机、排污泵、工作照明。

三类负荷：包括空调、冷冻机、广告照明、维修电源。

对于一、二类负荷，一般有两路电源供电，当一台变压器故障解列时，另一台变压器可承担全部一、二类负荷。三类负荷由一路电源供电，当一台变压器故障解列时，可根据运营需要自动切除。

测一测

1. 单轨走行装置采用空气弹簧和（　　）结构，并采用电力驱动，故噪声低，乘坐舒适。
2. 地铁供电制式主要有（　　）第三轨受电或（　　）受电弓受电。
3. 城轨交通供电系统主要由（　　）、（　　）和（　　）三部分组成。
4. 车站设备负荷可分为（　　）、（　　）和（　　）三类。

单元1.4 城市轨道交通供电系统的制式

一 供电制式的概念

电力牵引用于轨道交通系统已有100多年的历史，随着经济和科学技术的不断发展，用于轨道交通的电力牵引方式出现多种制式。这里所说的制式是指供电系统向电动车辆或电力机车供电时所采用的电流和电压制式，如直流制式和交流制式。根据供电频率（工频或低频），以及供电方式是单相还是三相，还可对交流制式进行进一步细分。

二 城市轨道交通供电系统制式的发展

1. 直流制式

为了满足城市轨道交通车辆速度快、能耗低、平稳舒适的运输要求，对动力车辆有如下要求：

（1）起动加速性能。要求起动加速力大而且平稳，即恒定的、大的起动力矩，便于列车快速平稳起动。

（2）动力设备容量利用。对列车的主要动力设备——牵引电动机的基本性能要求为，列车轻载时，运行速度可以高一些；而列车重载时，运行速度可以低一些。这样无论列车重载或轻载都可以实现牵引电动机容量的充分利用，因为列车的牵引力与运行速度的乘积为其功率容量。

（3）调速性能。在调速过程中既要实现变速，还要尽可能经济，不要有太大的能量损耗，同时容易实现调速。

直流串励电动机的机械特性（转矩与转速的关系特性）可以被形象地比喻为牛马特性，即牛可以拉得多一些，但跑得慢；马跑得快，但力气小，拉得少一些。这正符合重载时速度慢、轻载时速度快的要求。此外，直流串励电动机的起动和调速也是比较容易实现的。为了限制直流串励电动机刚接通电源时起动电流太大和正常运行时为了降速而降低其端电压，最早采用在电动机回路中串联大功率电阻的方法来达到限流和降压的目的。这种方法实现起来较容易，但在起动和调速过程中却带来了大量的能量损耗，很不经济。尽管如此，由于局限于一定时期的技术发展水平，采用直流串励电动机作为牵引动力就成为最早也是迄今为止被长期应用的形式——供电系统直接以直流电向电动车辆或电力机车供电的电力牵引直流制式。

2. 交流制式

（1）低频单相交流制式。

随着矿山和干线电力牵引的发展，列车需要的功率越来越大，如果采用直流供电制式，则受直流串励电动机端电压不能太高的限制，会导致供电电流很大，因而供电系统的电压损失和能量损耗必然增大，由此出现了低频单相交流制式。

低频单相交流制式是交流供电方式，交流电可以通过变压器升降压，因此，可以升高供电系统的电压，到了列车以后，再经车上的变压器将电压降低到适合牵引电动机应用的电压等级。由于早期整流技术的限制，这种制式采用了在原理上与直流串励电动机相似的单相交流整流子牵引电动机。这种电动机存在整流换向的问题，其困难程度随电源频率的升高而增大。因此，采用了低频单相交流制式，其供电频率和电压有25Hz、6.5～11kV和$16\frac{2}{3}$Hz、12～15kV等类型。由于使用低频电源使供电系统复杂化，需要由专用低频电厂供电，或由变频电站将国家统一工频电源转变成低频电源再输出，因此没有得到广泛应用，只在少数国家的工矿和干线上应用。

（2）工频单相交流制式。

工频单相交流制式不但保留了低频单相交流制式可以升高供电电压的长处，而且仍然采用直流串励电动机作为牵引电动机。电力机车上装有降压变压器和大功率整流设备，可将高压电源降压，再整流成适合直流牵引电动机应用的低压直流电。电动机的调压调速可以通过改变降压变压器的抽头或可控整流装置实现。工频单相交流制式是当今世界各国干线电气化铁路应用较普遍的牵引供电制式。我国干线电气化铁路即采用这种制式，其供电电压为25kV。

（3）三相交流制式。

三相交流制式的供电网比较复杂，必须有两根架空接触线和走行轨道构成三相交流电路，两根架空接触线之间又要高压绝缘，由此造成的困难和投资更大，因此被淘汰。

三　城市轨道交通供电系统的供电制式

1. 采用直流制式标准的原因

城市轨道交通供电系统几乎毫无例外地都采用直流供电制式。世界各国城市轨道交通的供电电压都在 DC550 ~ DC1500V 之间。现在国际电工委员会拟定的电压标准为DC600V、DC750V、DC1500V 三种。我国国家标准也规定为 DC750V 和 DC1500V。采用直流制式的原因有如下几点：

（1）城市轨道交通电动车辆的功率并不是很大，供电半径也不大，因此供电电压不需要太高。

（2）在同样电压等级下，直流制式因为没有电抗压降而比交流制式的电压损失小。

（3）城市轨道交通供电系统的供电线路处在城市建筑群之间，供电电压不宜太高，以确保安全。

（4）由于大功率半导体整流元件（晶闸管）的出现，在直流制电动车辆上，采用整流器可对直流串励牵引电动机进行调压调速，减少了能耗，给直流制式增添了新的生命力。

（5）快速晶闸管出现后，由快速晶闸管等组成的逆变器，可将直流电逆变成频率可以调节的交流电，实现了多年来想采用结构简单、结实的鼠笼式异步电动机作为牵引电动机的愿望。这种用改变频率来改变异步电动机速度的方法（简称变频调速），使异步牵引电动机的性能可以满足牵引列车要求。虽然电动车辆上采用的是交流异步牵引电动机，但其供电电压还是直流的，所以还属于直流制式的范畴，这就给直流制式的应用提供了一个更宽广的发展空间。

2. 国内城市轨道交通供电系统的供电制式

目前我国城市轨道交通供电制式及受流方式主要包括：DC750V 接触轨、DC1500V 接触轨、DC1500V 架空式接触网等。从地区来看，采用 DC750V 接触轨方式的有北京、天津、苏州、杭州、武汉等，采用 DC1500V 接触轨方式的有广州、深圳、青岛等，采用DC1500V 架空式接触网的有广州、上海、深圳、南京、杭州、沈阳、长沙、宁波等。正在筹建或将要运营的城市轨道交通大多采用 DC1500V 架空式接触网供电。

测一测

1. 制式是指供电系统向电动车辆或电力机车供电所采用的（　　），如直流制式和交流制式。

2. 城市轨道交通供电系统都采用（　　）制式。

3. 我国国家标准规定城市轨道交通供电电压为（　　）V 和（　）V。

4. 在同样电压等级下，直流制因为没有（　　）而比交流制的电压损失小。

单元 1.5 城市轨道交通供电系统的杂散电流腐蚀与防护

一 杂散电流的形成

在理想的状况下，直流牵引供电系统的牵引电流由牵引变电所的正极出发，经由接触网、电动列车和回流轨（走行轨）返回牵引变电所的负极。但由于钢轨与隧道或道床等的结构之间的绝缘电阻不是无限大，这样势必造成流经牵引轨的牵引电流不能全部经钢轨流回牵引变电所的负极，有一部分牵引电流会泄漏到隧道或道床等的结构钢上，然后经过结构钢和大地流回牵引变电所的负极，这部分泄漏电流因大地土壤的导电性质及地下金属管道的位置不同，可以分布很广，故称为“杂散电流”。图 1-9 所示为直流牵引地下杂散电流示意图。

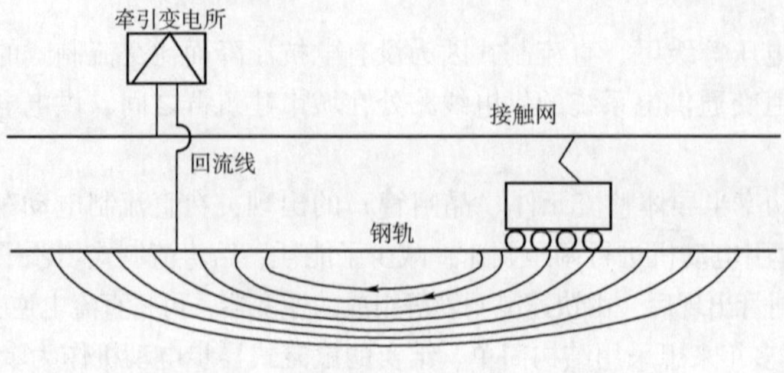

图 1-9　直流牵引地下杂散电流示意图

由图 1-9 可见，在牵引变电所回流线与钢轨相接的回流点处，地下杂散电流流回牵引变电所。当轨道沿线的地下有金属管道或建筑物钢筋等导电物时，地下杂散电流必多沿金属导体流动，到了回流点附近再经钢轨流回变电所，因此在回流点附近的金属管道形成了阳极区，如图 1-10 所示，而且阳极区总是在回流点处不动，这就使阳极区内的金属物正离子流向大地，发生电解腐蚀现象，从而损坏金属物。

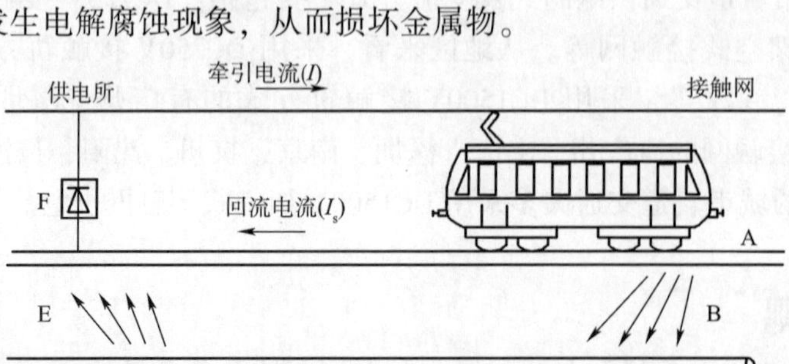

图 1-10　杂散电流的腐蚀原理

当接触网为“负”极性时，阳极区与阴极区将转变，阳极区将随着列车的移动而移动，这样阳极区是不固定的，金属物的腐蚀现象较均匀，情况不会太严重。当然，接触网的选择不仅取决于此，目前还是以“正”极性为多。

二 杂散电流的危害

城市轨道中的杂散电流是一种有害的电流，会对地铁中的电气设备、设施的正常运行造成不同程度的影响，对隧道、道床的结构钢和附近的金属管线也会造成危害。这种危害主要表现在如下几个方面：

（1）若地下杂散电流流入电气接地装置，会引起过高的接地电位，使某些设备无法正常工作。

（2）若钢轨（走行轨）局部或整体对地的绝缘变差，则此钢轨（走行轨）对大地的泄漏电流增大，地下杂散电流增大，这时有可能引起牵引变电所的框架保护动作。而框架保护动作则会引起整个牵引变电所的断路器跳闸，全所失电，同时还会联跳相邻牵引变电所对应的馈线断路器，从而造成较大范围的停电事故，影响地铁的正常运营。

（3）对城市轨道隧道、道床或其他建筑物的结构钢以及地下的金属管线（如电缆、金属管件等）造成电腐蚀。如果这种电腐蚀长期存在，将会严重损坏地铁附近的各种结构钢和地下金属管线，从而破坏结构钢的强度，缩短其使用寿命。

三 杂散电流的防护

可以采取增加轨道与大地间的绝缘、降低走行轨的电阻、缩短变电所之间的距离、金属管道远离轨道线路和其他专门的“电保护”等措施使轨道电流少流入大地，即使流入大地，也少流向地下金属物，如有已经流入地下金属物的电流，也使其在地下回流点处通过专设“电旁泄”直接流回变电所，不形成腐蚀阳极区。所谓“电旁泄”，是一种专设的电流通道，它保证杂散电流从被保护建筑物回流入钢轨网、牵引变电所回流线或者直接流入与钢轨网相连的牵引变电所母线，使地下建筑物处于阴极状态。

1. 杂散电流的防护原则

为了改善地下电流造成的杂散电流腐蚀问题，应采取“以堵为主，以排为辅，防排结合，加强监测”的原则。

（1）堵。就是隔离和控制所有可能的杂散电流泄漏途径，减少杂散电流进入城市轨道的主体结构、设备及可能与其相关的设施。

（2）排。就是通过杂散电流的收集及排流系统，为杂散电流返回牵引变电所负母线提供通路，防止杂散电流继续向本系统外泄漏，以减少腐蚀。

（3）监测。设计完备的杂散电流监测系统，监视、测量杂散电流的大小，为运营维护提供依据。

2. 杂散电流的防护措施

杂散电流的防护措施有以下几种：

（1）降低走行轨对地电位。

牵引供电系统采用双边供电方式。正常运行方式采用双边供电，事故状态（一座牵引变电所解列）下也应采用大双边供电方式。因为与单边供电相比，双边供电有很多优点，降低走行轨对地电位就是其中之一，无论是轨道中平均电压损失，还是最大电压损失，双边供电都为单边供电的 1/4 ~ 1/3，即双边供电轨道对地电位为单边供电时的 1/4 ~ 1/3，双边供电时的杂散电流为单边供电时的 1/4 ~ 1/3，这是显而易见的。

减小走行轨电阻，上下行走行轨并联为降低回流电阻，将上下行走行轨在区间用铜芯电缆连接，以减小回流电阻，降低走行轨对地电位，起到抑制杂散电流的作用。

（2）增加走行轨对地过渡电阻。

走行轨绝缘安装。安装走行轨时，在其混凝土垫块上安装绝缘垫；固定走行轨用绝缘螺栓，加大走行轨对地绝缘电阻，使每个绝缘垫的绝缘电阻在 4MΩ 以上，走行轨敷设完毕时应当在 15MΩ · km 以上，这样可以保证对杂散电流的抑制符合《地铁杂散电流腐蚀防护技术标准》（CJJ/T 49—2020）要求。

道床的排水沟设在列车运行方向的右侧。混凝土道床的潮湿与干燥，对其电阻率影响很大，因此，保证混凝土道床整体干燥，是增加走行轨对地过渡电阻的有效措施。过去地铁的通常做法是将排水沟设在两轨之间，这样会使走行轨下道床潮湿，降低走行轨对地过渡电阻，因而加剧了杂散电流的泄漏。若把排水沟移到行车方向的右侧，就可避免这一弊端，使道床干燥，增加过渡电阻，减小杂散电流。

（3）敷设杂散电流收集网。

在走行轨下，整体道床中敷设网状钢筋，纵向连通，通过排流柜引向牵引变电所的负极，这样使泄漏至道床的杂散电流被收集网回收，避免其流向结构钢，以减小对结构钢的腐蚀。收集网的纵向钢筋的总截面面积不小于 1600mm^2。

测一测

1. 地下杂散电流流入电气接地装置会引起过（　　　　）使某些设备无法正常工作。

2. 杂散电流防护措施有（　　　　）、（　　　　）、（　　　　）。

实践训练

请完成接地电阻测量试验，见实训 1。

复习与思考

1. 城市轨道交通的特点是什么？
2. 城市轨道交通有哪些类型？各有什么特点？
3. 城市轨道交通供电系统的功能及要求是什么？
4. 城市轨道交通供电系统由哪些部分组成？各组成部分的作用是什么？
5. 城市轨道交通供电系统采用何种制式？
6. 杂散电流腐蚀形成的原因是什么？如何防护？

模块2

外部供电系统

问题导入

城市轨道交通为重要电力用户，其用电负荷基本为一级负荷，而且用电量需求相对较大，如一条中大运量轨道交通线路的高峰小时需用功率一般为 $6\times10^4\sim10\times10^4$kW。而对于一般城市而言，轨道交通的用电负荷需求，均未列入既有城市电网的用电规划。所以，轨道交通的外部供电系统必须满足高可靠性要求。那么，在城市轨道交通系统建设的前期阶段，应如何选择确定外部供电系统的电源方案和供电方式呢？作为主变电所与牵引供电系统、动力照明供电系统之间相互连接的重要环节，中压供电网络又该选择怎样的电压等级和构成形式呢？为确保供电质量，主变电所的位置及数量该如何确定？本模块将回答这些问题。

学习要点

1. 外部供电系统的电源电压等级及设计原则；
2. 外部供电系统对城市轨道交通的三种供电方式；
3. 主变电所的设备和主接线选择；
4. 中压供电网络的电压等级和构成形式。

技能目标

1. 能分别指出外部供电系统的电源电压等级和中压网络的电压等级；
2. 能画出三种外部供电方式的示意图并指出其特点和适用范围；
3. 能画出各种类型的中压网络构架图。

建议学时

4 学时。

微课堂

外部电源的供电方式	供电检修技术员检修	主变电所的功能与主要电气设备	中压网络

单元 2.1 电源

一般工厂企业用电多集中在一个地方，而城市轨道交通用电则在沿线路几十公里的范围内，这是城市轨道交通与其他用户不同的地方。城市轨道交通作为城市电网的重要用户，属于一级负荷，需要引入双路高压电源对其供电系统进行供电。城市轨道交通供电系统对城市电网来说是用户，对城市轨道交通系统的各类负荷来说又是电源。

想一想

对城市轨道交通外部供电系统有哪些要求？为什么要有这些要求？

一 城市轨道交通供电系统对外部电源的规定和要求

1. 相关国家标准对一级负荷电源的规定

根据《供配电系统设计规范》（GB 50052—2009）第 3.0.2 条、第 3.0.3 条，一级负荷的供电电源应符合下列规定：

（1）一级负荷应由双重电源供电，当一电源发生故障时，另一电源不应同时受到损坏。

（2）一级负荷中特别重要的负荷供电，除应由双重电源供电外，尚应增设应急电源，并严禁将其他负荷接入应急供电系统。设备的供电电源的切换时间，应满足设备允许中断供电的要求。

《供配电系统设计规范》（GB 50052—2009）第 3.0.4 条又对应急电源做了如下规定：

下列电源可作为应急电源：

（1）独立于正常电源的发电机组。

（2）供电网络中独立于正常电源的专用的馈电线路。

（3）蓄电池。

（4）干电池。

根据《供配电系统设计规范》（GB 50052—2009）对一级负荷电源的要求，城市轨道交通供电系统的主变电所、牵引变电所、降压变电所，都要求能获得两路电源。

2. 城市轨道交通供电系统对外部电源的要求

城市轨道交通供电系统对外部电源的基本要求如下：

（1）两路电源要求来自不同的变电所或同一变电所的不同母线。

（2）每个进线电源的容量应满足变电所全部一、二级负荷的要求。

（3）两路电源应分列运行，互为备用，当一路电源发生故障时，由另一路电源恢复供电。

(4) 为便于运营管理和减少损耗，要求集中式供电的主变电所的站位和分散式供电的电源点，尽量靠近城市轨道交通线路，减少引入城市轨道交通电缆通道的长度。

(5) 设有两座以上主变电所的应急电源系统中，在保证城市轨道交通电动车组安全、快捷地运送旅客这一基本功能的前提下，要求将下列负荷纳入应急电源系统：

①保证一定运输能力的牵引负荷。一定运输能力的负荷应是指高峰小时以下的运输能力时的负荷。

②保证地铁正常运行必需的动力照明负荷，如通信、信号、自动售检票机、屏蔽门、工作照明、变电所自用电、自动扶梯。

想一想

城市轨道交通外部供电系统的电源有哪些等级？应用现状是怎样的？

二 城市轨道交通供电系统的电源电压等级

1. 城市电网电压等级的现状与发展

我国电网标准电压有750kV、500kV、330kV、220kV、110kV、66kV、35kV、20kV、10kV、6kV、3kV、380V/660V、220V/380V共13个等级。一般认为220kV及以上电压等级为高压送电网，110kV、66kV电压等级为高压配电网，1kV以上、35kV及以下电压等级为中压配电网，1kV及以下电压等级为低压配电网。根据用户要求，20kV电压等级也是可以使用的中压电压等级。

20kV作为中压一次配电层，功能上可以替代35kV与10kV两个配电层，而造价上则与10kV设备差异不大。20kV电压等级的这种特点，适合于高密度负荷地区的城市电网。我国第一个20kV一次配电的供电区，已经于1996年5月在苏州工业园区投入运行。

国外城市轨道交通供电系统广泛采用20kV中压网络。

2. 集中式供电对外部电源电压等级的要求

集中式供电要求从城市电网引进高压电源。因330kV及以上为地区高压送电电压等级，故不直接用于电力用户。目前220kV变电所的变压器装机容量多为2×120～3×250MV·A，远期变压器增容一般不小于3×180MV·A。对于中等运量的城市轨道交通，主变压器多选择2×25～2×63MV·A，一般不超过2×63MV·A。若城市轨道交通主变电所外部电源采用220kV，将不能充分发挥220kV的供电能力，这将造成电力资源的浪费，而且将增加设备投资，加大管理难度。因此，对于集中式外部电源方案，目前外部电源电压等级一般为110kV。东北地区的沈阳、哈尔滨等城市则为66kV。

3. 分散式供电对外部电源电压等级的要求

分散式供电需要从城市电网直接引入中压电源，故中压网络的电压等级应与城市电网相一致。根据城市电网情况，分散式供电的电压等级可以采用35kV，也可以采用10kV，如北京、长春、大连等。

测一测

1. 一级负荷应由（　　）供电，当一电源发生故障时，另一电源不应同时受到损坏。

2. 城市轨道交通供电系统对电源的要求中，两路电源要求来自不同的(　　)或同一变电所的（　　）。

3. 国外城市轨道交通供电系统广泛采用（　　）kV 中压网络。

4. 由于电力系统中某些设备和负荷的非线性特性，即所加的（　　）与产生的（　　）不呈线性（正比）关系而造成波形畸变，从而形成谐波。

5. 限制电网谐波的主要措施有：(　　)、(　　）等。

三　谐波及其危害和治理

城市轨道交通中存在非线性负荷，除牵引整流机组外，还存在大量荧光灯、UPS 电源、变频器及软启动装置等，这些设备产生大量的谐波，使电力系统的正弦波形畸变，电能质量降低。谐波需要综合治理，首先从谐波源头进行限制，其次采取必要技术措施以降低谐波的危害程度。

1. 谐波的概念

在理想的电力系统中，电流和电压都是纯粹的正弦波。由于电力系统中某些设备和负荷的非线性特性，即所加的电压与产生的电流不呈线性（正比）关系而造成波形畸变。当电力系统向非线性设备及负荷供电时，这些设备或负荷在传递（如变压器）、变换（如交直流换流器）、吸收（如电弧炉）系统发电机所供给的基波能量的同时，又把部分基波能量转换为谐波能量，向系统倒送大量的高次谐波，使电力系统的正弦波形畸变，电能质量降低。

城市轨道交通供电系统中的谐波源主要为电子开关型，即城市轨道交通中广泛使用的各种交直流换流装置（整流器、逆变器）以及双向晶闸管可控开关设备。

谐波频率是基波频率的整数倍，法国数学家傅立叶分析原理证明，任何重复的波形都可以分解为含有基波频率和一系列频率为基波倍数的谐波的正弦波分量。谐波是正弦波，每个谐波都具有不同的频率、幅度与相角。谐波可以分为奇次谐波与偶次谐波，第 3、5、7 次等谐波为奇次谐波，而第 2、4、6、8 次等谐波为偶次谐波。对于三相整流装置，出现的是第 5、7、11、13、17、19 次等谐波，而变频器主要产生第 5、7 次谐波。

牵引供电系统是城市轨道交通供电系统的主要谐波源。其中采用的牵引整流机组，属于非线性受电设备，电压畸变的程度取决于整流装置容量和电网容量的相对比值及供电系统对谐波频率的阻抗。当然，非正弦电压施加在线性电路上时，电流也是非正弦波。这种非正弦电流波形，由于系统的参数、牵引整流机组的整流相数、接线方式的不同，波形畸变程度也不同。

2. 谐波的危害

目前，谐波对电力系统的污染日益严重，谐波源的注入使电网谐波电流、谐波电压增加，其危害波及全网，对各种电气设备都有着不同程度的影响和危害。主要体现在以下几个方面：

（1）谐波对供电线路产生附加损耗。

（2）谐波影响各种电气设备的正常工作。

（3）谐波使电网中的电容器产生谐振。

（4）谐波对附近的通信系统产生干扰。

3. 谐波的治理

限制电网谐波的主要措施有增加牵引整流机组的脉波数、安装滤波装置、安装谐波补偿装置、使用荧光灯等。

（1）增加牵引整流机组的脉波数。

高次谐波电流与整流相数密切相关，即相数增多，高次谐波的最低次数变高，则谐波电流幅值变小。

为了减小牵引供电系统产生的谐波电流，牵引变电所采用两套带移相线圈的12脉波牵引整流机组，正常情况下，两台机组并联运行，形成24脉波整流，最大限度地限制谐波的产生。

（2）安装滤波装置。

常用的滤波装置主要有两类：无源滤波装置和有源滤波装置。

①无源滤波装置。该装置由电容器、电抗器（有时还包括电阻器等无源元件）组成，对某次及其以上次谐波形成低阻抗通路，以达到抑制高次谐波的目的。滤波器与动态控制的电抗器并联，这样既可满足无功补偿、改善功率因数，又能消除高次谐波的影响。

无源滤波装置种类：各阶次单调谐滤波器、双调谐滤波器、二阶宽频带与三阶宽频带高通滤波器等。

无源滤波装置具有投资少、效率高、结构简单及维护方便等优点，广泛应用于配电网中。由于滤波特性受系统参数影响大，无源滤波装置只能消除特定的几次谐波，而对某些次谐波会产生放大作用，甚至谐振现象。

②有源滤波装置。有源滤波装置利用可控的功率半导体器件向电网注入与谐波源电流幅值相等、相位相反的电流，使电源的总谐波电流为零，达到实时补偿谐波电流的目的。与无源滤波装置相比，它有以下特点：

a. 不仅能补偿各次谐波，还可抑制闪变、补偿无功，有一机多能的特点，在性价比上较为合理。

b. 滤波特性不受系统阻抗等影响，可消除与系统阻抗发生谐振的危险。

c. 具有自适应功能，可自动跟踪补偿变化着的谐波，即具有高度可控性和快速响应性等特点。

运营初期，客流量不大，用电负荷较小，城市轨道交通供电系统中牵引整流机组产生的谐波含量不高，必要时主变电所、电源开闭所预留滤波装置的安装位置。当供电系统谐波含量超标时，投入滤波装置。

（3）安装谐波补偿装置。

在主变电所、电源开闭所或直接从城市电网引入电源的变电所设置谐波补偿装置。有一种电能质量有源恢复系统，其装置既可补偿谐波，又可补偿无功功率。

（4）使用荧光灯。

荧光灯若选用电子镇流器，则选 L 级产品，规定其 3 次谐波含量不高于 30%。节能电感镇流器其本身的谐波含量很低，小于 10%，其配用的就地功率因数补偿电容能够对谐波电流起到分流作用，进一步降低谐波电流。

单元 2.2 外部供电方式

电源由城市电网引入，根据不同城市的电网构成，采用合适的供电方式。城市轨道交通系统作为城市电网的特殊用户，一般用电范围多在几千米到几十千米之间，采用何种供电方式，与城市电网的构成及城市轨道交通线路的分布有密切的关系。供电系统的构成，在可行性研究阶段就需要与当地供电部门协商，得到确认，并请当地供电部门作供电电源的可行性研究报告，为城市轨道交通供电系统初步设计提供充分的依据和可靠的基础，为后续工作的顺利开展创造条件。究竟采用哪种供电方式，主要取决于城市电网的构成、分布及电源的容量。城市电网对城市轨道交通系统的供电方式可分为以下三种形式。

一 集中式供电

如图 2-1 所示，沿着城市轨道交通线路，根据用电容量和城市轨道交通线路的长短，在线路的适当位置，建设一座或几座地铁专用的主变电所，由城市电网区域变电所以高压（如 110kV）向主变电所供电，经降压并在沿线结合牵引变电所、降压变电所形成中压环网，向轨道交通各系统供电的方式，称为集中式供电。

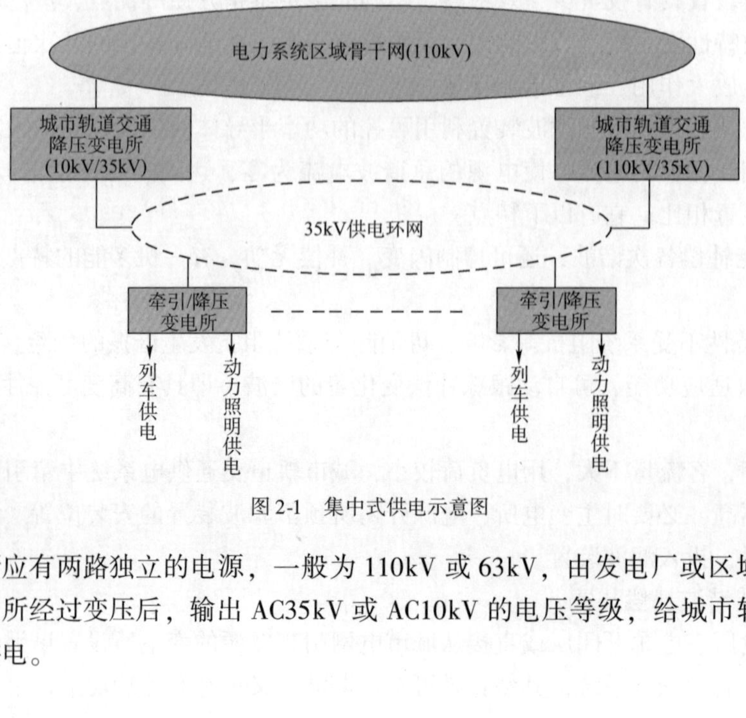

图 2-1 集中式供电示意图

主变电所应有两路独立的电源，一般为 110kV 或 63kV，由发电厂或区域变电所对其供电。主变电所经过变压后，输出 AC35kV 或 AC10kV 的电压等级，给城市轨道交通的牵引供电系统供电。

上海、香港地铁集中式供电的牵引供电系统电压为35kV，供配电系统电压为10kV，如图2-2所示。目前国内只有少数城市采用这种形式。

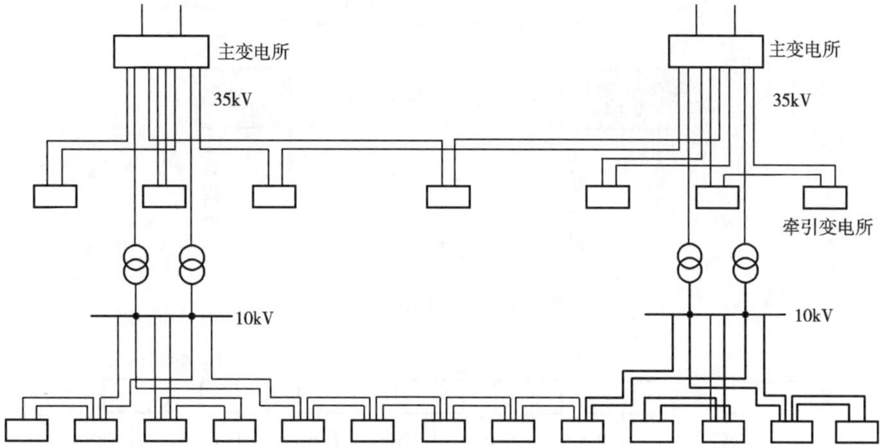

图2-2　集中式供电系统之一

广州地铁牵引供电系统和供配电系统电压均采用33kV，如图2-3所示。目前国内采用集中式供电的城市多为此种形式。

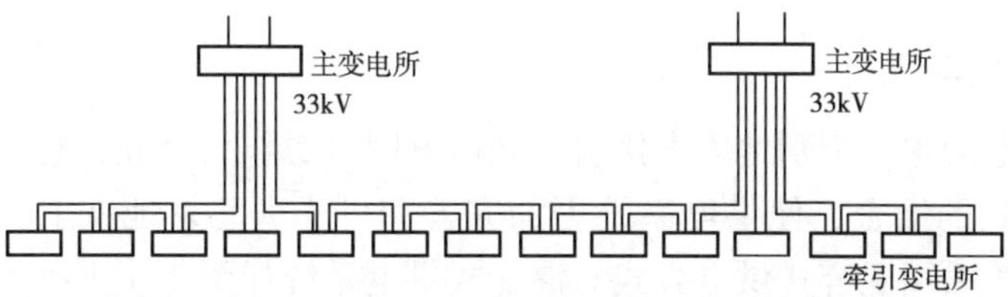

图2-3　集中式供电系统之二

伊朗德黑兰地铁主变电所电源电压为63kV，牵引供电系统和供配电系统电压为20kV。

集中式供电有利于城市轨道交通企业的运营和管理，各牵引变电所和降压变电所由环网电缆供电，具有很高的可靠性。

二　分散式供电

在地铁沿线直接由城市电网引入多路地铁所需要的电源而构成的供电方式，称为分散式供电，如图2-4所示。这种供电方式多为10kV电压等级。因为我国各大城市的电网在逐渐取消或改造35kV这一电压等级，因此要想在几千米到几十千米的范围内引入多路35kV电源是不可能的。分散式供电要保证每座牵引变电所和降压变电所皆能获得两路电源。北京地铁、沈阳地铁、长春轻轨、大连轻轨皆采用分散式供电方式。分散式供电系统如图2-5所示。

当然，若沿地铁线路城市电网引入的电源点少，也可以沿线建10kV开闭所，对电源进行再分配。无论怎样构成分散式供电方式，都需保证每座牵引变电所或降压变电所能引入两路电源。

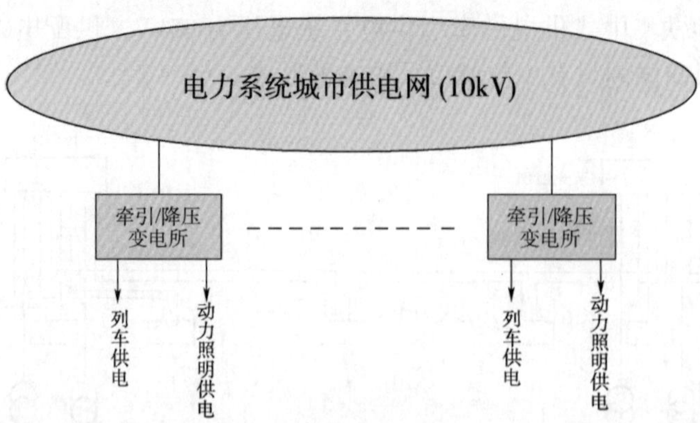

图 2-4　分散式供电示意图

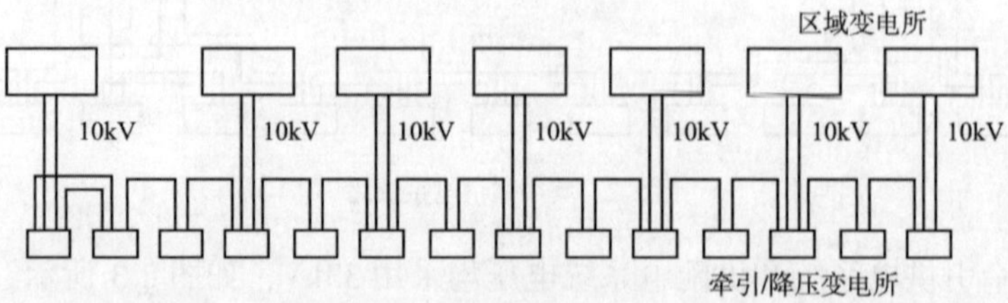

图 2-5　分散式供电系统

三　混合式供电

以集中式供电为主，个别地段直接引入城市电网电源作为补充，称为混合式供电。它是前两种供电方式的结合，使供电系统更加完善和可靠。北京地铁 10 号线、武汉地铁、青岛地铁南北线等采用混合式供电方式。混合式供电系统如图 2-6 所示。

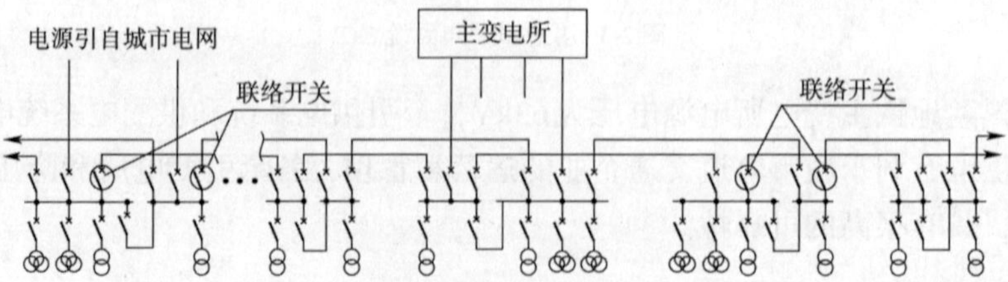

图 2-6　混合式供电系统

总之，为保证系统的可靠性，无论采用哪种供电方式和构成系统，都应首先采用环网式供电方式。

四　三种供电方式比较分析

1. 供电质量

集中式供电的外部电源引自城市高压电网（如 110kV），电压等级高，输电容量大，系统短路容量大，抗干扰能力强，电网电压波动小。另外，城市轨道交通主变电所一般装设有载调压装置，因此中压侧电压相对稳定，供电质量高。

分散式供电的外部电源引自城市 10kV 电网，一般从距离城市轨道交通线路较近的城市电网变电所直接引入，输电线路较短，损耗较少。但由于10kV电压等级较低，用户较多，所以系统网压波动较大。

2. 供电可靠性

对于集中式供电，由于主变电所进线电压等级较高，电气设备的绝缘等级、制造水平、继电保护配置等要求都比较高，线路故障率相对较低。同时，城市轨道交通供电系统相对独立，与城市电网接口较少，城市其他负荷对城市轨道交通供电系统干扰较少，因而，集中式供电系统可靠性比较高。

对于分散式供电，城市轨道交通电源开闭所或车站变电所从城市电网直接引入10kV电源，这种接线方式满足系统可靠性要求。但由于城市电网10kV系统接入用户较多，且10kV系统处于城市电网继电保护的中末端，因此城市轨道交通供电系统的运行会受到其他用户的干扰。

3. 中压网络电压等级

对于集中式供电，中压网络的电压等级不受城市电网电压等级的限制，可根据用电负荷、供电距离等情况比选确定。目前集中式供电的中压网络电压等级较高，一般为35kV。这样可以提高系统的供电能力与供电可靠性，同时可以降低供电线路的功率损耗。

对于分散式供电，中压网络的电压等级完全受城市电网电压等级的制约，必须选择与城市电网相同的电压等级。目前我国多采用10kV电压等级。

4. 对城市电网的影响

城市轨道交通供电系统对城市电网的影响主要表现在谐波影响和网压波动两个方面。目前，牵引整流机组一般采用双机组等效24脉波整流装置。由谐波理论可知，牵引整流机组的脉波数越高，产生的低次谐波就越少。因此，无论采用集中式供电还是分散式供电，城市轨道交通直流牵引系统注入城市电网的谐波含量都非常低，对城市电网影响非常小。但相对而言，采用集中式供电时，高次谐波经过多级变电所变换、分流以后，注入城市电网的谐波含量将会更少。

在网压波动方面，由于城市轨道交通牵引系统是一个实时变化的移动负荷，电源电压将受到一定的影响。采用集中式供电时，主变压器容量近期一般为20~31.5MV·A，远期一般为40~63MV·A。牵引负荷产生的电压波动和闪变在城市轨道交通供电系统内部经过两级变压器的转换，逐渐变得平衡，对城市电网其他用户的影响相对要小得多。采用分散式供电时，牵引变电所直接接入城市10kV电网，牵引负荷产生的网压波动经过一级变压器转换后就会波及与城市轨道交通接入同一供电系统的其他用户，如果该变压器容量较小，那么产生的影响就会更明显。

5. 资源共享

电力资源共享、满足环境保护要求是城市轨道交通供电系统的发展方向。

采用集中式供电，有利于主变电所电力资源共享。具体来说，一方面，两条及以上数量的城市轨道交通线路可以共享一个主变电所；另一方面，城市轨道交通主变电所可与城市电网主变电所合建，向城市轨道交通系统及地区用户同时提供电源。

对于中压网络资源丰富的城市，城市轨道交通采用分散式供电，可以充分利用既有外部城市电网中压资源，节省城市轨道交通主变电所的建设费用。

6. 工程实施

采用集中式供电时，城市轨道交通主变电所与城市电网接口较少，外部电源引入路径相对较少，建设单位与城市规划的协调工作也相对较少，易于实施。如，上海轨道交通3号线工程只需找到4条电缆的敷设路径；而北京地铁13号线西段工程则需要找到10条电缆的敷设路径。另外，由于集中式供电系统与城市电网接口较少，相对独立，城市轨道交通系统向城市电力部门的用电申请也容易协调，操作简便。

采用分散式供电时，由于城市轨道交通供电系统与城市电网接口较多，难免有部分电源电缆的敷设路径问题难以解决，尤其是在中心城区，地下各种管线及构筑物交错庞杂，电缆的敷设路径问题更是难以解决。

如果改变电源开闭所位置或电源电缆路径，供电质量与末端电压就难以保证。另外，中心城区城市电网变电所负荷相对饱和，如果新增城市轨道交通这样的大用户，供电容量有时也难以满足需求。

混合式供电方式能够对分散供电方式、集中供电方式的运用缺陷与不足进行有效弥补。不过运用混合式供电方式，需要完成难度系数比较大的运用准备工作，同时需要精准调控地铁供电系统，存在比较高的操作难度。

测一测

1. 城市轨道交通外部供电系统对牵引系统有（　　）、（　　）、（　　）三种供电方式。

2. 在线路的适当位置建设一座或几座地铁专用的（　　），由城市电网区域变电所以高压向主变电所供电经降压并在沿线结合牵引变电所、降压变电所形成中压环网，向轨道交通各系统供电的方式称为（　　）。

3. 在地铁沿线直接由城市电网引入多路地铁所需要的电源而构成的供电系统称为（　　）。

4. 以集中式供电为主，个别地段直接引入城市电网电源作为补充，称为（　　）。

单元2.3 主变电所

一 主变电所的作用

主变电所（简称主变）将城市电网供给的110kV三相交流电降压至35kV，配送到轨道交通沿线的各个牵引变电所和降压变电所。它承担着为轨道交通所有负荷供电的重任，是供电源头。一旦因故失电，将直接影响一、二级负荷的供电。即使恢复供电，也可能因主变运行方式的变化，使供电的可靠性降低。主变电所必须具备很高的供电可靠性，每座主变电所一般都设有两路以上的进线电源。每条线路一般设有两座及以上主变电所，可以相互支援、互为备用。

二　主变电所的设备

为减少占地面积，主变电所应设计成室内式。它的主要设备是两台主变压器和两台自用电变压器。主变压器目前宜采用油浸风冷、有载自动调压变压器。根据需要可为三绕组或双绕组结构。主变压器应按城市轨道交通远期最大运量设计。

主变电所宜选用六氟化硫（SF_6）气体绝缘封闭组合电器（Gas Insulated Switchgear，GIS），以减少占地面积。变电所的平面布置应紧凑，便于设备运输、安装和运行维护。因主变电所的负荷为直流牵引负荷和低压动力照明负荷，城市轨道交通用电已采取功率因数补偿措施，主变电所无须另设电容补偿装置。根据需要可设置电能有源恢复系统，以补偿50次以下谐波及补偿基波的容性或感性无功电流。

主变电所按三级控制设计，即就地、距离和远动，二次回路应与城市轨道交通牵引变电所相协调，采用综合自动化系统。目前主变电所一般有人值守，条件成熟时也可以考虑无人值守。

三　主变电所的主接线

如图2-7所示，每座主变电所从城市电网引入两路独立的110kV或63kV电源。当一路电源故障时，另一路能承担重新调度后供电分区内全部一、二级负荷。

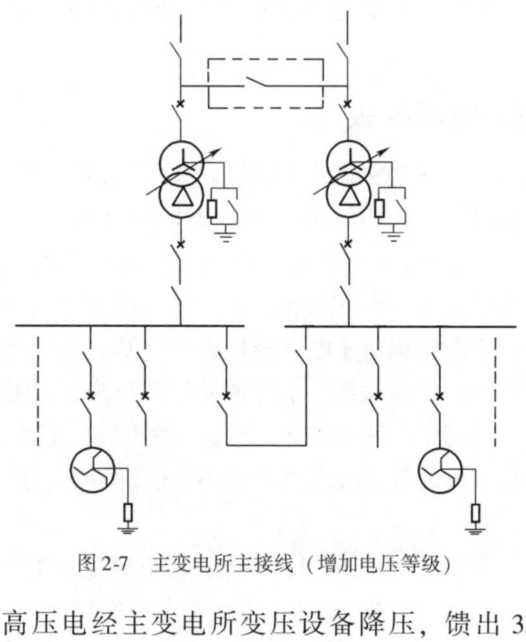

图2-7　主变电所主接线（增加电压等级）

110kV或63kV的高压电经主变电所变压设备降压，馈出35kV、10kV的中压电。35kV、10kV侧采用单母线分段加分段断路器的接线方式。35kV馈线直接配电给沿线牵引变电所、牵引降压混合所、降压变电所和中心降压变电所。当某一主变电所发生故障时，为确保原管辖区域内牵引变电所和降压变电所的供电，改由相邻的主变电所通过35kV环网分断处的两台联络开关，将35kV电源送至本主变所35kV Ⅰ或Ⅱ母线，通过母线上的馈线开关，实现跨区域供电。

测一测

1.（　　　　）是将城市电网供给的三相交流电降压后配送到轨道交通沿线的各个（　　　　）和（　　　　）。

2. 当某一主变电所发生故障时，为确保原管辖区域内牵引变电所和降压变电所的供电，改由（　　　　）实现跨区域供电。

单元 2.4　中压供电网络

通过中压电缆，纵向把上级主变电所和下级牵引变电所、降压变电所连接起来，横向把全线的各个牵引变电所、降压变电所连接起来，便构成了中压供电网络，其功能类似于电力系统中的输电线路。

中压供电网络不是供电系统中的子系统，但它是供电系统设计的核心内容，涉及外部电源方案、主变电所的位置及数量、牵引变电所及降压变电所的数量、牵引变电所与降压变电所的主接线等。

中压供电网络有两大属性：一是电压等级；二是构成形式。国内地铁均采用双环网形式构成供电系统。

一　中压供电网络的电压等级

我国现行中压配电标准电压等级有 35kV 中压网络、33kV 中压网络、20kV 中压网络、10kV 中压网络。不同电压等级的中压网络具有如下特点：

（1）35kV 中压网络，国家标准电压级。特点：输电容量较大，距离较长；设备产自国内；设备体积较大，占用变电所面积较大，不利于减小车站体量；开关设备价格适中；国内没有环网开关，因而不能用相对于断路器柜价格较便宜的环网开关，构成接线与保护简单、操作灵活的环网系统。广州地铁、上海地铁等已经普遍采用。

（2）33kV 中压网络，国际标准电压级。特点：输电容量较大，距离较长；开关设备产自国外，不利于国产化；国外开关设备体积较小，价格较高。广州地铁、上海地铁部分先期建设线路有采用。

（3）20kV 中压网络，国际标准电压级。特点：输电容量及距离适中；设备完全实现国产化；引进国外技术的开关设备，体积较小，占用变电所面积远小于国产 35kV 设备所占面积，有利于减少车站体量，节省土建投资；价格适中；有环网单元，能构成接线与保护简单、操作灵活的环网系统。国内城市轨道交通尚没有采用，但国外城市轨道交通普遍采用。

（4）10kV 中压网络，国家标准电压级。特点：输电容量较小，距离较短；设备产自国内；设备体积适中；设备价格较低；环网开关技术成熟、运营经验丰富，可用其构成保护简单、操作灵活的环网系统。国内外城市轨道交通均广为采用。

不同电压等级中压网络的综合比较见表 2-1。

不同电压等级中压网络的综合比较　　表 2-1

序号	项　目	35kV	33kV	20kV	10kV
1	适用标准	国家标准	国际标准	国际标准	国家标准
2	对外部电压等级要求	城市电网可以没有 35kV	城市电网可以没有 33kV	城市电网可以没有 20kV	一般城市电网均已有 10kV
3	设备产地	国内	国外	国内	国内
4	环网柜情况	无环网柜	有环网柜	有环网柜	有环网柜
5	设备尺寸及占用变电所面积	较大，不利于减小车站体量	较小，利于减小车站体量	较小，利于减小车站体量，节省土建投资	适中
6	设备价格	适中	较高	适中，比 35kV 低	较低
7	输电容量	较大	较大	适中，比 10kV 大	较小
8	输电距离	较长	较长	适中，比 10kV 长	较短
9	城市轨道交通应用	国内有采用	国内外均有采用	国外有采用	国内外均有采用

二　中压供电网络的构成原则及构成形式

1. 构成原则

尽管构成中压供电网络的电压等级和形式不同，但都应符合以下四条原则：

（1）安全可靠，经济合理，满足供用电的要求。

（2）接线简单，负荷平衡，保护完善。

（3）环网供电，调度方便，误操作机会为零。

（4）各种变电所皆为双电源，主接线尽可能一致。

2. 构成形式

中压供电网络的构成形式与城市轨道交通供电系统的外部电源供电方式有关。就集中式供电而言，中压供电网络的构成形式为树形（二叉树）结构，如图 2-8 所示。而对于分散式供电来讲，中压供电网络的构成形式一般采用点对点型结构，如图 2-9 所示。

目前，在各个城市的轨道交通建设中，供电系统多采用集中式供电，所以其中压网络的构成形式主要以树形结构为主。点对点型结构本书中不再详述。

树形结构的构成形式相对比较灵活，形式也多种多样。根据用电负荷的性质，树形结构大致可分为两种，即混合网络构架和独立网络构架。

（1）混合网络构架，是指由主变电所提供的中压电源通过同一中压网络路径直接分配给牵引供电系统和动力照明供电系统这两个子系统。这种构成形式的优点是网络结构简单，设备的利用率较高，投资相对节省；其缺点是事故影响范围较大，故障排除相对复杂。采用这种构成形式的工程有上海地铁（1 号线除外）、广州地铁、天津地铁等，国内新建项目基本上多采用这种中压网络构架。

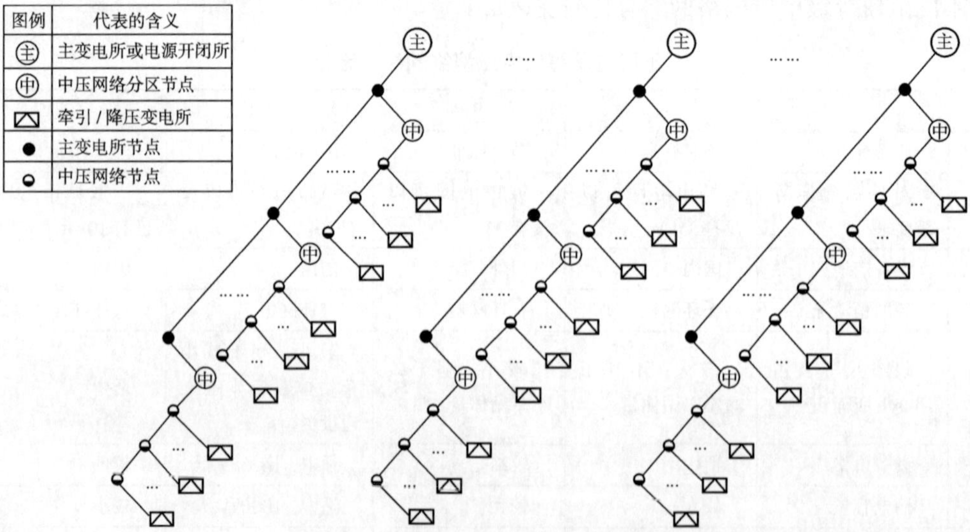

图 2-8　中压供电网络树形结构示意图

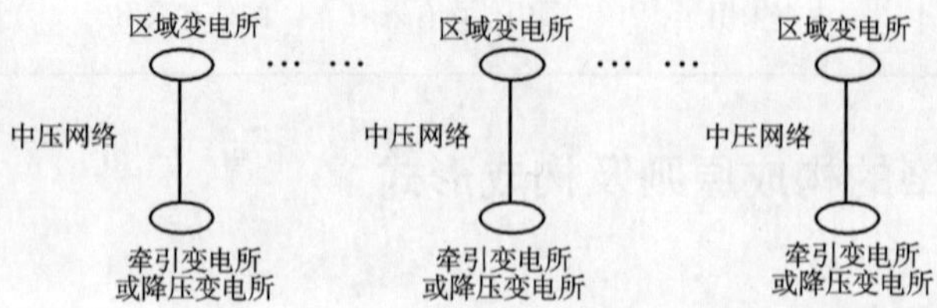

图 2-9　中压供电网络点对点型结构示意图

（2）独立网络构架，是指由主变电所或电源开闭所提供的中压电能通过两个相互独立的中压网络路径分别分配给牵引供电系统和动力照明供电系统这两个子系统。即两级网络构架是由牵引整流和动力照明两个子网络组成。这种构成形式的优点是中压网络供电质量高，网络接线结构清晰，子系统间电气部分相互独立、干扰小，事故影响范围小；其缺点是网络结构复杂，设备投资相对较高。采用这种接线的工程如上海地铁 1 号线（不是典型接线方式，但具有独立网络构架的特点）。这种网络构架国内应用得相对较少。

总之，这两种构成形式各有特点。具体的网络接线方式还要根据工程的实际情况，并结合相关轨道交通路网供电系统的组成结构进行详细的经济技术比较。

三　国内城市轨道交通中压供电网络现状

国内既有城市轨道交通中压供电网络采用的电压等级为 10kV、33kV、35kV，20kV 电压等级的中压供电网络也正在酝酿之中，目前还没有实际应用。中压供电网络电压等级与外电源供电方式的确定，与城市电网的分布、容量紧密相关，国内通常采用的中压供电网络为 10kV、35kV 两个电压等级。

采用 10kV 混合网络的有：已建成通车的北京地铁 1 号线、2 号线、5 号线、10 号线、13 号线，天津地铁 1 号线，长春轨道交通环线一期工程，大连地铁 3 号线，武汉地铁 1 号线等。

采用 35kV 混合网络的有：广州地铁 1 号线、2 号线，南京地铁 1 号线、2 号线，深圳地铁1号线、4号线等。

上海地铁采用独立网络，其中1号线和2号线的牵引网络采用了33kV，供配电网络采用了10kV；明珠线的牵引网络采用了35kV，供配电网络采用了10kV。

国内已经投入运营的城市轨道交通部分线路情况统计见表2-2。

国内已经投入运营的城市轨道交通部分线路情况统计 表2-2

城市轨道交通线路	中压网络构成与电压等级		
	混合网络	牵引网络	供配电网络
北京地铁1、2、5、10、13号线，八通线	10kV		
长春轨道交通环线一期工程	10kV		
大连地铁3号线	10kV		
武汉地铁1号线	10kV		
天津地铁1号线	10kV		
广州地铁1、2号线	35kV		
天津滨海快速轨道交通	35kV		
南京地铁1、2号线	35kV		
深圳地铁1、4号线	35kV		
上海地铁1、2号线		33kV	10kV
上海地铁3、4号线		35kV	10kV
上海地铁5、6、8、9号线	35kV		

城市轨道交通供电系统的中压供电网络也可以采用20kV电压等级，因为它的优点在于输送容量较大、设备体积较小、有环网开关、可构成环网供电方式、设备可以国产化且价格适中。

测一测

1. 通过中压电缆，纵向把上级主变电所和下级牵引变电所、降压变电所连接起来，横向把全线的各个牵引变电所、降压变电所连接起来，便构成了（ ）。

2. 我国现行中压配电标准电压等级有（ ）、（ ）、（ ）、（ ）。

复习与思考

1. 城市轨道交通供电系统对电源有哪些要求？
2. 城市轨道交通供电系统的电源电压等级有哪几种？
3. 城市轨道交通供电系统为什么会产生谐波？如何治理？
4. 外部供电系统对城市轨道交通的供电方式有哪几种？各有什么特点？
5. 城市轨道交通主变电所的位置应该如何选择？
6. 什么是中压网络？
7. 中压供电网络有哪些电压等级？
8. 中压供电网络有哪些构成形式？

模块3

牵引变电所的主要电气设备

问题导入

牵引变电所是城市轨道交通牵引供电系统的心脏。它既变电，又供电。它将主变电所或城市电网中的中压交流电源变为直流1500V后，经馈电线送至接触网，再经过受电弓进入城市轨道交通电动车组，作为驱动城市轨道交通电动车组牵引电机的电源。一旦牵引变电所发生故障，将中断区间和车站的行车工作，影响全线的运输秩序。为了保证牵引变电所安全供电和城市轨道交通系统的正常运行，牵引变电所需要配备哪些类型的电气设备？这些电气设备的结构和原理是怎样的？能够实现什么样的功能？使用的时候要注意哪些问题呢？本模块将回答这些问题。

学习要点

1. 牵引变电所的类型和原理；
2. 牵引变电所的设备类型；
3. 整流机组的结构原理；
4. 各种高压开关设备的结构、原理及使用注意事项；
5. 互感器的结构、原理及使用注意事项；
6. 高压成套配电装置的结构。

技能目标

1. 能画出直流牵引变电所的接线原理图，并复述其原理；
2. 能辨别牵引变电所的各种设备，并说明其作用和原理；
3. 能画出整流机组的原理示意图，并复述其原理；
4. 能拆装几种常见的高压开关电器，并复述其结构和原理；
5. 会判断互感器的极性和使用互感器；
6. 能看懂各种电气设备的型号。

微课堂

牵引变电所	变压器工作原理	高压断路器①	互感器	避雷器	高压断路器②

建议学时

6 学时。

单元 3.1 牵引变电所概述

一 牵引变电所的类型和原理

牵引变电所是城市轨道交通牵引供电系统的核心，它担负对电动列车直流电能的供应任务，它的站位设置、容量大小，需根据所采用的车辆形式、车流密度、列车编组，经过牵引供电计算，经多方案比选确定。牵引变电所有两种形式：户内式变电所和户外式箱式变电所，前者适宜地下线路，后者适宜地面线路。

直流牵引变电所从双电源受电，经整流机组变压器降压、分相后，按一定整流接线方式由大功率硅整流器把三相交流电变换为与直流牵引网相应电压等级的直流电，向电动车组供电。图 3-1 所示为直流牵引变电所的接线原理图。

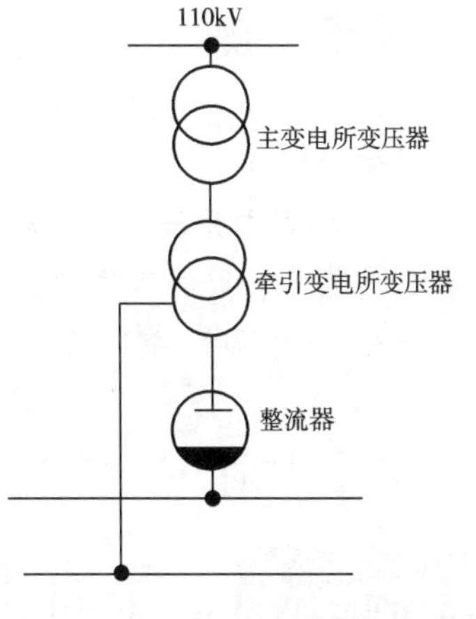

图 3-1 直流牵引变电所的接线原理图

地铁、城市轻轨交通直流牵引变电所，有时常与向车站、区间供电的降压变电所合并，形成牵引、降压混合变电所。此时，主电路结构和电气设备与一般直流牵引变电所相比有所不同。

在有再生电能需向交流网返送的情况下，直流牵引变电所必须增设可控硅逆变机组（包括交流侧的自耦变压器），其功能和设备也应相应增加，运行、技术都较复杂。直流牵引变电所间距离仅为几千米，一般不设分区所和开闭所。

二 牵引变电所的设备分类

为了实现牵引变电所的受电、变电和配电的功能，在牵引变电所中，必须把各种电气设备按一定的接线方案连接起来，组成一个完整的供配电系统。在这个系统中担负输送、变换和分配电能任务的电路称为主电路，也叫一次电路；用来控制、指示、监测和保护主电路及其主电路中设备运行的电路称为二次电路（二次回路）。相应地，牵引变电所中的电气设备也分成两大类：一次电路中的所有电气设备，称为一次设备或一次元件；二次电路中的所有电气设备，称为二次设备或二次元件。下面对一次设备进行简要介绍。

一次设备按其在一次电路中的功用又可分为变换设备、控制设备、保护设备、补偿设备和成套设备等类型。

1. 变换设备

变换设备是用以变换电能电压或电流的设备，如电力变压器、整流器、电压互感器、电流互感器等。

2. 控制设备

控制设备是用以控制电路通断的设备，如各种高低压开关设备。

3. 保护设备

保护设备是用以防止电路过电流或过电压的设备，如高低压熔断器、高低压断路器、继电保护设备、避雷器等。

4. 补偿设备

补偿设备是用以补偿电路的无功功率以提高系统功率因数的设备，如高低压电容器、静止无功补偿装置等。

5. 成套设备

成套设备是按一定线路方案将有关一次、二次设备组合而成的设备，如高压开关柜、低压配电屏、高低压电容器柜、成套变电所等。

测一测

1. (　　　) 是城市轨道交通牵引供电系统的核心，它担负对电动列车直流电能的供应任务。

2. 供配电系统中担负输送、变换和分配电能任务的电路称为（　　　），用来控制、指示、监测和保护主电路及其主电路中设备运行的电路称为（　　　）。

3. 一次设备按其在一次电路中的功用又可分为（　　　）、（　　　）、（　　　）、（　　　）和（　　　）等类型。

单元 3.2　整流机组

整流机组是城市轨道交通牵引变电所最重要的设备，其作用是将环网电缆 AC35kV（或 AC33kV、AC0kV）电压降为 AC1180V，再整流输出 DC1500V，经网上电动隔离开关给接触网供电，实现直流牵引。

整流机组由变压器和整流器构成。它需要变压器和整流器相互匹配，才能实现良好的整体性能。变压器接受中压开关设备提供的中压电压，经过降压，为整流器提供适合的低压交流电源；整流器则将交流电源整流为电动车组所需要的直流电源。

一　变压器

1. 变压器的作用和原理

变压器（文字符号为 T 或 TM）是牵引变电所中实现电能输送、电压变换，满足不同电压等级负荷要求的核心设备之一，使用最多的是三相油浸式电力变压器和环氧树脂浇筑式干式变压器。

单相变压器工作原理如图3-2所示。它是一种按电磁感应原理工作的电气设备。一个单相变压器的原边、副边两个线圈绕在一个铁芯上，副边开路，原边施加交流电压 U_1，则原边线圈中流过电流 I_1，在铁芯中产生磁通。磁通穿过副边线圈在铁芯中闭合，在副边感应一个电动势 E_2。当变压器副边接上电源后，在电势的作用下，将有副边电流 I_2 通过，这样负载两端会有一个电压降 U_2，电压降 U_2 约等于 E_2，U_1 约等于 E_1，所以

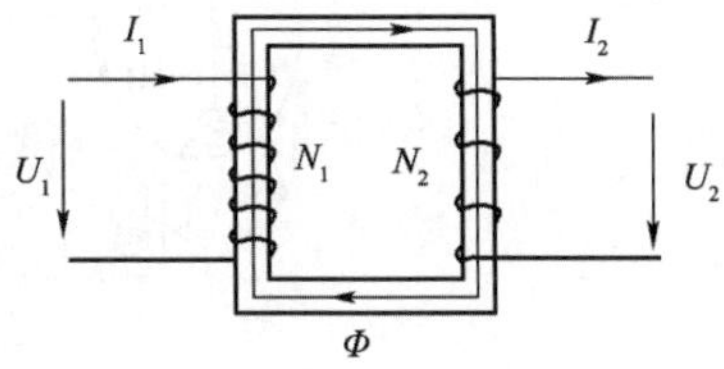

图3-2　单相变压器工作原理示意图

$$U_1/U_2 = E_1/E_2 = N_1/N_2 = K$$

式中：U_1、U_2——原、副边线圈的端电压；

N_1、N_2——原、副边线圈的匝数；

K——变压器的变比。

由上式可以看出，变压器由于原、副边线圈匝数不同，因而起到变换电压的作用。变压器的电压变比是绕组的匝数比，电流变比是绕组匝数比的倒数。根据上述原理可以制造出单相、三相等各种变压器。

2. 变压器的分类

变压器的分类方法有很多，主要有以下几种：

（1）按变压器的应用方式，分为升压变压器和降压变压器。

（2）按变压器的相数，分为单相变压器、三相变压器、多相变压器。

（3）按变压器的线圈形式，分为单线圈变压器（自耦变压器）、双线圈变压器、三线圈变压器。

（4）按变压器铁芯和线圈的相对位置，分为心式变压器和壳式变压器两种。心式变压器的线圈包在铁芯的外围，壳式变压器的铁芯包在线圈的外围。

（5）按变压器绝缘和冷却方式，分为油浸式变压器、干式变压器和充气式变压器三种。

油浸式变压器的铁芯和线圈都浸在盛满变压器油的油箱中，用油绝缘。冷却方式有自冷、强迫风冷、水冷或强迫油循环冷却等形式。

干式变压器的铁芯和线圈利用空气绝缘和冷却。

充气式变压器的器身放在一密封的铁箱内，箱内充以特种气体，箱内的气体通过热交换器冷却。

城市轨道交通电力牵引变电所如果是地下式的（地铁用），为了防止油箱爆炸引起的严重后果，多应用干式变压器。

（6）按变压器的调压装置的种类，分为有载调压变压器和无载调压变压器。

3. 变压器的构造

变压器根据容量、电压等级、线圈匝数的不同，外形和附件不完全相同，但主要部件基本上是相同的。以油浸式三相变压器为例，其外形和结构如图3-3所示。

变压器的主要部件及功能如下。

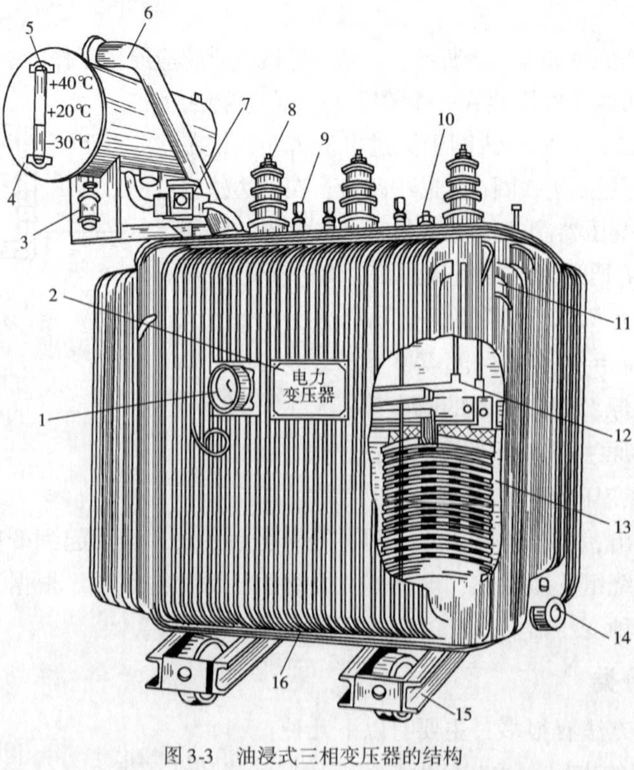

图 3-3　油浸式三相变压器的结构

1-信号温度计；2-铭牌；3-呼吸器；4-油枕；5-油标；6-安全气道；7-气体继电器；8-高压套管；9-低压套管；10-分接开关；11-油箱；12-铁芯；13-绕组；14-放油阀；15-小车；16-接地端子

（1）铁芯。

铁芯是用导磁性能良好的硅钢片叠装组成，它形成一个磁通闭合回路，变压器的一、二次绕组都绕在铁芯上。

（2）线圈。

线圈又称为绕组，是变压器的导电回路。线圈用铜线或铝线绕成多层圆筒形。线圈绕在铁芯柱上，导线外边包有绝缘材料，形成导线之间及导线对地的绝缘。

（3）油箱。

油箱由箱体、箱盖、散热装置、放油阀组成，其主要作用是把变压器连成一个整体及进行散热。内部是绕组、铁芯和变压器油。变压器油既有循环冷却和散热作用，又有绝缘作用。绕组与箱体（箱壁、箱底）有一定的距离，通过油箱内的油绝缘。油箱一般采用散热管油箱。散热管的管内两端与箱体内相通，油受热后，经散热管上端口流入管体，冷却后经下端口又流回箱内，形成循环，用于 1600kV · A 及以下的变压器。还有带有散热器的油箱，用于 2000kV · A 以上的变压器。

（4）油枕。

油枕也称油柜。变压器油因温度变化会发生热胀冷缩现象，油面也将随温度的变化而上升或下降。油枕的作用是储油与补油，保证变压器油箱内充满油，同时油枕缩小了变压器与空气的接触面积，减缓了油的老化速度。油枕侧面装有油位计，可以监视油的变化。

(5) 呼吸器。

呼吸器由一根铁管和玻璃容器组成，内装干燥剂（如硅胶）。当油枕内的空气随变压器油的体积膨胀或缩小时，排出或吸入的空气都经过吸湿器，吸湿器内的干燥剂吸收空气中的水分，对空气起过滤作用，从而保持油的清洁。

(6) 防爆装置。

防爆装置有防爆管和压力释放装置两种。防爆装置是安装在变压器顶盖上的，当变压器内部发生故障，变压器油剧烈分解产生大量气体，使油箱内压力剧增时，防爆装置将油及气体排出，防止变压器油箱爆炸或变形。

(7) 散热器。

散热器装在油箱壁上，上、下由管道与油箱相通，变压器上部油温与下部油温有温差时，通过散热器形成油的对流，经散热器冷却后流回油箱，起到降低变压器油温度的作用。为了提高冷却效果，可以采用自冷、强迫风冷和强迫水冷等措施。

(8) 绝缘套管。

变压器绕组的引出线采用绝缘套管，以便与箱体绝缘。绝缘管有纯瓷、充油和电容等不同形式。套管内有导体，用于变压器一、二次绕组接入和引出端的固定和绝缘。

(9) 瓦斯继电器。

瓦斯继电器又称为气体继电器，是变压器内部故障的主保护装置，它装在油箱和油枕的连接管上，当变压器内部发生严重故障时，瓦斯继电器接通断路器跳闸回路；当变压器内部发生不严重故障时，瓦斯继电器接通故障信号回路。

(10) 温度计。

温度计用来测量油箱里上层油温，监视变压器运行是否正常。

(11) 调压装置。

调压装置是为了保证变压器二次侧电压而设置的。当电源电压变动时，利用调压装置调节变压器的二次电压。调压装置分为有载调压和无载调压两种。有载调压装置可以在变压器带负载的状态下进行电压调节，而无载调压装置的调压必须在不带负载时才能进行操作。

4. 变压器的主要技术参数

(1) 额定电压 U_N。

额定电压包括变压器一次侧和二次侧的额定电压 U_{N1} 和 U_{N2}。变压器的二次侧额定电压 U_{N2} 是指变压器空载状态下，当一次线圈加其额定电压 U_{N1} 时，获得的二次侧线圈端电压。

(2) 额定电流 I_N。

额定电流是指线圈的额定电流。

(3) 额定容量 S_N。

额定容量是指变压器在额定电压和额定电流的条件下连续运行时输送的容量。单相变压器的额定容量为 $S_N = U_N I_N$；三相变压器的额定容量为 $S_N = \sqrt{3} U_N I_N$。这里的 U_N 和 I_N 为相应变压器的额定线电压和额定线电流。

(4) 变比 K。

变比是指变压器一次绕组和二次绕组额定电压之比，也是变压器一次绕组和二次绕组线圈匝数之比。

（5）铜损 ΔS_0。

铜损是指变压器一次、二次额定电流流过绕组时产生的能量损耗。

（6）铁损 ΔS_k。

铁损是指变压器在额定电压下，在铁芯中产生的能量损耗。

（7）阻抗电压降 U_0（%）。

阻抗电压降是指变压器在二次绕组短接的情况下，一次绕组中流过额定电流时引起的电压降。一般以百分数表示。

（8）空载电流 I_k（%）。

空载电流是指变压器在额定电压下空载运行时，一次绕组中流过的电流。一般以百分数表示。

（9）连接组别。

连接组别是指三相变压器一次绕组与二次绕组连接的方式，如星形（Y）连接，三角形（△）连接。

二 整流器

1. 整流器的作用和原理

整流器的作用是将交流电变成直流电供电动车辆的牵引电动机用。为了提高直流电的质量，降低直流电源的脉动量，通常采用多相整流的方法，它可以是六相、十二相整流，还可以增加到二十四相整流。

最基本的整流工作原理如下：

（1）三相半波整流电路。

整流变压器的二次侧三相绕组按星形连接，三相交流电压的波形如图3-4所示。在任何时刻，相电压最高的一相的整流管导通，此时整流电压即为该相的瞬时电压。

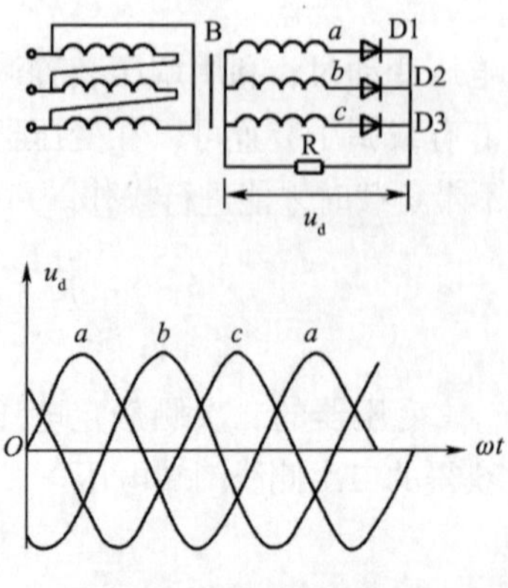

图3-4　三相半波整流电路

三相半波整流电路的特点：

①变压器副边每相绕组只导通1/3周期，即相差120°，利用率较差。

②整流管承受的反向电压高。当一个整流管导通时，另外两个整流管必承受反向电压，其值为副边绕组线电压。

③变压器绕组总是通过单方向电流，引起直流磁化，造成铁芯饱和，必要求加大铁芯尺寸，且漏抗增大，损耗增大。

以上电路属共阴极接线，即三相整流管的阴极连在一起。

要改善以上整流电路，可设置一组为共阴极接线，另一组为共阳极接线，此时整流电路的工作情况就有所改善。

如图3-5所示，两组整流器共用一组三相副边绕组，对每相绕组其通过的电流方向依次相反，各占1/3周期，这样就缩短了各绕组的通电时间，提高了利用率，而且先后的电流是相反的，又消除了直流磁化的问题。

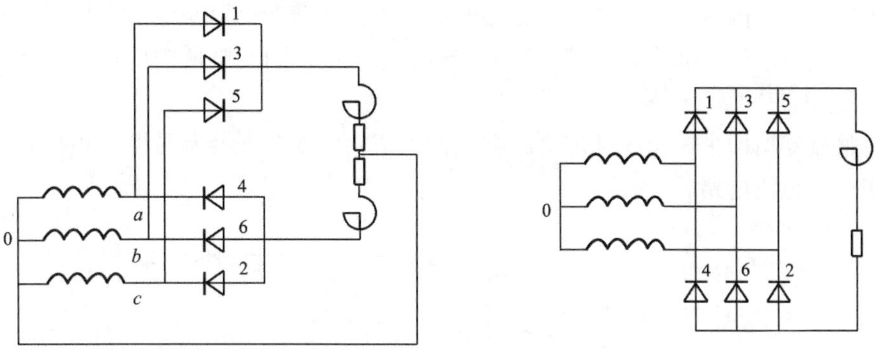

图3-5　三相半波共阴极组与共阳极组串联电路

（2）三相桥式整流电路。

以上接线中两组半波整流的负荷电流数值相等，如将两组负荷叠加为一个，则成为三相桥式整流电路。

桥式整流电路对同样的变压器绕组来说，其整流电压升高一倍；反之，如整流电压保持一定，则变压器绕组电压可以降低，因而整流元件承受的反电压可以低些。三相桥式整流变压器无直流磁化问题。整流电压的波形为六相脉动波形，如图3-6所示。

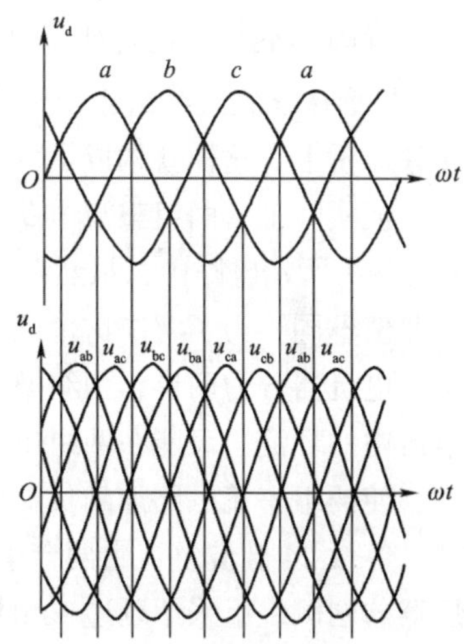

图3-6　三相桥式整流电路整流电压波形

2. 整流器的构造

整流器由大功率二极管及其散热器、保护器件、故障显示器件、通信接口等组成。整流器要求可靠性高，噪声、谐波污染小，维修方便。

由于城市轨道交通直流牵引供电系统的整流器直流电压不太高，而电流很大，为了避免整流支路的整流元件并联数目太多，而造成元件之间电流分布不均的问题，采用两组整流器并联工作的方法，同时可以使两组整流器相互之间有相位移，以求得更多相整流，减少整流电压脉动。

由于整流器的主要部件二极管是由不到1mm厚的硅单晶片制成，其热容量很小，对电流、电压非常敏感，因而整流器的过电流、过电压保护十分重要。

整流器柜一般采用无焊接全螺栓结构，以便发生故障时拆卸更换。屏柜门板及外骨架采用喷塑防护，绝缘材料阻燃。为防止潮湿产生凝露，可设置防凝露控制器。

国内整流器设备的外形尺寸有多种，尺寸与散热器选型有关。采用陶瓷散热器时，整流器柜外形尺寸较大，如2500A规格的尺寸一般为2000mm×1250mm。若采用铝合金散热器，整流器柜外形尺寸较小，同等规格下为1200mm×1200mm。目前国内一般采用铝合金散热器或陶瓷散热器。

三 等效 24 脉波整流机组

为了提高功率因数，降低牵引变压器网侧电压波形畸变，以减少对电网的干扰，以及降低输出直流电压的纹波系数，城市轨道交通供电系统牵引变电所中的整流机组采用等效 24 脉波整流电路。

单台整流器由两个三相 6 脉冲全波整流桥组成。图 3-7 所示为两组三相桥式并联组成的十二相桥式整流电路。

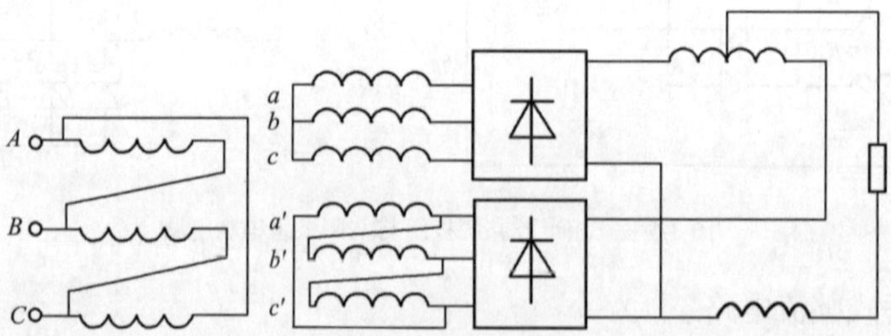

图 3-7　脉波整流机组电路图

图 3-7 中整流变压器原边三相绕组为三角形接线，相应端点为 A、B、C，两个副边绕组，其中一个为星形接线，端点为 a、b、c；另一个绕组为三角形接线，端点为 a'、b'、c'。星形接线副边绕组连接到第Ⅰ组三相整流桥上，三角形接线副边绕组连接到第Ⅱ组三相整流桥上。这样就构成了两个三相整流桥连接的并联工作电路。

但实际上，两组整流电路要真正实现并联工作，必须两个电源的情况完全相同才行。在图 3-7 所示电路中，虽然两组整流电压的平均值相等，但是它们的脉动波相差 60°，其瞬时值不同。为了解决这个问题，在两组整流电路的中心点之间接入了一个平衡电抗器，平衡电抗器分为两半，两组整流电路各占一半。平衡电抗器的作用体现在两方面：既限制电流中的环流，又能在两组中点之间产生感应电动势，以补偿两个整流电路瞬时电压的差异，使两组整流电路加到负荷上的电压相等，即让两组整流电路真正并联工作。

等效 24 脉波整流由两台整流器构成，它们可以并联工作，也可以串联工作。两台变压器的网侧绕组采用延边三角形移相的方法，相对于交流线电压，一台变压器网侧星形绕组移相 +7.5°，另一台移相 −7.5°，则两台变压器网侧电压相位差为 15°，而合成后，其次边星形绕组和三角形绕组的线电压差为 15°，经整流后输出 24 脉波电压。两台整流机组并联运行后输出的 24 脉波直流波形如图 3-8 所示。

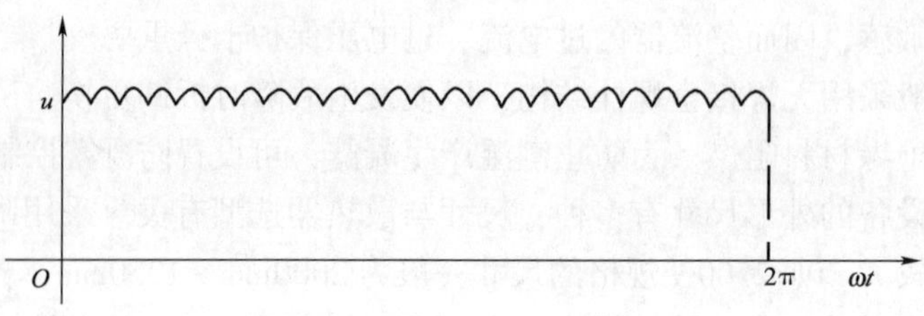

图 3-8　两台整流机组整流后输出的波形

测一测

1. 整流机组由（　　　）和（　　　）构成。

2. 城市轨道交通电力牵引变电所如采用地下式的（地铁用）为了防止油箱爆炸引起的严重后果，多应用（　　　）变压器。

3. 油浸式三相变压器结构中，（　　　）主要作用是把变压器连成一个整体及进行散热。（　　　）是安装在变压器顶盖上，当变压器内部发生故障，变压器油剧烈分解产生大量气体，防止变压器油箱爆炸或变形。

4. （　　　）的作用是将交流电变成直流电供电动车辆的牵引电动机使用。

实践训练

请完成三相变压器空载试验，见实训2。

单元3.3　高压开关设备

高压开关设备的作用：正常工作情况下可靠地接通或断开电路；在改变运行方式时进行切换操作；当系统中发生故障时，迅速切除故障部分，以保证非故障部分的正常运行；在设备检修时隔离带电部分，以保证工作人员的安全。

高压开关设备的种类有很多。按安装地点分为屋内式和屋外式两类；按功能分，常见的类型有断路器、隔离开关、熔断器、负荷开关等。下面就对几类主要的高压开关设备进行详细介绍。

一　高压断路器

1. 高压断路器的作用

高压断路器（文字符号为QF）是牵引变电所高压电气设备中最重要的设备，是一次电力系统中控制和保护电路的关键设备。它主要有两个作用：一是控制作用，即根据需要让部分电气设备或线路投入或退出运行；二是保护作用，即在电气设备或电力线路发生故障时，继电保护装置发出跳闸信号，启动断路器，将故障部分设备或线路从电网中迅速切除，确保电网正常运行。

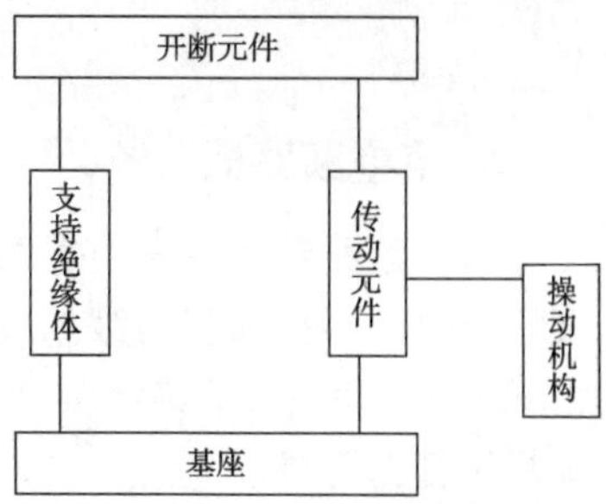

图3-9　高压断路器的基本结构

2. 高压断路器的基本结构

高压断路器的基本结构如图3-9所示。其中开断元件是核心，开、断及关、合电力线路，安全隔离电源等方面的任务都由它来完成。其他组成部分都是为配合开断元件完成上述任务而设置的；支持绝缘体保证开断元件有可靠的对地绝缘，承受开断元件的操作力及其他各种外力；传动元件将操作命令传递给开断元件的触点和其他部件；基座是高压断路器的基础；操动机构为开断元件分合闸操作提供能量，并实现各种规定的操作。

3. 高压断路器的分类和型号

高压断路器有很多类型，按其采用的灭弧介质不同，高压断路器分为油断路器、六氟化硫（SF_6）断路器、真空断路器等。其中，油断路器按其油的多少和油的作用，又分为多油断路器和少油断路器。多油断路器的油，既是灭弧介质，又是绝缘介质，利用油作为其相对地（外壳）甚至相与相之间的绝缘，因此油量多。少油断路器，只有灭弧介质，因此油量少，比较安全。油断路器的结构简单，价格便宜，但油在灭弧过程中容易碳化，所以检修周期短，维护工作量大；再加上油对环境的污染大，容易引发火灾，故断路器的发展趋势为无油化，即被 SF_6 断路器和真空断路器取代。图 3-10 为真空断路器的外形，图 3-11 为少油断路器的外形。

图 3-10　ZW8-12 型真空断路器

图 3-11　SN10-10 型高压少油断路器

按其安装地点，高压断路器分为屋内式和屋外式两种。

高压断路器的型号规格如图 3-12 所示。

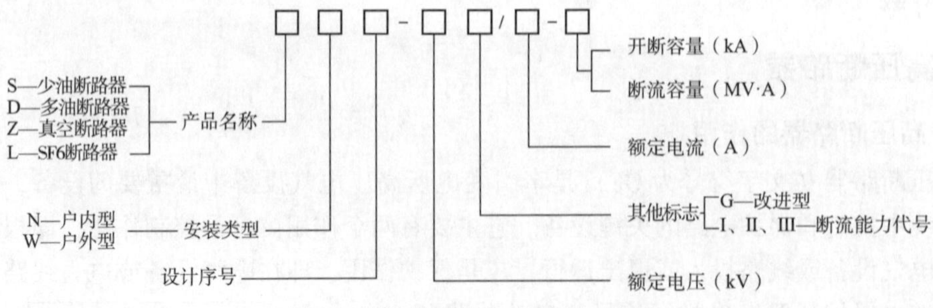

图 3-12　高压断路器的型号规格示意图

4. 真空断路器

真空断路器利用真空度约为 10^{-4}Pa（运行中不低于 10^{-2}Pa）的高真空作为内绝缘和灭弧介质。当灭弧室内被抽成 10^{-4}Pa 的高真空时，其绝缘强度要比绝缘油、一个大气压力下的 SF_6和空气的绝缘强度高很多。因此，真空击穿产生电弧，是由触点蒸发出来的金属蒸气帮助形成的。

随着冶金等技术的不断进步，真空断路器的制造水平不断提高，在 20 世纪 60 年代制成能开断 20kA 的真空断路器，20 世纪 70 年代制造出开断能力达 60～80kA、电压等级为

10～35kV 的真空断路器，使真空断路器在 35kV 及以下电压等级中处于优势地位。

真空断路器是由真空灭弧室、绝缘筒、绝缘支撑、传动机构、基座（框架）、操动机构等组成，如图 3-13 所示。导电回路由导电夹、软连接、出线板通过灭弧室两端组成。真空断路器的固定方式不受安装角度限制，既可以水平安装，又可以垂直安装，还可以任意角度安装。

按真空灭弧室的布置方式可分为落地式和悬挂式两种基本形式，以及这两种方式相结合的综合式和接地箱式。图 3-13 所示为落地式真空断路器，它将真空灭弧室安装在上方，用绝缘筒支持，操动机构设置在基座的下方，上、下两部分由传动机构通过绝缘筒连接起来。下面详细介绍真空灭弧室和操动机构的基本结构。

（1）真空灭弧室。

真空灭弧室是真空断路器中最重要的部件。真空灭弧室结构如图 3-14 所示，外壳是由绝缘筒、两端的金属盖板和波纹管组成的密封容器。灭弧室内有一对触点，静触点焊接在静导电杆上，动触点焊接在动导电杆上，动导电杆在中部与波纹管的一个断口焊在一起，波纹管的另一端口与动端盖的中孔焊接，动导电杆从中孔穿出外壳。由于波纹管可以在轴向上自由伸缩，这种结构既能实现在灭弧室外带动动触点做分合运动，又能保证真空外壳的密封性。

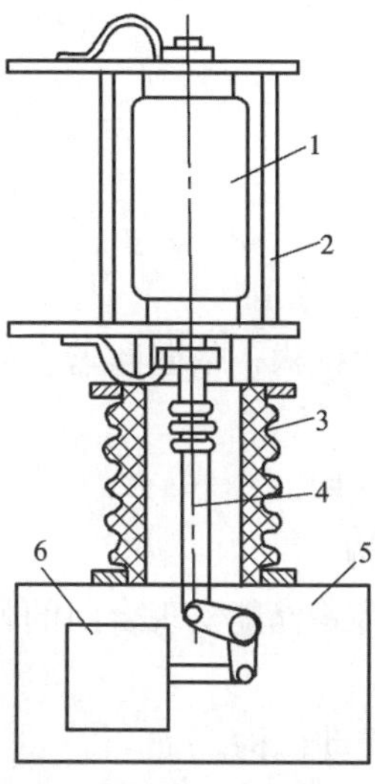

图 3-13　落地式真空断路器基本结构示意图

1-真空灭弧室；2-绝缘筒；3-绝缘支撑；4-传动机构；5-基座；6-操动机构

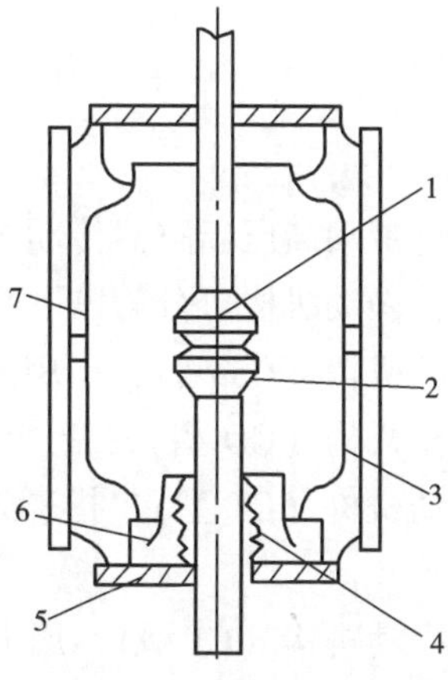

图 3-14　真空灭弧室结构

1-静触点；2-动触点；3-屏蔽罩；4-波纹管；5-与外壳封接的金属凸缘盘；6-波纹管屏蔽罩；7-绝缘外壳

①外壳。整个外壳通常由绝缘材料和金属组成。对外壳的要求首先是气密封性要好；其次是要有一定的机械强度；再次是要有良好的绝缘性能。

②波纹管。波纹管既要保证灭弧室完全密封，又要在灭弧室外部操动时使触点做分合运动，允许伸缩量决定了灭弧室所能获得的触点最大开距。

③屏蔽罩。触点周围的屏蔽罩主要是用来吸附燃弧时触点上蒸发的金属蒸气，防止绝缘外壳因金属蒸气的污染而引起绝缘强度降低和绝缘破坏，同时，有利于熄弧后弧隙介质强度的迅速恢复。在波纹管外面用屏蔽罩，可使波纹管免遭金属蒸气的烧损。屏蔽罩的导

热性能越好，其表面冷却电弧的性能也就越好。因此，制造屏蔽罩常用材料为无氧铜、不锈钢和玻璃，铜是最常用的。

④触点。触点是真空灭弧室内最为重要的元件，灭弧室的开断能力和电气寿命主要由触点状况来决定。根据触点开断时灭弧基本原理的不同，可分为非磁吹触点和磁吹触点两大类。

非磁吹型圆柱状触点最简单，机械强度好，易加工，但开断电流较小，一般只适用于真空接触器和真空负荷开关中。

磁吹触点又分为横向磁吹触点和纵向磁吹触点两类，而横向磁吹触点包括螺旋槽触点和杯形触点两种，如图 3-15 所示。

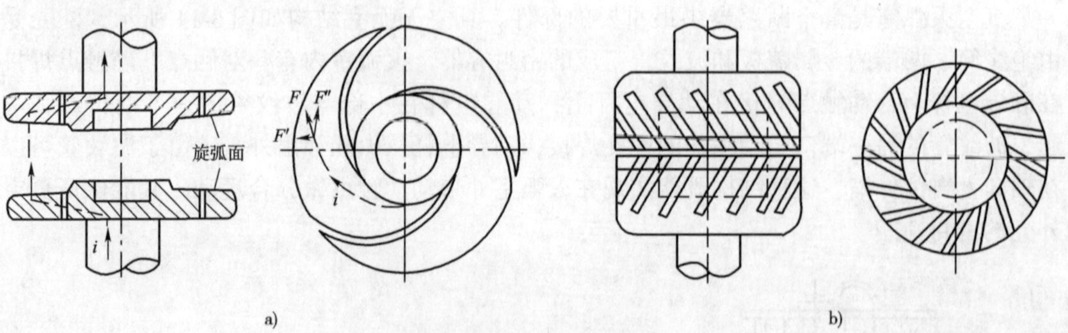

图 3-15　横向磁吹触点

a）螺旋槽触点；b）杯形触点

（2）操动机构。

操动机构是带动高压断路器传动机构进行合闸和分闸的机构。依断路器合闸时所用能量形式的不同，操动机构可分为以下几种：

①手动操动机构（CS 型），指用人力进行合闸的操动机构。

②电磁操动机构（CD 型），指用电磁铁合闸的操动机构。

③弹簧操动机构（CT 型），指事先用人力或电动机使弹簧储能实现合闸的弹簧合闸操动机构。

④电动机操动机构（CJ 型），用电动机合闸与分闸的操动机构。

⑤液压操动机构（CY 型），指用高压油推动活塞实现合闸与分闸的操动机构。

⑥气动操动机构（CQ 型），指用压缩空气推动活塞实现合闸与分闸的操动机构。

弹簧操动机构由储能机构、电磁系统、机械系统等主要部件组成，有 CT6、CT8、CT8G、CT9、CT10 等多种形式。

下面以 CT10 型操动机构为例，介绍弹簧操动机构。

如图 3-16 所示，该机构采用夹板式结构。机构的储能驱动部分和合闸驱动的凸轮连杆部分、合闸电磁铁等布置在左右侧板之间，使各转轴受力合理，稳定性好。两根合闸弹簧分别布置在左右侧板外边。合闸电磁铁、储能电机和辅助开关置于机构下部。

CT10 型操动机构有电机储能和人力储能两种储能方式，合闸操作有合闸电磁铁操作和手动按钮操作，分闸操作也有分闸电磁铁操作和手动按钮操作。

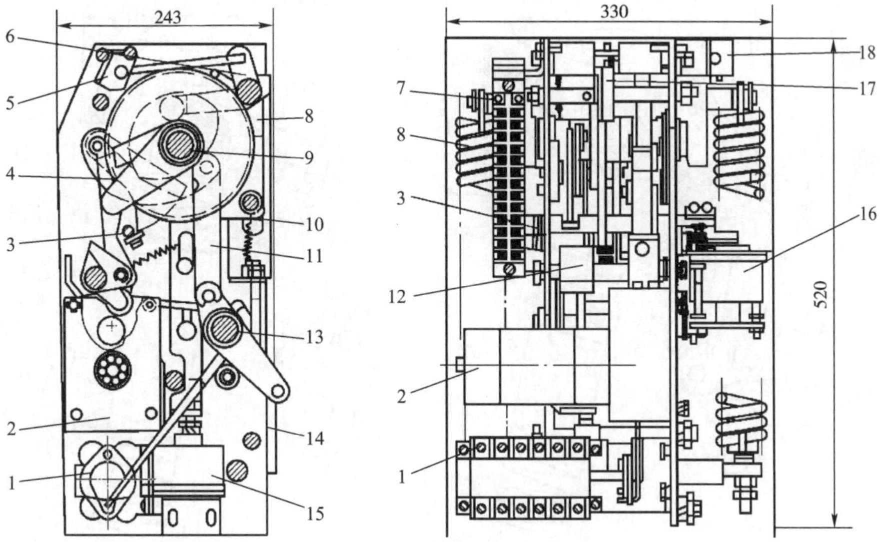

图 3-16　CT10 型操动机构结构简图（尺寸单位：cm）

1-辅助开关；2-储能电机；3-半轴；4-驱动棘爪；5-按钮；6-定位件；7-接线端子；8-合闸弹簧；9-储能轴；10-合闸联锁板；11-合闸四连杆；12-分合指示牌；13-输出轴；14-角钢；15-合闸电磁铁；16-过电流脱扣电磁铁及分闸电磁铁；17-储能指示；18-行程开关

①储能。图 3-17 所示为储能部分动作示意图。其中，图 3-17a）所示为合闸弹簧处于未储能位置，图 3-17b）所示为合闸弹簧处于已储能位置。由电动机带动偏心轮转动，通过紧靠在偏心轮表面的滚轮 2 推动操作块作上下摆动，带动驱动棘爪上下运动，推动棘轮转动。在转动过程中，当固定在棘轮上的销将固定在储能轴上的驱动板顶住以后，棘轮就通过驱动板带动储能轴转动，从而将合闸弹簧拉长。当储能轴转动使挂簧拐臂达到最高位置时，只要再向前转一点，固定在与储能轴联为一体的凸轮上的滚轮 13 就近靠在定位件上，将合闸弹簧维持在储能状态，完成了储能动作。

②合闸操作。合闸电磁铁操作，是指接到合闸命令后，合闸电磁铁的动铁芯向下吸引，拉动导板也向下运动，使杠杆向反时针方向转动，并带动固定在定位件上的滚轮 13 运动，推动定位件做顺时针转动，将储能维持解除，完成合闸操作。

手动按钮操作，是指按动安装在面板上的合闸按钮，使其推动脱扣板，通过调节螺杆推动定位件做顺时针转动，完成合闸操作。

③分闸操作。包括自动分闸操作和手分按钮分闸操作。

自动分闸操作，是指当机构处于合闸状态时，一旦脱扣器接到分闸信号，过流脱扣电磁铁或分闸电磁铁向上吸动，将带动顶杆推动脱扣板顺时针移动，从而带动锁扣逆时针转动，使锁扣与锁扣之间的搭接解除。解除后的锁扣在储能弹簧的带动下逆时针转动，并通过杠杆推动半轴顺时针转动，从而完成分闸操作。

手分按钮分闸操作，是指当用手分按钮推动分闸连杆时，带动了固定在半轴上的脱扣板向上运动，从而带动半轴转动，解除扇形板与半轴的扣接，使扇形板转动，完成分闸动作。

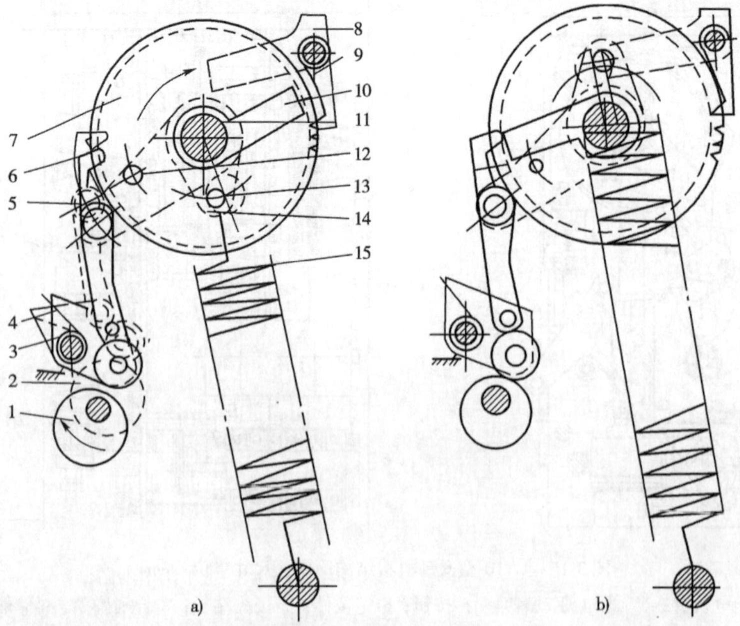

图 3-17　储能部分动作示意图

a）合闸弹簧未储能；b）合闸弹簧已储能

1-偏心轮；2-滚轮；3-操动块；4-操动块复位弹簧；5-驱动棘爪；6-靠板；7-棘轮；8-定位件；9-保持棘爪；10-驱动板；11-储能轴；12-销；13-滚轮；14-挂簧拐臂；15-合闸弹簧

二　高压隔离开关

1. 高压隔离开关的作用和特点

高压隔离开关（文字符号为 QS）又称隔离刀闸，是一种结构比较简单的高压开关电器。在合闸状态下能可靠地通过额定电流和短路电流，但因为它没有专门的灭弧装置，不能用来切断负荷电流和短路电流。使用时应与断路器配合，只有在断路器断开时才能进行操作。隔离开关在分闸时，动静触点间形成明显可见的断口，绝缘可靠。高压隔离开关具有以下作用：

（1）隔离高压电源，以保证其他设备的检修安全。

（2）倒闸操作。当合闸时，先合隔离开关，后合断路器；分闸时，先分断路器，后分隔离开关，这种操作通常称为倒闸操作。为了保证安全，一般要装有和断路器之间的联锁装置，以防止误操作。

（3）接通和断开小电流电路。

隔离开关的主要特点是无灭弧能力，只能在没有负荷电流的情况下分、合电路。一般在断路器前后两面各安装一组隔离开关，目的均是将断路器与电源隔离，形成明显断开点。因为原来的断路器采用的是油断路器，油断路器需要经常检修，故前后两面就要有明显断开点，以利于检修。一般情况下，出线柜是从上面母线通过开关柜向下供电，在断路器前面需要一组隔离开关与电源隔离，但有时，断路器的后面也有来电的可能，如通过其他环路、电容器等装置反送，故断路器的后面也需要安装一组隔离开关。

2. 高压隔离开关的分类和型号

按照不同的分类方式，高压隔离开关有多种类型。

(1) 按装设地点，可分为户内式和户外式两种。

(2) 按绝缘支柱数目，可分为单柱式、双柱式和三柱式三种。

(3) 按动触点运动方式，可分为水平旋转式、垂直旋转式、摆动式和插入式等。

(4) 按有无接地闸刀，可分为无接地闸刀、一侧有接地闸刀、两侧有接地闸刀三种。

(5) 按操动机构，可分为手动式、电动式、气动式和液压式等。

(6) 按极数，可分为单极、双极、三极三种。

(7) 按安装方式，可分为平装式和套管式等。

高压隔离开关的型号规格如图 3-18 所示。

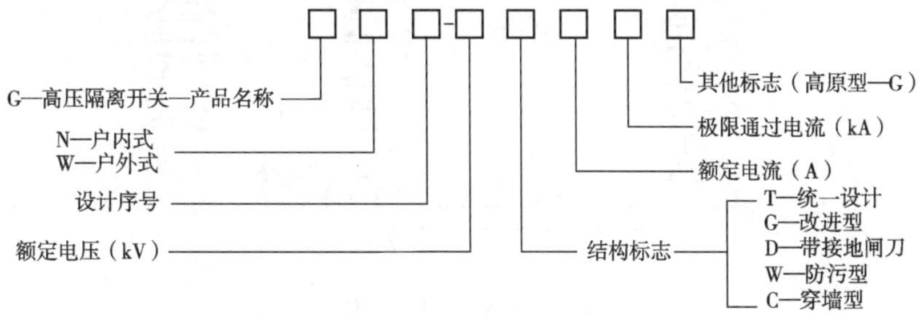

图 3-18　高压隔离开关的型号规格示意图

3. 10kV 高压隔离开关

10kV 高压隔离开关型号较多，常用的户内系列有 GN8、GN19、GN24、GN28、GN30 等。图 3-19 所示为户内使用的 GN8-10/600 型高压隔离开关外形图，它的三相闸刀安装在同一底座上，闸刀均采用垂直回转运动方式。

导电回路主要由闸刀（动触点）、静触点和接线端子等组成。静触点固定在支柱绝缘子上。动触点每相采用两条铜制闸刀片，合闸时用弹簧紧紧地夹在静触点两边形成线接触，以保证触点间的接触压力和压缩行程。对额定电流大的隔离开关，普遍采用磁锁装置来加强动、静触点间通过短路电流时的接触压力。磁锁装置由装在两闸刀外侧的两片钢片组成，当短路电流沿闸刀流向静触点时，闸刀外侧的两片钢片受磁力的作用互相吸引，增加了两闸刀对静触点的接触压力，从而保证触点对短路电流的稳定性。

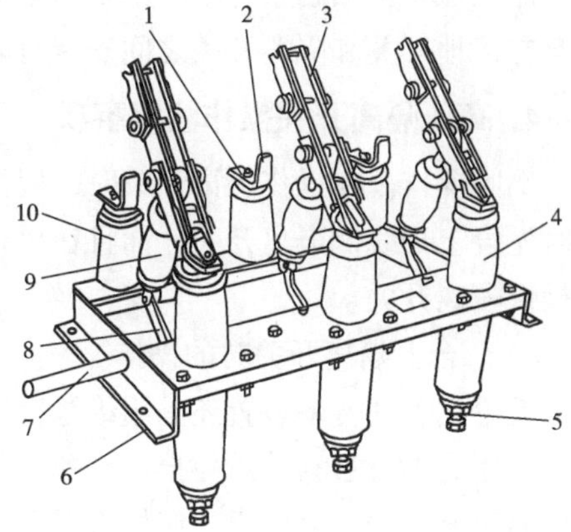

图 3-19　GN8-10/600 型高压隔离开关

1-上接线端子；2-静触点；3-闸刀；4-套管绝缘子；5-下接线端子；6-框架；7-转轴；8-拐臂；9-升降绝缘子；10-支柱绝缘子

GN 型高压隔离开关一般采用手动操作机构进行操作。操动机构通过连杆转动转轴，再通过拐臂与拉杆瓷瓶使各相闸刀做垂直旋转，从而达到分、合闸的目的。这两种隔离开关安装方便，既可垂直、水平安装，又可以倾斜，甚至在天花板上安装。

户外高压隔离开关常用的有 GW4、GW5、GW1 系列。图 3-20 所示为 GW4-35 型户外高压隔离开关的外形图。为了熄灭小电流电弧，该隔离开关安装有灭弧角条，采用的是三柱式结构。

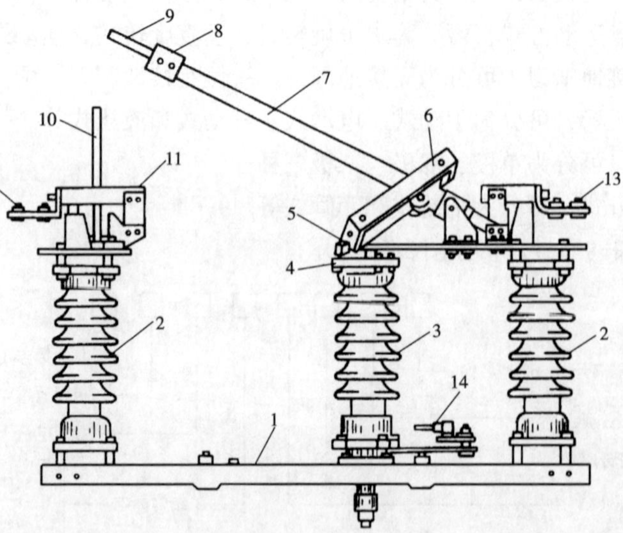

图 3-20　GW4-35 型户外高压隔离开关

1-角钢架；2-支柱瓷瓶；3-旋转瓷瓶；4-曲柄；5-轴套；6-传动装置；7-管形闸刀；8-工作动触点；9、10-灭弧角条；11-插座；12、13-接线端子；14-曲柄传动机构

带有接地开关的隔离开关称为接地隔离开关，用于电气设备的短接、联锁和隔离，一般是用来将退出运行的电气设备和成套设备部分接地和短接。而接地开关是将回路接地的一种机械式开关装置。在异常条件（如短路）下，接地开关可在规定时间内承载规定的异常电流；在正常回路条件下，不要求承载电流。接地开关大多与隔离开关构成一个整体，并且在接地开关和隔离开关之间安装有联锁装置。

4. 高压隔离开关操作注意事项

倒闸操作。在操作隔离开关时，应注意操作顺序。停电时先拉开线路侧隔离开关，送电时先合上母线侧隔离开关。而且在操作隔离开关前，先确认断路器是在断开位置后，才能操作隔离开关。

（1）合上隔离开关时的操作。

无论用手动传动装置还是用绝缘操作杆操作，均必须迅速而果断，但在合闸行程即将结束时用力不可过猛，以免损坏设备，使机构变形、瓷瓶破裂等。

隔离开关操作完毕后，应检查是否完全合上。合好后应使隔离开关完全进入固定触点，并检查接触的严密性。

（2）拉开隔离开关时的操作。

开始时应慢而谨慎，刀片离开固定触点时应迅速。特别是切断变压器的空载电流、架空线路和电缆的充电电流、架空线路小负荷电流以及环路电流时，更应迅速、果断地拉开隔离开关，以便迅速消弧。

拉开隔离开关后，应检查隔离开关每相确实已在断开位置，并将刀片尽量拉到头。

（3）误合、误拉隔离开关时的操作。

误合隔离开关时，即使合错，甚至在合闸时产生电弧，也不允许将隔离开关再拉开。因为带负荷状态下拉开隔离开关，将造成三相弧光短路事故。

误拉隔离开关时，在刀片刚要离开固定触点时，便产生电弧，这时应立即合上，可以消灭电弧，避免事故。如果隔离开关已经全部拉开，则绝不允许将误拉的隔离开关再合上。

如果是单极隔离开关，操作一相后发现误拉，对其他两相则不允许继续操作。

想一想

隔离开关为什么要倒闸操作呢？

三 熔断器

1. 熔断器的作用和特点

熔断器（文字符号为FU）的外形如图3-21所示，是一种保护电器。它串联在电路中，当电路发生短路或过负荷时，熔体熔断，切断故障电路使电气设备免遭损坏，并维持电力系统其余部分的正常工作。

其优点是结构简单、体积小、布置紧凑、使用方便；动作直接，不需要继电保护和二次回路相配合；价格低。缺点是每次熔断后须停电更换熔件才能再次使用，延长了停电时间；保护特性不稳定，可靠性低；保护选择性不易配合。

图3-21 RW10-20～24/100～200A型熔断器外形图

2. 熔断器的分类和型号

（1）按安装地点，分为户内式（N）和户外式（W）。

（2）按使用电压的高低，分为高压熔断器和低压熔断器。

（3）按灭弧方法，分为瓷插式（C）、封闭产气式（M）、封闭填料式（T）、产气纵吹式。

（4）按限流特性，分为限流式和非限流式。

高压熔断器的型号规格如图3-22所示。

3. 熔断器的结构和工作原理

如图3-23所示，熔断器主要由熔管、接触底、支持绝缘子和底架等部分组成。其中决定其工作特性的主要是熔体和灭弧装置。

熔体是熔断器的主要部件。熔体应具备材料熔点低、导电性能好、不易氧化和易于加工等特点。一般选用铅、铅锡合金、锌、铜、银等金属材料。

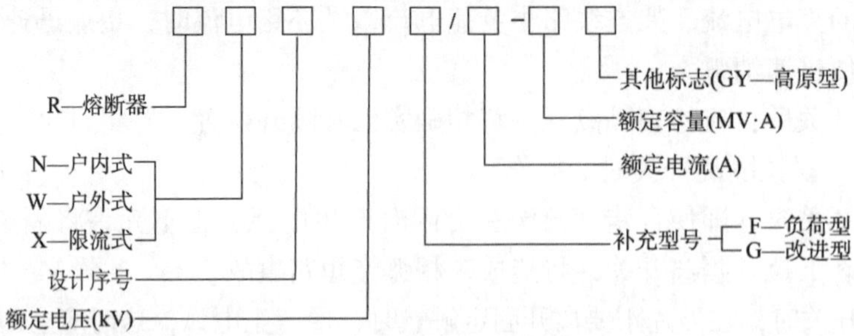

图3-22　高压熔断器的型号规格示意图

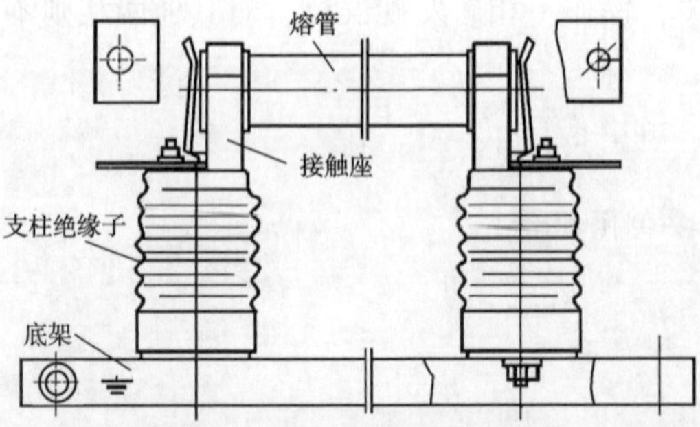

图3-23　RN1 型熔断器的外形图

熔断器必须采取措施熄灭熔体熔断时产生的电弧，否则，会使事故变严重。熔断器的灭弧措施可分为两类：一类是在熔断器内装特殊的灭弧介质，如产气纤维管、石英砂等，利用吹弧、冷却等灭弧原理进行灭弧；另一类是采用特殊形状的熔体，如焊有小锡（铅）球的熔体、变截面的熔体、网孔状的熔体等，减少熔体熔断后的金属蒸气量，或者把电弧分成若干串并联的小电弧，并与石英砂等灭弧介质紧密接触，从而提高灭弧效果。

熔断器串联在电路中使用，安装在被保护设备或线路的电源侧。当电路中发生过负荷或短路时，熔体被过负荷或短路电流加热，并在被保护设备的温度达到破坏其绝缘之前熔断，使电路断开，设备得到了保护。熔体熔化时间的长短，取决于熔体熔点的高低和所通过的电流的大小。熔体材料的熔点越高，熔体熔化就越慢，熔断时间就越长。熔体熔断电流和熔断时间之间呈现反时限特性，即电流越大，熔断时间就越短，其关系曲线称为熔断器的保护特性，也称安秒特性。

想一想

熔断器的保护特性是什么？与哪些因素有关？

四　高压负荷开关

1. 高压负荷开关的作用和特点

高压负荷开关（文字符号为 QL）是在高压隔离开关的基础上加入简单灭弧装置而成

的，具有一定开断和关合能力。它具有一定的分合闸速度，能通过一定的短路电流，也能开断正常的负荷电流和过负荷电流，但不能开断短路电流。因此，高压负荷开关可用于控制供电线路的负荷电流，可用来控制空载线路、空载变压器及电容器等。

高压负荷开关在分闸时有明显的断口，可起到隔离开关的作用，与高压熔断器串联使用，前者作为操作电器投切电路的正常负荷电流，而后者作为保护电器开断电路的短路电流及过负荷电流。

2. 高压负荷开关的分类与型号

（1）按使用地点的不同，高压负荷开关可分为户内型和户外型。

（2）按灭弧方式的不同，高压负荷开关可以分为产气式、压气式、压缩空气式、油浸式、真空式、SF_6式等。近年来，真空式高压负荷开关发展很快，在配电网中得到了广泛应用。

（3）按是否带熔断器的不同，高压负荷开关可分为带熔断器式和不带熔断器式。

高压负荷开关的型号规格如图3-24所示。

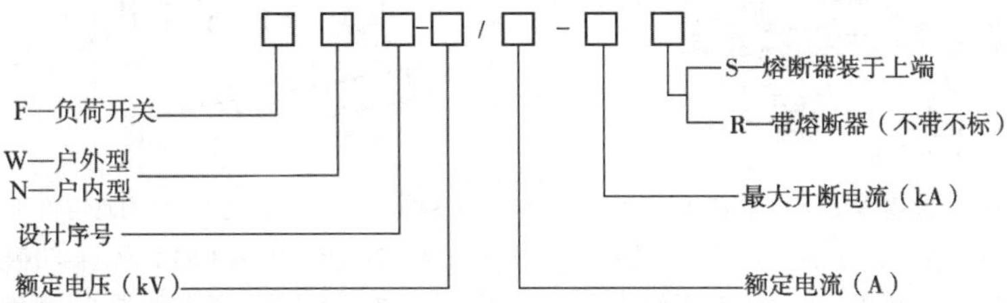

图3-24　高压负荷开关的型号规格示意图

3. 高压负荷开关的结构

图3-25所示为FN3-10RT型高压负荷开关结构示意图。负荷开关上端的绝缘子是一个简单的灭弧室，它不仅起到支持绝缘子的作用，而且其内部是一个汽缸，装有操动机构主轴传动的活塞，绝缘子上部装有绝缘喷嘴和弧静触点。当负荷开关分闸时，闸刀一端的弧动触点与弧静触点之间产生电弧，同时分闸时主轴转动而带动活塞，压缩汽缸内的空气，从喷嘴向外吹弧，使电弧迅速熄灭。同时，其外形与户内式隔离开关相似，也具有明显的断开间隙，因此，它同时具有隔离开关的作用。

图3-26所示为西门子公司12kV的真空负荷开关的剖面图。它是利用真空灭弧原理工作的，因而能可靠地完成开断工作。其特点是可频繁操作，配用手动操动机构或电动操动机构，灭弧性能好，使用寿命长。但必须和熔断器相配合，才能开断短路电流。而且开断时，不形成隔离间隙，不能作隔离开关用。一般用于220kV及以下电网。

SF_6式负荷开关（如FW11-10型）、油浸式负荷开关（如FW2、FW4型）的基本结构都为三相共箱式，其中SF_6式负荷开关利用SF_6气体作为灭弧和绝缘介质，而油浸式负荷开关利用绝缘油作为灭弧和绝缘介质，它们的灭弧能力强，容量大，但都必须与熔断器串联使用才能断开短路电流，而且断开后无可见间隙，不能作隔离开关用。其适用于35kV及以下的户外电网。

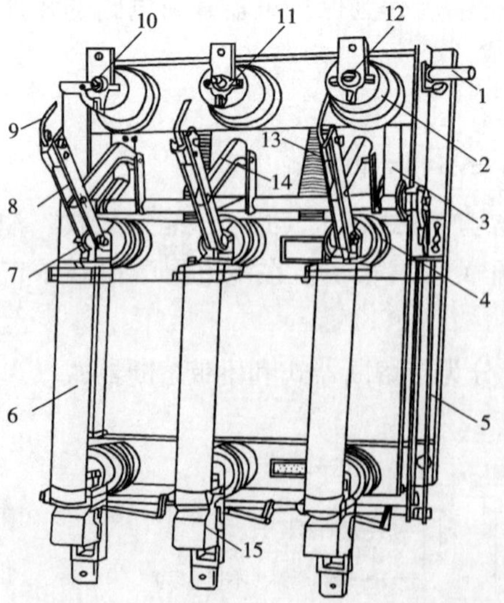

图3-25　FN 3-10RT 型高压负荷开关结构示意图

1-主轴；2-上绝缘子兼汽缸；3-连杆；4-下绝缘子；5-框架；6-RN1 型高压熔断器；7-下触座；8-闸刀；9-弧动触点；10-绝缘喷嘴；11-弧静触点；12-上触座；13-分闸弹簧；14-绝缘拉杆；15-热脱扣器

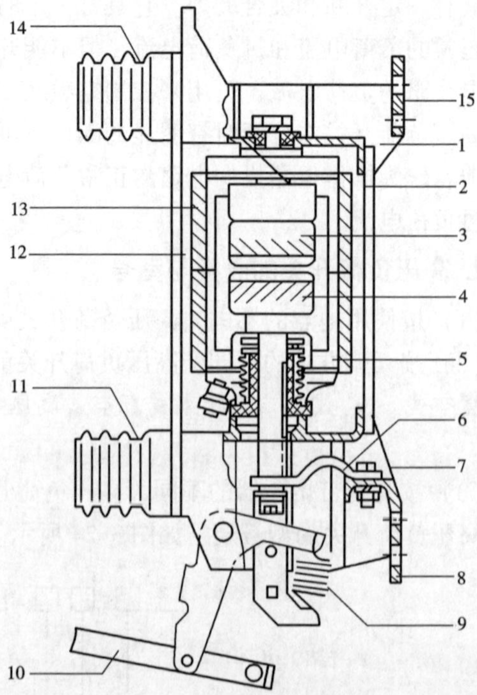

图3-26　西门子公司 12kV 的真空负荷开关剖面图

1-上支架；2-前支撑杆；3-静触点；4-动触点；5-波纹管；6-软连接；7-下支架；8-下接线端子；9-接触压力弹簧和分闸弹簧；10-操作杆；11-下支持绝缘子；12-后支撑杆；13-陶瓷外壳；14-上支持绝缘子；15-上接线端子

测一测

1. 高压开关设备的作用是：正常工作情况下可靠地（　　）或（　　）电路；当系统中发生故障时，迅速切除（　　），以保证（　　）的正常运行。

2. 高压断路器（符号为 QF）是牵引变电所高压电气设备中最重要的设备，是一次电力系统中控制和保护电路的关键设备。它主要有两个作用：（　　）、（　　）。

3. 按其采用的灭弧介质分，高压断路器分为（　　）、（　　）、（　　）等类型。

4. 隔离开关进行倒闸操作时，先合（　　），后合（　　）；分闸时，先分（　　），后分（　　）。

5. 熔断器（　　）在电路中使用，安装在（　　）或线路的电源侧。

实践训练

请完成 GW-35 型隔离开关检调，见实训 3。

单元 3.4　互感器

互感器是电压、电流变换设备。供电系统中的高电压、大电流无法直接测量，供电设备的运行状态也无法直接从主回路上获得相关参数，因此，需要将高电压、大电流变成低电压和小电流，以供继电保护和电气测量使用。

互感器是一种特殊变压器，又称仪用变压器。其功能主要体现在以下三个方面。

（1）变压/流。

互感器将一次侧的高电压、大电流变成二次侧标准的低电压（100V 或 $100\sqrt{3}$V）和小电流（5A 或 1A），用以分别向测量仪表、继电器的电压线圈和电流线圈供电，使二次电路正确反映一次系统的正常运行和故障情况。

（2）隔离高压，安全绝缘。

采用互感器作为一次与二次电路之间的中间元件，既可避免一次电路的高电压直接引入仪表、继电器保护设备等二次设备，又可避免二次电路的故障影响一次侧电路，提高了两方面工作的安全性和可靠性，特别是保障了人身安全。

（3）扩大仪表的使用范围。

采用互感器以后，相当于扩大了仪表、继电器的使用范围。由于使用了互感器，可使二次电路的仪表、继电器等的电流、电压规格统一，有利于大规模标准化生产。

一　电流互感器（TA）

1. 电流互感器的外形和结构

电流互感器的外形和结构如图 3-27 所示。

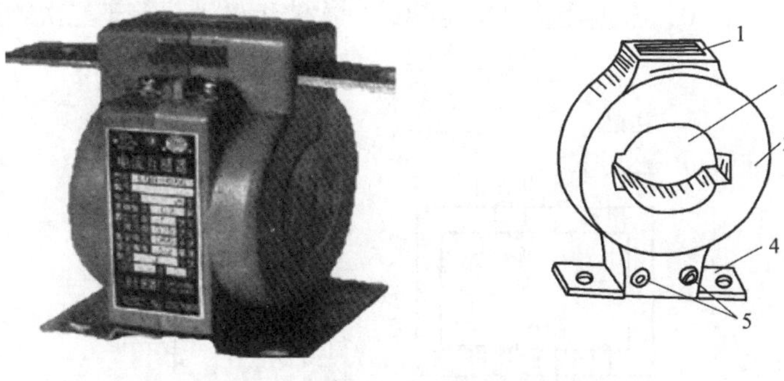

图 3-27　电流互感器外形和结构图

1-铭牌；2-一次母线穿孔；3-铁芯（外绕二次绕组，环氧树脂浇筑）；4-安装板；5-二次回路端子

2. 电流互感器的分类和型号

按不同的分类方法，有多种不同类型的电流互感器。

（1）按安装地点，电流互感器可分为屋内式和屋外式。

（2）按安装方式，电流互感器可分为穿墙式、支持式和装入式。穿墙式装在墙壁或金属结构的孔中，可节约穿墙套管；支持式安装在平面或支柱上；装入式是套装在 35kV 及以上的变压器或多油断路器油箱内的套管上，故也称套管式。

（3）按绝缘介质，电流互感器可分为干式、浇筑式、油浸式等。干式用绝缘胶浸渍，用于屋内低压电流互感器；浇筑式以环氧树脂做绝缘，目前，仅用于 35kV 及以下的屋内电流互感器；油浸式多为屋外式。

（4）按一次绕组匝数，电流互感器可分为单匝式和多匝式。单匝式分为贯穿型和母线型两种。

（5）按电流互感器的工作原理，电流互感器可分为电磁式、电容式、光电式和无线电式。

电流互感器的型号规格如图 3-28 所示。

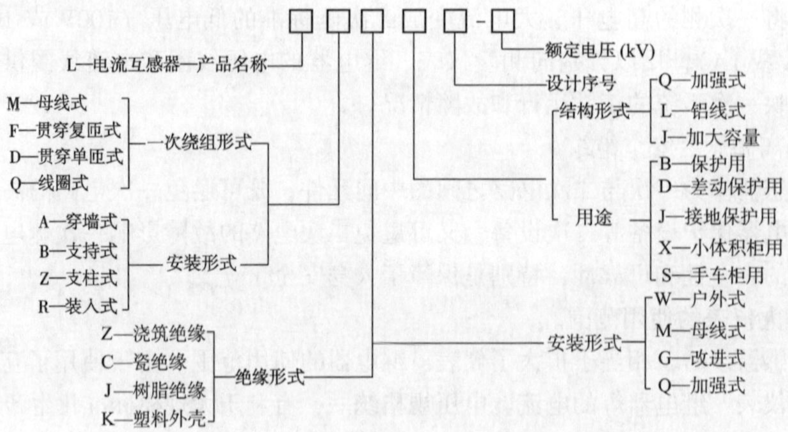

图 3-28　电流互感器的型号规格示意图

3. 电流互感器的工作原理

电流互感器的工作原理如图 3-29 所示。在理想的电流互感器中，如果假定空载电流 I_0 = 0，则总磁动势 $I_0 \times N_0 = 0$，根据能量守恒定律，一次绕组磁动势等于二次绕组磁动势，即

$$I_1 \times N_1 = -I_2 \times N_2$$

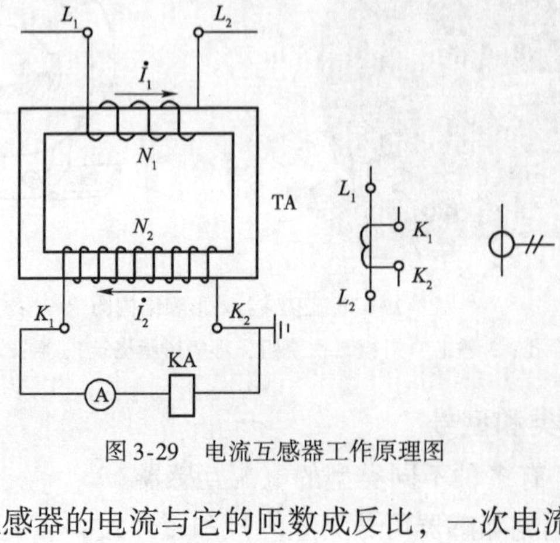

图 3-29　电流互感器工作原理图

由上式可知，电流互感器的电流与它的匝数成反比，一次电流与二次电流的比值 I_1/I_2 称为电流互感器的变流比。当已知二次电流时，乘上变流比就可以求出一次电流，这时二

次电流的相量与一次电流的相量相差180°。

变流比通常又表示为额定一次电流和二次电流之比，即 $K_i = I_{N_1}/I_{N_2}$，例如100A/5A。

电流互感器的一次绕组匝数很少，导体较粗。而二次绕组匝数很多，导体较细。其一次绕组串联接入一次电路，二次绕组与仪表、继电器等的电流线圈串联，形成一个闭合回路。由于二次仪表、继电器等的电流线圈阻抗很小，所以其工作时二次回路接近短路状态。二次绕组的额定电流一般为5A。

4. 电流互感器的使用注意事项

（1）电流互感器在工作时其二次侧不得开路。这是因为，一方面，电流互感器二次侧开路时，二次电流等于零，一次侧电流完全变成了励磁电流，在二次线圈上产生很高的电势，其峰值可达几千伏，危及人身安全，或造成仪表、保护装置、电流互感器二次绝缘损坏；另一方面，原边绕组磁化力使铁芯磁通密度过度增大，可能造成铁芯强烈过热而损坏。为此，电流互感器在安装时，其二次侧一定不能安装熔断器和开关。

（2）电流互感器的二次侧必须有一端接地，以防止其一、二次绕组间绝缘击穿时，一次侧的高压窜入二次侧，危及人身安全和测量仪表、继电器等设备的安全。电流互感器在运行中，二次绕组应与铁芯同时接地运行。

（3）电流互感器在连接时，要注意其端子的极性。L_1与K_1，L_2与K_2是同极性端，不能接反。例如，在两相电流和接线中，如果电流互感器的K_1、K_2端子接错，则公共线中的电流就不是相电流，而是相电流的$\sqrt{3}$倍，可能使电流表损坏。

测一测

1. 互感器是一种特殊变压器，又称仪用变压器。其功能主要体现在（　　　）、（　　　）、（　　　）三个方面。

2. 电流互感器在工作时其二次侧不得（　　　）。

3. 电压互感器的一二次侧必须加（　　　）保护，不得（　　　）。

5. 电流互感器的操作和维护

电流互感器的运行和停用，通常是在被测量电路的断路器断开后进行的，以防止电流互感器的二次线圈开路，但当被测电路的断路器不允许断开时，只能在带电情况下进行。

在停电时，停用电流互感器应将纵向连接端子板取下，将标有“进”侧的端子横向短接。在启用电流互感器时，应将横向短接端子板取下，并用取下的端子板将电流互感器纵向端子接通。

在运行中，停用电流互感器时，应将标有“进”侧的端子先用备用端子板横向短接，然后取下纵向端子板。在启用电流互感器时，应使用备用端子板将纵向端子接通，然后取下横向端子板。

在电流互感器启、停用时，应注意在取下端子板时是否出现火花。如果出现火花，应立即把端子板装上并拧紧，然后查明原因。工作中，操作员应站在绝缘垫上，身体不得碰到接地物体。

电流互感器在运行中，值班人员应定期检查下列项目：电流互感器是否有异音及焦味；电流互感器接头是否有过热现象；电流互感器油位是否正常，有无漏油、渗油现象；电流互感器瓷质部分是否清洁，有无裂痕、放电现象；电流互感器的绝缘状况是否良好。

电流互感器的二次侧开路是最主要的事故。在运行中造成开路的原因有：端子排上导线端子的螺钉因受振动而脱扣；保护屏上的压板未与铜片接触而压在胶木上，造成保护回路开路；可读三相电流值的电流表的切换开关经切换而接触不良；机械外力使互感器二次线断线等。

在运行中，如果电流互感器二次侧开路，则会引起电流保护的不正确动作，铁芯发出异音，在二次绕组的端子处会出现放电火花。此时，应先将一次电流减小或降至零，然后使电流互感器所带的保护退出运行。采取安全措施后，将故障电流互感器的端子短路，如果电流互感器有焦味或冒烟，应立即停用。

二 电压互感器（TV）

1. 电压互感器的外形和结构

电压互感器的外形和结构如图 3-30 所示。

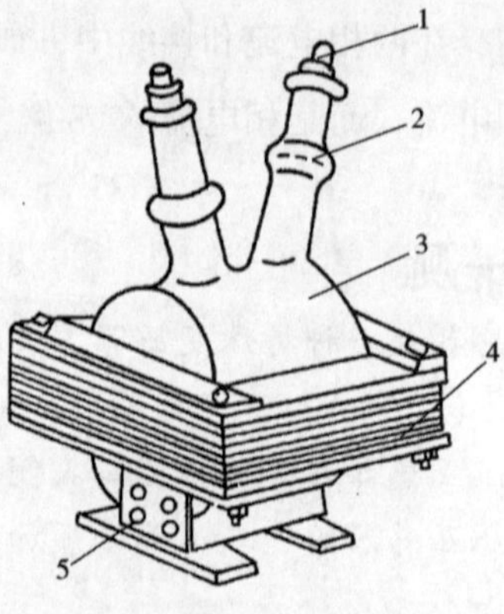

图 3-30 JDZJ-10 型电压互感器的外形和结构图

1-一次接线端子；2-高压绝缘套管；3-二次绕组；4-铁芯；5-二次回路端子

2. 电压互感器的分类和型号

电压互感器可分为以下几种类型：

（1）按安装地点可分为户内式和户外式。

（2）按相数可分为单相式和三相式。

（3）按每相绕组数可分为双绕组式和三绕组式。三绕组电压互感器有两个二次侧绕组，即基本二次绕组和辅助二次绕组。辅助二次绕组供接地保护用。

（4）按绝缘形式可分为干式、树脂浇筑式、油浸式。干式多为低压，树脂浇筑式多为 3～35kV，油浸式多为 35kV 及以上。

电压互感器的型号规格如图 3-31 所示。

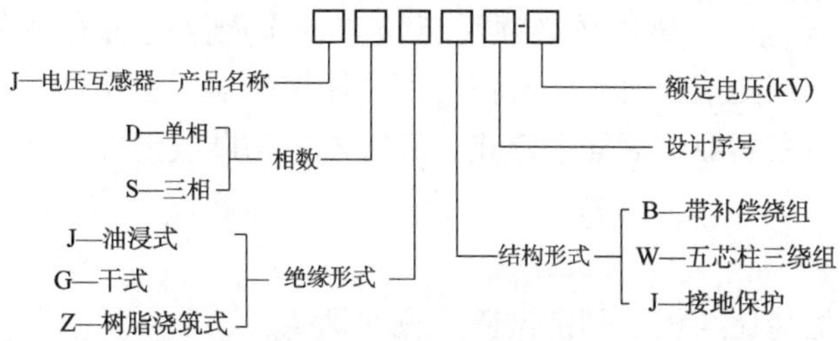

图 3-31　电压互感器的型号规格示意图

3. 电压互感器的工作原理

电压互感器的工作原理如图 3-32 所示，它与普通变压器相同，结构原理和接线也相似。电压互感器的一次电压 U_1 与其二次电压 U_2 之间有下列关系：

$$U_1 \approx (N_1/N_2)U_2 = K_U U_2$$

式中：N_1、N_2——电压互感器一次和二次绕组匝数；

K_U——电压互感器的变压比，一般表示为其额定一、二次电压比，即 $K_U = U_1/U_2$，例如 10000V/100V。

电压互感器的特点：

（1）一次绕组匝数很多，二次绕组匝数很少，相当于一个降压变压器。

（2）工作时，一次绕组并联在一次电路中，二次绕组并联在仪表、继电器的电压线圈回路，二次绕组负载阻抗很大，接近开路状态。

（3）一次绕组导线细，二次绕组导线较粗，二次侧额定电压一般为 100V，用于接地保护的电压互感器的二次侧额定电压为 $100/\sqrt{3}$V，开口三角形侧为 100/3V。

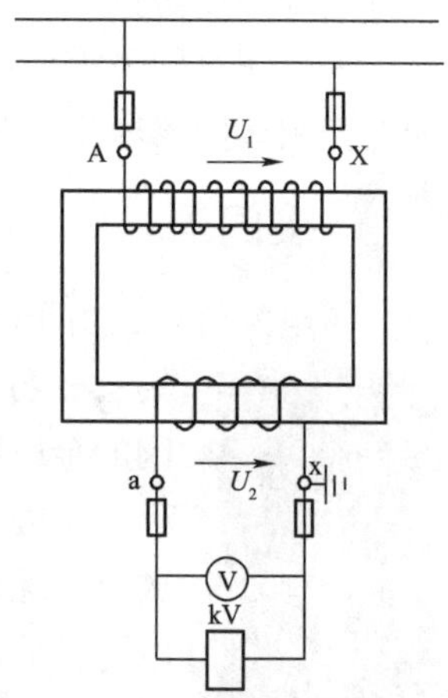

图 3-32　电压互感器工作原理图

4. 电压互感器的使用注意事项

（1）电压互感器的一、二次侧必须加熔断器保护，不得短路。这是因为，互感器是并联在线路上的，而且本身阻抗很小，如发生短路，将产生很大的短路电流，有可能烧毁电压互感器，甚至危及一次系统的安全运行。

当发现电压互感器的一次侧熔丝熔断后，首先应将电压互感器的隔离开关拉开，并取下二次侧熔丝，检查其是否熔断。在排除电压互感器本身的故障后，可重新更换合格熔丝后将电压互感器投入运行。若二次侧熔断器一相熔断，应立即更换。若再次熔断，则不应再次更换，待查明原因后处理。

（2）电压互感器的二次侧有一端必须接地，以防止电压互感器一、二次绕组绝缘击穿时，一次侧的高压窜入二次侧，危及人身和设备安全。

（3）电压互感器接线时必须注意极性，防止因接错线而引起事故。单相电压互感器分别标 A、X 和 a、x。三相电压互感器分别标 A、B、C、N 和 a、b、c、n。

5. 电压互感器的运行和维护

电压互感器在额定容量下允许长期运行，但不允许超过最大容量运行。电压互感器在运行中不能短路。在运行中，值班员必须注意检查二次回路是否有短路现象，并及时消除。当电压互感器二次回路短路时，一般情况下高压熔断器不会熔断，但此时电压互感器内部有异音，将二次熔断器取下后异音停止，其他现象与断线情况相同。

实践训练

请完成电流互感器变比与极性判别试验，见实训4。

单元3.5 避雷装置

避雷装置属于变电所中保护设备的一种，作用是防止电气设备的雷电过电压。

所谓过电压，一般是指在电气设备或线路上出现的超过正常工作需要的电压。而雷电过电压，也叫大气过电压，它是由雷电引起的过电压。雷电过电压产生的雷电冲击波，其电压幅值可达100MV，电流幅值可达几十万安培，对电气设备的正常运行危害极大，必须采取措施加以防护。

一个完整的防雷设备一般由接闪器、避雷器、引下线和接地装置四个部分组成。以下简要介绍接闪器和避雷器。

一 接闪器

雷电发生时，由于电气设备本身的安装方法或安装位置不当，受雷电在空间分布的电场、磁场影响而损坏，称为直击雷损坏。接闪器就是专门用来接受直击雷闪的金属物体（图3-33）。

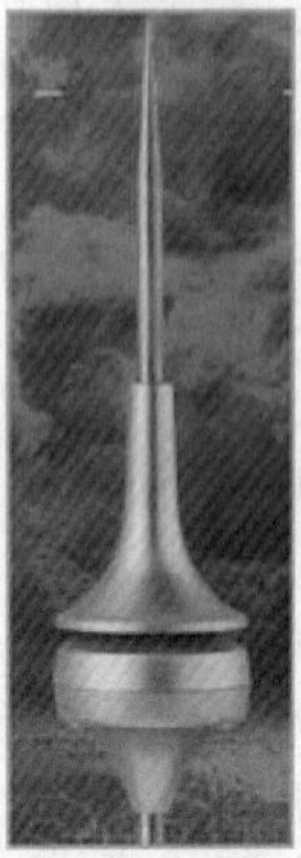
图3-33 接闪器

接闪器的金属杆称为避雷针。避雷针是防止直击雷的有效装置。雷云放电使地面电场畸变，在避雷针顶端形成局部场强集中的空间，以影响雷电先导放电的发展方向，使雷电对避雷针放电，再经过接地装置将雷电流引入大地从而使被保护物体免遭雷击。避雷针、避雷线、避雷带、避雷网是接闪器的不同类型。

避雷线是用来保护架空电力线路和露天配电装置免受直击雷的装置。它由悬挂在空中的接地导线、接地引下线和接地体等组成，因而也称“架空地线”。它的作用和避雷针一样，将雷电引向自身，并安全导入大地，使其保护范围内的导线或设备免遭直击雷。

避雷带和避雷网安装在建筑物的边缘及凸出部分，通过引下线和接地装置连接，对建筑物进行避雷保护。

所有接闪器都必须经过引下线与接地装置相连。

二 避雷器

雷电发生时，雷电脉冲还可沿着与设备相连的信号线、电源线或其他金属管线侵入而使设备受损。避雷器可保护电气设备免受雷击。

避雷器有管型避雷器、阀型避雷器、金属氧化物避雷器等多种类型。图 3-34 所示为各种避雷器。

管型避雷器又称排气式避雷器，主要用于变配电所的进线保护和线路绝缘弱点的保护，性能较好的管型避雷器还可用于保护配电变压器。

a)　　　　b)

图 3-34　避雷器

a）管型避雷器；b）阀型避雷器

阀型避雷器由火花间隙和阀片组成，装在密封的瓷套管内。阀型避雷器的火花间隙组是由多个单间隙串联组成的。

阀型避雷器的工作原理如图 3-35 所示。阀型避雷器正常运行时，间隙介质处于绝缘状态，仅有极小的泄漏电流通过阀片。当系统出现雷电过电压时，火花间隙很快被击穿，使雷电冲击电流很容易通过阀性电阻而引入大地，释放过电压负荷，阀片在大的冲击电流下电阻由高变低，所以冲击电流在其上产生的压降（残压）较低，此时，作用在被保护设备上的电压只是避雷器的残压，从而使电气设备得到保护。

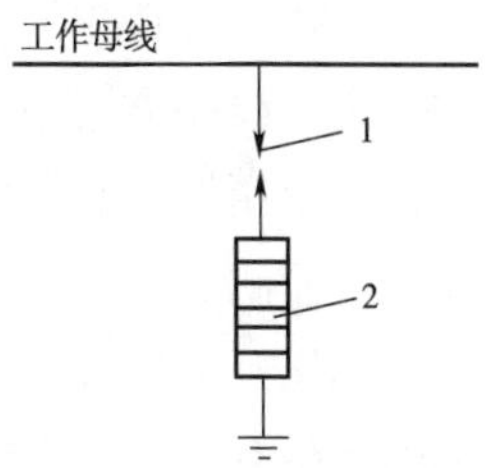

图 3-35　阀型避雷器工作原理图

1-间隙；2-电阻阀片

测一测

1. 一个完整的防雷设备一般由（　　　）、（　　　）、（　　　）和（　　　）三个部分组成。

2. 避雷器有（　　　）、（　　　）、（　　　）等多种类型。

单元 3.6　成套设备

成套设备是制造厂成套供应的设备。成套设备是按电气主接线的要求，把开关设备、保护测量电器、母线和必要的辅助设备组合在一起，装配在一个或两个全封闭或半封闭的金属柜中，用来接受、分配和控制电能的总体装置。制造厂可生产各种不同一次线路方案的开关柜供用户选用。

一　成套设备的分类

（1）按电气设备安装的地点，可分为屋内成套设备和屋外成套设备。为了节约用地，一般 35kV 及以下成套设备宜采用屋内式。

（2）按电压等级，可分为高压成套设备和低压成套设备。

（3）按结构形式，可分为固定式成套设备和移开式（抽屉式）成套设备。

（4）按开关柜隔离构成形式，可分为铠装式、间隔式、箱式、环网式等。

（5）按一次线路安装的主要元器件和用途，可分为很多种柜，如油断路器柜、负荷开关柜、熔断器柜、电压互感器柜、隔离开关柜、避雷器柜等。

一般牵引变电所中常用到的成套配电装置有高压成套配电装置（也称高压开关柜）和低压成套设备。低压成套设备只有屋内式一种，高压开关柜则有屋内式和屋外式两种。另外还有一些成套设备，如高、低压无功功率补偿成套装置，高压综合启动柜、低压动力配电箱及照明配电箱等在变电所也常使用。

二 高压成套配电装置（高压开关柜）

高压成套配电装置就是按不同用途的接线方案，将所需的高压设备和相关一、二次设备按一定的线路方案组装而成的一种高压成套配电装置，在牵引变电所中，用来控制和保护发电机、变压器和高压线路，也可用于大型高压交流电动机的起动和保护，对供配电系统进行控制、监测和保护。其中安装有开关设备、保护电器、监测仪表和母线、绝缘子等。

高压开关柜有固定式和手车式（移开式）两大类型。固定式高压开关柜柜内所有电器部件都固定在不能移动的台架上，构造简单，也较为经济。我国现在大量生产和广泛应用的固定式高压开关柜主要为 GG-1A（F）型。这种防误型开关柜装设了防止电气误操作和保障人身安全的闭锁装置，即所谓“五防”：①防止误分、误合断路器；②防止带负荷误拉、误合隔离开关；③防止带电误挂地线；④防止带接地线误合隔离开关；⑤防止人员误入带电间隔。

GG-1FQ 型固定式高压开关柜外形示意图如图 3-36 所示。

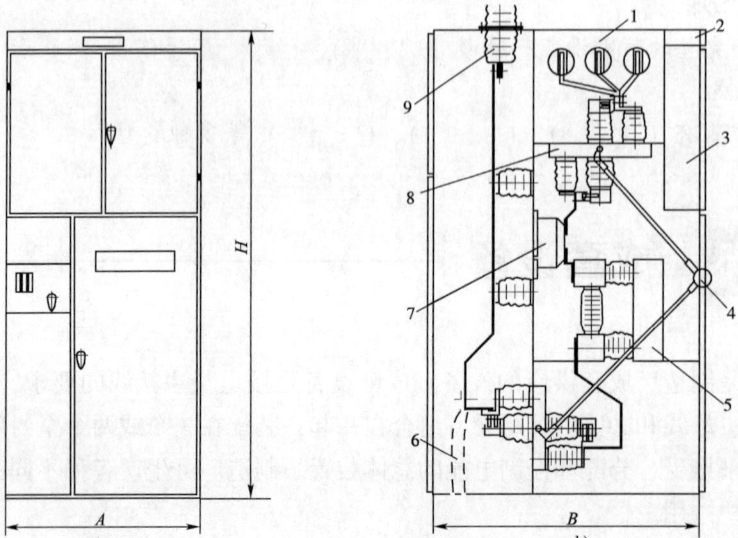

图 3-36　GG-1FQ 型固定式高压开关柜外形示意图

1-母线室；2-小母线通道；3-仪表室；4-操作及联锁机构；5-整体式真空断路器；6-电缆出线；7-电流互感器；8-隔离开关；9-架空出线；A、B、H-开关柜外形尺寸手车式（移开式）高压开关柜是一部分电器部件固定在可移动的手车上，另一部分电器部件装置在固定的台架上。当高压断路器出现故障需要检修时，可随时将其手车拉出，然后推入同类备用小车，即可恢复供电。因此，采用手车式开关柜检修方便、安全，恢复供电快，可靠性高，但价格较贵。

图3-37所示为GC-10（F）型手车式高压开关柜的外形示意图。

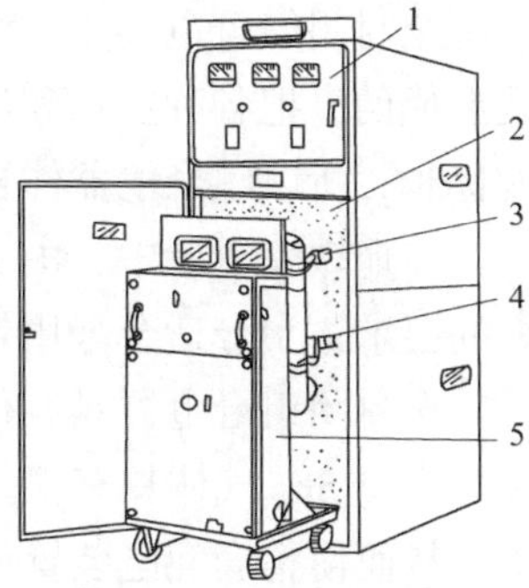

图3-37　GC-10（F）型手车式高压开关柜外形示意图

1-仪表屏；2-手车室；3-上触点；4-下触点（兼具隔离开关作用）；5-SN10-10型断路器手车

高压开关柜在6～10kV电压等级的工厂变配电所户内配电装置中应用很广泛，目前国内仅生产屋内式的35kV高压开关柜。

高压开关柜的型号规格如图3-38所示。

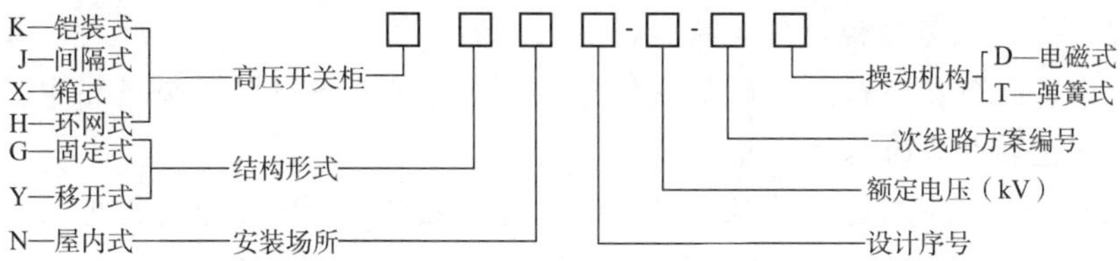

图3-38　高压开关柜的型号规格示意图

三　SF_6 全封闭组合电器

如图3-39所示，SF_6 全封闭组合电器是将变电所一次接线中的高压电器元件——断路器、母线、隔离开关、接地开关、电流互感器、电压互感器、避雷器、出线套管、电缆终端等全部封闭于接地的金属桶体内，充以一定压力的 SF_6 气体，形成以 SF_6 为绝缘介质的金属封闭式开关设备，并通过电缆终端、进出线套管或封闭母线与外界相连。

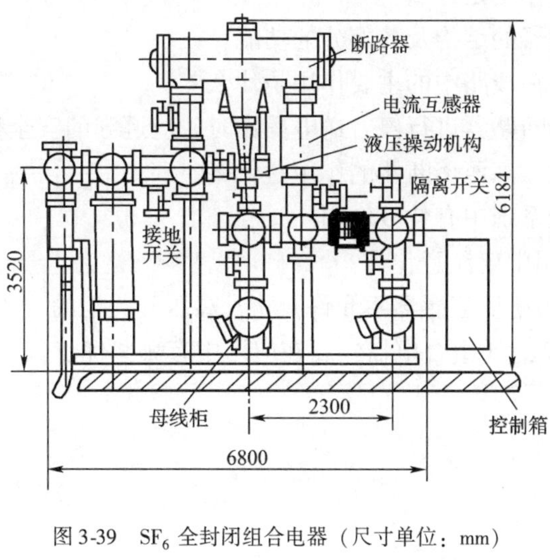

图3-39　SF_6 全封闭组合电器（尺寸单位：mm）

全封闭组合电器是一种新型的组合式电气设备，它是在 SF_6 断路器的基础上进一步发展形成的，把各种控制和保护电器全部进行封闭的组合式电气设备。由于 SF_6 气体绝缘性能优越，所以组合电器体积小，能节省变电所占地面积，使变电所建设成本降低。

在地铁变电所中，由于空间相对较小，对设备之间的安全距离、设备检修等方面有较高的要求，十分适合采用封装式的组合电器。

全封闭组合电器具有很大的优越性，但前提条件是封装的电气设备要具有很高的可靠性。由于 SF_6 气体具有很高的绝缘强度，采用全封闭组合电器可缩小各元件之间的绝缘距离，从而使整套配电装置的占地面积和空间体积缩小，且现场的施工工作量大大减少。电气设备进行封装以后，避免了各种恶劣环境的影响，降低了设备发生故障的可能性，提高了人身安全，延长了设备检修周期。

测一测

1. （　　）是指按电气主接线的要求，把（　　）、（　　）、母线和必要的辅助设备组合在一起，装配在一个或两个全封闭或半封闭的金属柜中，用来接受、分配和控制电能的总体装置。

2. 由于六氟化硫气体具有很高的绝缘强度，采用全封闭组合电器可缩小各元件之间的（　　），从而使整套配电装置的（　　）和（　　）缩小，且现场的施工工作量大大减少。

复习与思考

1. 城市轨道交通牵引变电所的类型有哪些？
2. 城市轨道交通牵引变电所中有哪些类型的设备？
3. 简述整流机组的结构原理。
4. 高压断路器的作用是什么？
5. 简述高压断路器的结构及各部分的功能。
6. 高压隔离开关在线路中的主要作用是什么？
7. 隔离开关配合断路器进行停、送电操作时，应遵守的安全操作规定是什么？
8. 高压负荷开关、高压熔断器的作用是什么？
9. 互感器在电力系统中有什么作用？
10. 互感器在使用中要注意什么？
11. 为什么运行中电流互感器不允许开路？高压开关柜的“五防”是什么？
12. 什么是 SF_6 全封闭组合电器？它在应用中有哪些优点？

模 块 4

变电所的电气接线

问题导入

在变电所内，各种电气设备之间主要是依靠电气接线来传输电能的。为满足预定的功率传送和运行要求，电气接线的形式必须满足供电可靠性、运行灵活性和经济合理性的要求，能够反映正常和事故情况下的供送电情况。那么，变电所内的电气主接线有哪些形式？这些形式各有什么特点？城市轨道交通供电系统中的变电所又是采用哪些接线方式？面对一张电气接线图，你该如何去读懂它？本模块将回答这些问题。

学习要点

1. 典型的电气主接线形式及其特点；
2. 变电所常见的电气主接线；
3. 二次回路的类型及二次回路图的结构原理；
4. 变电所的控制、信号回路的结构原理；
5. 电气接线图的识别。

技能目标

1. 能看懂变电所的电气主接线图和二次回路图；
2. 会分析变电所的一次回路和二次回路的原理。

建议学时

6 学时。

微课堂

思政：接触网工人的一夜　　雷电的形成和种类　　雷电的危害

单元4.1 电气主接线形式

一 概述

变电所的电气主接线是指由变压器、断路器、开关设备、母线等及其连接导线所组成的接受和分配电能的电路。电气主接线反映了变电所的基本结构和功能，在运行中，它能标明电能输送和分配的关系以及变电所一次设备的运行方式，成为实际运行操作的依据。在设计中，主接线的确定对变电所的设备选择、配电装置布置、继电保护配置和计算、自动装置和控制方式选择等都有重大影响。此外，电气主接线对牵引供电系统运行的可靠性、电能质量、运行灵活性和经济合理性起着决定性作用，因此，电气主接线是变电所的主体部分。

1. 对电气主接线的基本要求

电气主接线的选择正确与否，对电力系统的安全、经济运行，对电力系统的稳定和调度的灵活性，以及对电气设备的选择，配电装置的布置，继电保护及控制方式的拟定等都有重大影响。在选择电气主接线时，应注意发电厂或变电所在电力系统中的地位、进出线回路数、电压等级、设备特点及负荷性质等条件，并应满足下列基本要求。

（1）保证必要的供电可靠性和电能的质量。

保证在各种运行方式下牵引负荷以及其他动力的供电连续性。牵引负荷是一级负荷，中断供电将造成重大经济损失与社会影响，甚至造成人员伤亡，所以，高质量、连续的供电是对电气主接线的首要要求。因此，应明确下列几点：

①检修断路器时是否影响供电；

②设备或线路故障或检修时，停电线路数量的多少和停电时间的长短，以及能否保证对重要用户的供电；

③有没有使发电厂或变电所全部停止工作的可能性等。

（2）具有一定的运行灵活性。

电气主接线不仅在正常运行情况下能根据调度的要求，灵活地改变运行方式，实现安全、可靠、经济地供电；而且在系统故障或电气设备检修及故障时，能尽快地退出设备、切除故障，使停电时间最短、影响范围最小，并且在检修设备时能保证检修人员的安全。

（3）操作应尽可能简单、方便。

这就要求主接线简捷、明了，没有多余的电气设备，投入或切除某些设备和线路的操作方便，避免误操作。

（4）应具有扩建的可能性。

随着经济的高速发展，铁路和城市交通的运量相应迅速增长，牵引变电所增容，增加馈线和其他设备改、扩建的情况经常存在，因此，电气主接线的设计应当长远规划，精心设计，给将来的扩建留有余地。特别是在城市轨道交通变电所设计中，还应注意场地条件安排与城市规划发展相结合。

(5) 技术上先进，经济上合理。

应使主接线投资与运行费用经济、合理。经济性主要取决于母线的结构类型与组数、主变压器容量、结构形式和数量、高压断路器数量、配电装置结构类型和占地面积等因素。经济性往往与可靠性之间存在矛盾，要增强主接线的可靠性与灵活性，就需增加设备和投资。因此，在确定主接线的形式时，要进行经济技术比较，在安全可靠、运行灵活的前提下，尽量使投资和运行费用最省。

变电所的变压器与馈线之间采用什么方式连接，以保证工作可靠、灵敏是十分重要的问题，解决的措施是采用母线制。应用不同的母线连接方式，可使在变压器数量少的情况下也能向多个用户供电，或者保证用户的馈线能从不同的变压器获得电能。母线又称汇流排，在原理上它是电路中的一个电气节点，起着汇集变压器的电能和给各用户的馈线分配电能的作用，所以，若母线发生故障，将使用户供电全部中断。故在主接线的设计中，选择什么样的母线制就显得特别重要。

2. 电气主接线的基本类型

母线是接受和分配电能的装置，是电气主接线和配电装置的重要环节。电气主接线一般按有无母线分类，即分为有母线和无母线两大类。

有母线的主接线形式包括单母线和双母线。单母线又分为单母线不分段、单母线分段、带旁路母线的单母线、带旁路母线的单母线分段等形式；双母线又分为普通双母线、双母线分段、3/2 断路器（又叫一台半断路器）、双母线不分段及带旁路母线的双母线等多种形式。

无母线的主接线形式主要有单元接线、桥形接线和角形接线等。

3. 电气主接线图

用规定的文字符号和图形符号将各电气设备按连接顺序排列，详细表示电气设备的组成和连接关系的接线图，称为电气主接线图。电气主接线图一般画成单线图（即用单相接线表示三相系统）。

主接线图常用的图形符号如表 4-1 所示。

常用的电气设备图形符号和文字符号　　表 4-1

电气设备名称	文字符号	图形符号	电气设备名称	文字符号	图形符号
刀开关	QK		母线	W	
			导线、线路	W	
断路器（自动开关）	QF		三相导线		
隔离开关	QS		端子	X	
负荷开关	QL		电缆及其终端头		
熔断器	FU		交流发电机	G	
熔断器式开关	S		交流电动机	M	

续上表

电气设备名称	文字符号	图形符号	电气设备名称	文字符号	图形符号
阀式避雷器	F		单相变压器	T	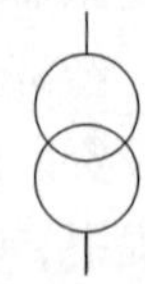
三相变压器	T	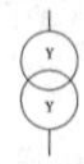	电压互感器	TV	
三相变压器	T		三绕组变压器	T	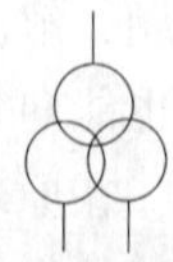
电流互感器（具有一个二次绕组）	TA		三绕组电压互感器	TV	
电流互感器（具有两个铁芯和两个二次绕组）	TA		电抗器	L	
			电容器	C	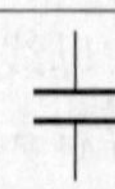

二 单母线接线

1. 单母线不分段接线

图 4-1 所示为单母线不分段接线，各电源和出线都接在同一条公共母线（WB）上，其供电电源在发电厂是发电机或变压器，在变电所是变压器或高压进线回路。母线既可以保证电源并列工作，又能使任一条出线都可以从任一电源获得电能。每条回路中都装有断路器和隔离开关，紧靠母线侧的隔离开关（如 QSB）称为母线隔离开关，靠近线路侧的隔离开关（如 QSL）称为线路隔离开关。图中 QSS 是接地隔离开关，其作用同接地线。

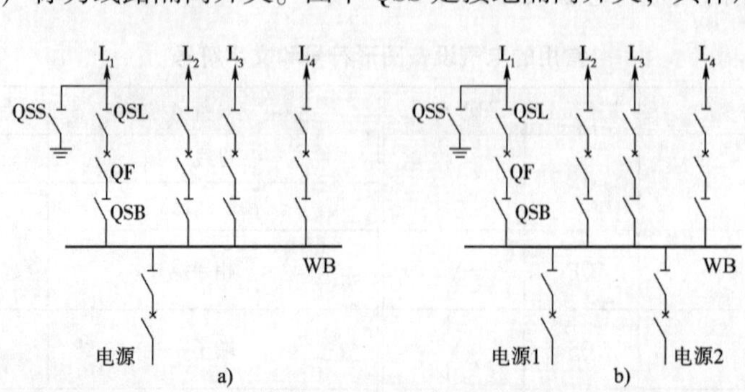

图 4-1　单母线不分段接线

a）单电源供电单母线不分段接线；b）双电源供电单母线不分段接线

（1）单母线接线的优点。

结构简单、清晰，设备少，投资少，运行操作方便且有利于扩建。隔离开关仅在检修电气设备时作隔离电源用，不作为倒闸操作电器，从而可避免因用隔离开关进行大量倒闸操作而引起的误操作事故。

（2）单母线接线的缺点。

①母线或母线隔离开关检修时，连接在母线上的所有回路都将停止工作。

②当母线或母线隔离开关上发生短路故障或断路器靠母线侧绝缘套管损坏时，所有断路器都将自动断开，造成全部停电。

③检修任一电源或出线断路器时，该回路必须停电。

因此，这种接线只适用于小容量和用户对供电可靠性要求不高的发电厂或变电所。为了克服以上缺点，可采用将母线分段和加旁路母线的措施。

2. 单母线分段接线

出线回路数增多时，可用断路器将母线分段，成为单母线分段接线，如图4-2a）所示。根据电源的数目和功率，母线可分为2～3段。段数分得越多，故障时停电范围越小，但使用的断路器数量越多，其配电装置和运行也就越复杂，所需费用就越高。

（1）单母线分段接线的优点。

母线分段后，可提高供电的可靠性和灵活性。在正常运行时，可以接通运行，也可以断开运行。当分段断路器 QF_d 接通运行时，若任一段母线发生短路故障，在继电保护作用下，分段断路器 QF_d 和接在故障段上的电源回路断路器便自动断开。这时非故障段母线可以继续运行，缩小了母线故障的停电范围。当分段断路器断开运行时，分段断路器除装有继电保护装置外，还应装有备用电源自动投入装置，分段断路器断开运行，有利于限制短路电流。

也可用隔离开关将母线分段，如图4-2b）所示。用隔离开关分段的接线可靠性稍差一些，母线故障时将短时全部停电，打开分段隔离开关后，非故障段母线即可恢复供电。

对重要用户，可以采用双回路供电，即从不同段上分别引出馈电线路，由两个电源供电，以保证供电可靠性。

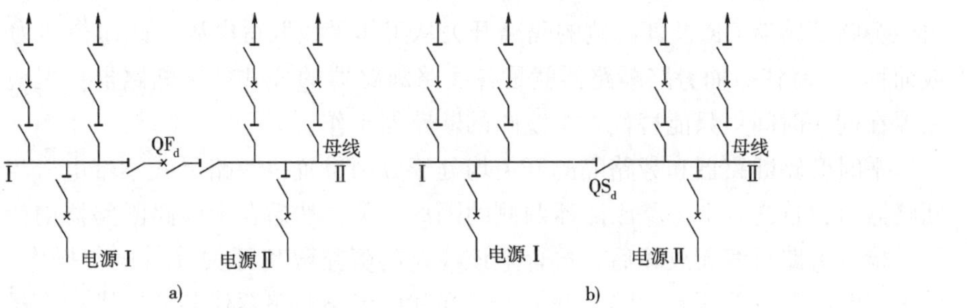

图4-2 单母线分段接线

a）用断路器分段；b）用隔离开关分段

（2）单母线分段接线的缺点。

①当一段母线或母线隔离开关发生故障或检修时，必须断开接在该分段上的全部电源和出线，这样就减少了系统的发电量，并使该段单回路供电的用户停电。

②任一出线断路器检修时，该回路必须停止工作。

单母线分段接线，虽然较单母线不分段接线提高了供电可靠性和灵活性，但当电源容量较大和出线数目较多，尤其是单回路供电的用户较多时，其缺点更加突出。因此，一般认为单母线分段接线应用在 6 ~ 10kV，出线在 6 回及以上时，每段所接容量不宜超过 25MW；用于 35 ~ 66kV 时，出线回路不宜超过 8 回；用于 110 ~ 220kV 时，出线回路不宜超过 4 回。

在可靠性要求不高时，或者在工程分期实施时，为了降低设备费用，也可使用一组或两组隔离开关进行分段。任一段母线发生故障，将造成两段母线同时停电，在判别故障后，拉开分段隔离开关，非故障段母线即可恢复供电。

3. 带旁路母线的单母线接线

如图 4-3 所示，在工作母线外侧增设一组旁路母线，并经旁路隔离开关引接到各线路的外侧。另设一组旁路断路器 QF_p（两侧带隔离开关）跨接于工作母线与旁路母线之间。

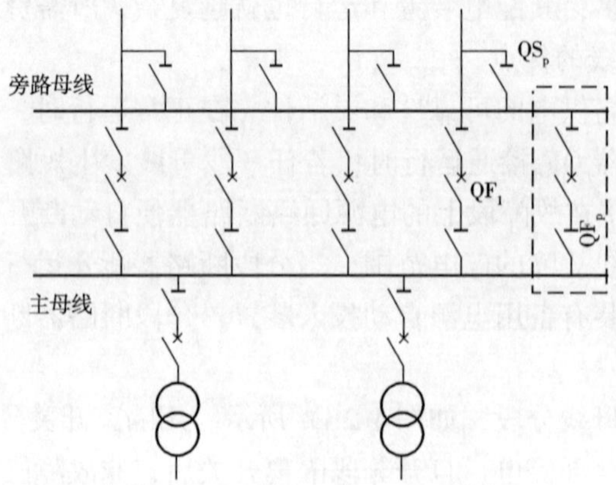

图 4-3　带旁路母线的单母线接线

当任一回路的断路器需要停电检修时，该回路可经旁路隔离开关 QS_p 绕道旁路母线，再经旁路断路器 QF_p 及其两侧的隔离开关从工作母线取得电源。此途径即为“旁路回路”，或简称“旁路”。而旁路断路器就是各线路断路器的公共备用断路器。但应注意，旁路断路器在同一时间里只能替代一个线路的断路器工作。

平时旁路断路器和旁路隔离开关均处于分闸位置，旁路母线不带电。当需检修某线路断路器时，首先合上旁路断路器两侧的隔离开关，然后合上旁路断路器向旁路母线空载升压，检查旁路母线无故障后，再合上该线路的旁路隔离开关（等电位操作）。此后，断开该出线断路器及其两侧的隔离开关，这样就由旁路断路器代替该出线断路器工作。

这种接线方式可以不停电检修断路器，故提高了供电可靠性。但是，当母线出现故障或检修时，仍然会造成整个主接线停止工作，为了解决这个问题，可以采用带旁路母线的单母线分段接线。

4. 带旁路母线的单母线分段接线

这种接线方式兼顾了旁路母线和母线分段两方面的优点，但当旁路断路器和分段断路器分别设置时，由于所用断路器数量多，设备费用高，在工程实践中，为了减少投资，可不专设旁路断路器，而用母线分段断路器兼作旁路断路器，常用的接线如图 4-4 所示。在正常工作时，靠旁路母线侧的隔离开关 QS_3、QS_4 断开，而隔离开关 QS_1、QS_2 和断路器 QF_d处于合闸位置（这时 QS_d是断开的），主接线系统按单母线分段方式运行。当需要检修某一出线断路器（如 1WL 回路的 1QF）时，可通过倒闸操作，由分段断路器作为旁路断路器使用，即由 QS_1、QF_p、QS_4 从母线Ⅰ接至旁路母线，或经 QS_2、QF_p、QS_3 从母线Ⅱ接至旁路母线，再经过 $1QS_p$构成向 1WL 供电的旁路。此时，分段隔离开关 QS_d是接通的，以保持两段母线并列运行。

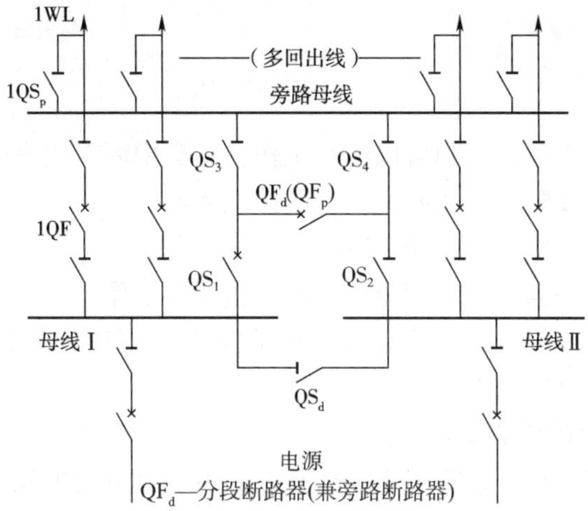

图 4-4　带旁路母线的单母线分段接线

现以检修 1QF 为例，简述其倒闸操作步骤。

（1）向旁路母线充电，检查其是否完好。合上 QS_d，断开 QF_p和 QS_2，合上 QS_4，再合上 QF_p，使旁路母线空载升压，若旁路母线完好，则 QF_p不会自动跳闸。

（2）接通 1WL 的旁路回路。合上 $1QS_p$。这时有两条并列的向 1WL 供电的通电回路。

（3）将线路 1WL 切换至旁路母线上运行。断开断路器 1QF 及其两侧的隔离开关，并在靠近断路器一侧进行可靠接地。

这时，断路器 1QF 退出运行，进行检修，但线路 1WL 继续正常供电。

三　双母线接线

1. 双母线不分段接线

图 4-5 所示为双母线不分段接线，它有两组母线，一组为工作母线，另一组为备用母线。两组母线之间通过母线联络断路器（简称母联断路器）连接。每一电源和每一出线都经一台断路器和两组隔离开关分别与两组母线相连，任一组母线都可以作为工作母线或备用母线。

（1）双母线不分段接线的优点：

①运行的可靠性和灵活性提高。

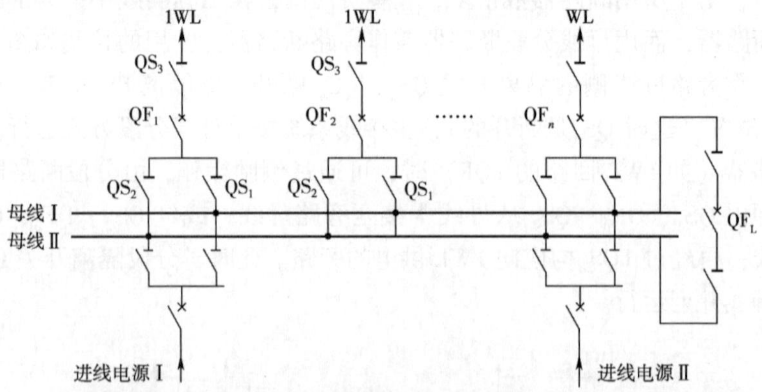

图 4-5　双母线不分段接线

②检修母线时，电源和出线都可以继续工作，不会中断对用户的供电。

③检修任一回路母线隔离开关时，只需断开该回路。

④工作母线故障时，所有回路能迅速恢复工作。

⑤检修任一线路断路器时，可用母联断路器代替其工作。

⑥便于扩建。双母线接线可以任意向两侧延伸扩建，不影响母线的电源和负荷分配，扩建施工时不会引起原有回路停电。

（2）双母线不分段接线的缺点：

①在倒母线的操作过程中，需使用隔离开关切换所有负荷电流回路，操作过程比较复杂，容易造成误操作。

②工作母线故障时，将造成短时（切换母线时间）全部进出线停电。

③在任一线路断路器检修时，该回路仍需停电或短时停电（用母联断路器代替线路断路器之前）。

④使用的母线隔离开关数量较大，同时也增加了母线的长度，使得配电装置结构复杂，投资和占地面积增大。

这种接线方式适用于对供电要求比较高、出线回路较多的变电所。一般适用于35kV出线回路为8回，110～220kV出线回路为4回的母线。

为了弥补上述不足，提高双母线接线的可靠性，可进行以下两种方式改进，即双母线分段接线和带旁路母线的双母线接线。

2. 双母线分段接线

图4-6所示为用分段断路器将工作母线Ⅰ分段，每段用母联断路器与备用母线Ⅱ相连。接线具有单母线分段和双母线接线的特点，有较高的供电可靠性与运行灵活性，但所用电气设备较多，投资增大。另外，当检修某回路出线断路器时，该回路停电，或短时停电后再用“跨条”恢复供电。双母线分段接线常用于大中型发电厂的发电机电压配电装置中。

3. 带旁路母线的双母线接线

采用带旁路母线的双母线接线，目的是可不停电检修任一回路断路器。

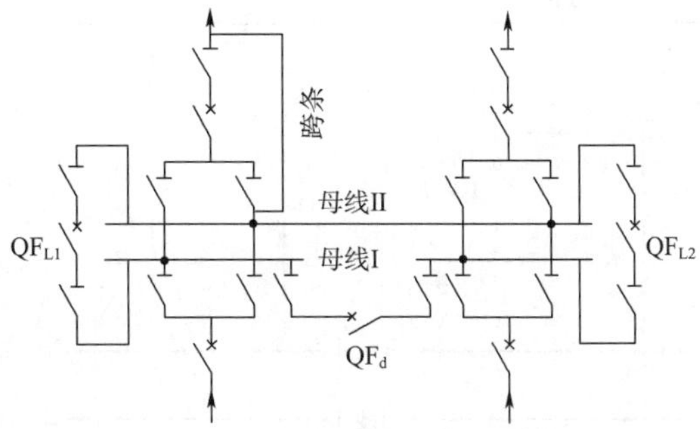

图4-6　双母线分段接线

带旁路母线的双母线接线，其供电可靠性和运行的灵活性都很高。但所用设备较多，占地面积大，经济性较差，因此，一般规定当220kV线路有5（或4）回及以上出线、110kV线路有7（或6）回及以上出线时，可采用有专用旁路断路器的带旁路母线的双母线接线，如图4-7所示。

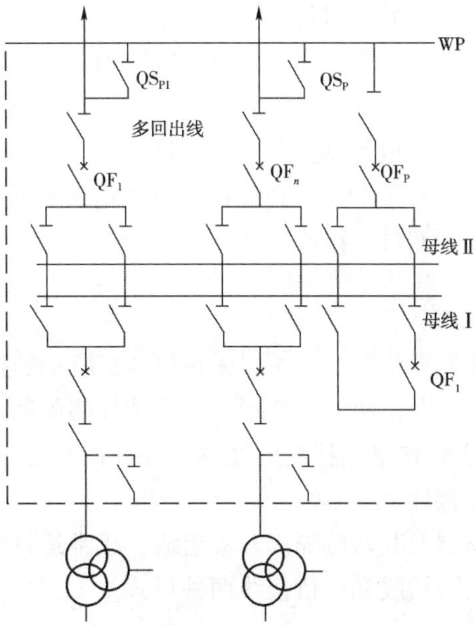

图4-7　有专用旁路断路器的带旁路母线的双母线接线

当出线回路数较少时，为了减少断路器的数目，可不设专用的旁路断路器，而用母联断路器兼作旁路断路器，其接线如图4-8所示。

由于双母线接线比单母线接线增加了一套备用母线，故当工作母线发生故障时，可将全部回路迅速转换到由备用母线供电，缩短停电时间。检修母线时可转换到由另一套母线供电而不中断供电，检修任一回路的隔离开关时，只需使本回路停电。无备用断路器情况下，检修任一断路器时，可通过一定的转换操作，用母联断路器代替被检修的断路器，因而停电时间很短。这时电路按具有旁路母线的单母线运行，被检修断路器两侧用电线跨接。

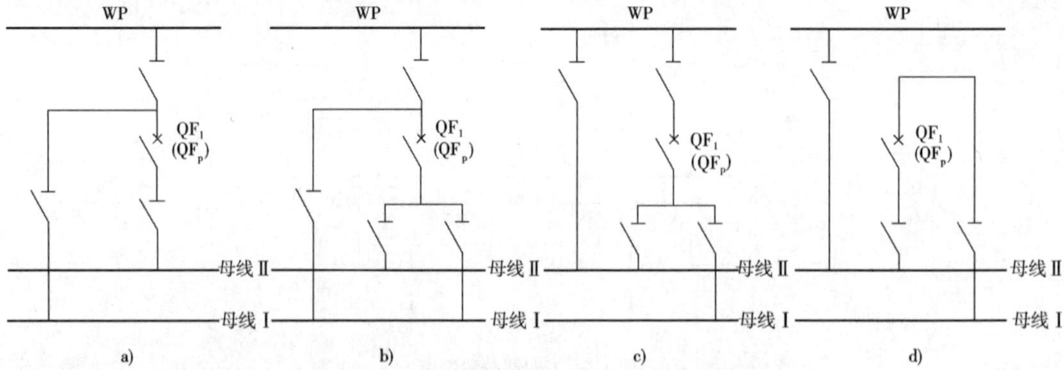

图 4-8 用母联断路器兼作旁路断路器的几种接线形式

a）母联兼作旁路的常用接线；b）母联兼旁路（两组母线均能带旁路）；c）旁路兼母联（以旁路为主）；d）母联兼旁路（设跨条）

此外，双母线接线方式具有较好的运行灵活性。它还可以按单母线分段的接线方式运行，只需将一部分电源回路和馈电回路接至一套母线，而将其余回路接入另一套母线，通过母联断路器，两套母线连接且并联运行。

双母线接线的缺点是隔离开关数量多，配电装置结构复杂，转换步骤较烦琐，且一次费用和占地面积都相应增大。

这种接线适用于牵引变电所电源回路较多（4 回以上），具有通过母线给其他变电所输送大功率供电回路的场合。对于 110kV 以上电压的变电所母线，如线路较多且不允许停电，则可采用具有旁路母线的双母线接线。

四 桥形接线

当只有两台主变压器和两条线路时，可以采用图 4-9 所示的接线方式，这种接线方式称为桥形接线，可看作单母线分段接线的变形，即去掉线路侧断路器或主变压器侧断路器后的接线；也可看作变压器-线路单元接线的变形，即在两组变压器-线路单元接线的升压侧增加一横向连接桥臂后的接线。

桥形接线的桥臂由断路器及其两侧隔离开关组成，正常运行时处于接通状态。根据桥臂的位置不同，其可分为内桥接线和外桥接线两种形式。

1. 内桥接线

内桥接线如图 4-9a）所示，桥臂置于线路断路器的内侧。其特点如下：

（1）线路发生故障时，仅故障线路的断路器跳闸，其余三条支路可继续工作，并保持相互间的联系。

（2）变压器发生故障时，联络断路器及与故障变压器同侧的线路断路器均自动跳闸，使无故障线路的供电受到影响，需经倒闸操作后，方可恢复对该线路的供电。

（3）正常运行时变压器操作复杂。如需切除变压器 1T，应首先断开断路器 1QF 和联络断路器 QF_L，再拉开变压器侧的隔离开关，使变压器停电。然后，重新合上断路器 1QF 和联络断路器 QF_L，恢复线路 1WL 的供电。

内桥接线适用于输电线路较长、线路故障率较高、穿越功率少和变压器不需要经常改变运行方式的场合。

2. 外桥接线

外桥接线如图4-9b）所示，桥臂置于线路断路器的外侧。其特点如下：

（1）变压器发生故障时，仅故障变压器支路的断路器跳闸，其余三条支路可继续工作，并保持相互间的联系。

（2）线路发生故障时，联络断路器及与故障线路同侧的变压器支路的断路器均自动跳闸，需经倒闸操作后，被切除变压器方可恢复工作。

（3）线路投入与切除时，操作复杂，并影响变压器的运行。

这种接线适用于线路较短、故障率较低、主变压器需按经济运行要求经常投入与切除以及电力系统有较大的穿越功率通过桥臂回路的场合。

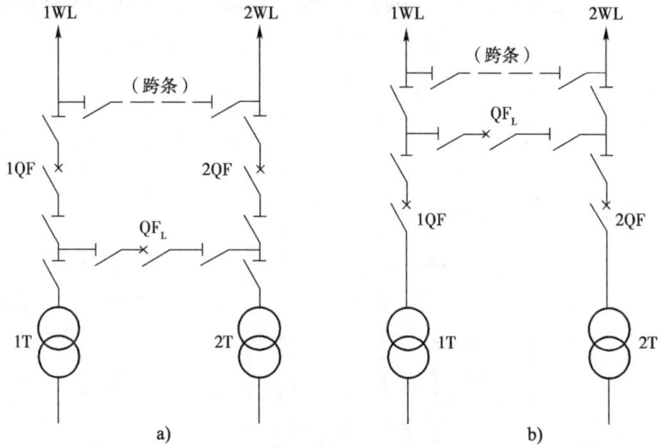

图4-9　桥形接线（QF_L—联络断路器）

a）内桥接线；b）外桥接线

桥形接线属于无母线的接线形式，结构简单、清晰，设备少，造价低，也易于转换为单母线分段接线或双母线接线。但因内桥接线中变压器的投入与切除会影响线路的正常运行，外桥接线中线路的投入与切除会影响变压器的运行，而且更改运行方式时需利用隔离开关作为操作电器，故桥形接线的工作可靠性和灵活性较差。

测一测

1.（　　）是指由变压器、断路器、开关设备、母线等及其连接导线所组成的接受和分配电能的电路。

2. 用规定的（　　）和（　　）将各电气设备按连接顺序排列，详细表示电气设备的组成和连接关系的接线图，称为电气主接线图。

3. 电气主接线一般按有无母线分类，即分为（　　）和（　　）两大类。

4. 根据桥形接线的桥臂位置不同，可分为（　　）和（　　）两种形式。

单元 4.2 变电所电气主接线

地铁、轻轨变电所一般设在地下或地面的城市闹市区街道两侧。受环境条件制约及出于安全保障的需要，列车牵引、通信信号电源、站厅事故照明和必要的安全设施（通风、排水、防灾、消防和自动扶梯等）都属于一级负荷，它们对不间断供电的要求基本相同，此外还有其他的二、三级动力和照明负荷。全部负荷都由同一专用的环形供电系统网络所属的直流牵引变电所，降压变电所（动力用电），牵引、降压混合变电所供电，各变电所间设有互联网络，如图 4-10 所示。这使得城市轨道交通变电所电气主接线的结构和运行变得更加复杂；同时，为节约占地面积，节省土建成本和满足防灾需要，主接线变配电设备的选择也有其特殊性，应使用干式、高效率的成套设备，这对主接线和配电装置的结构有直接影响。

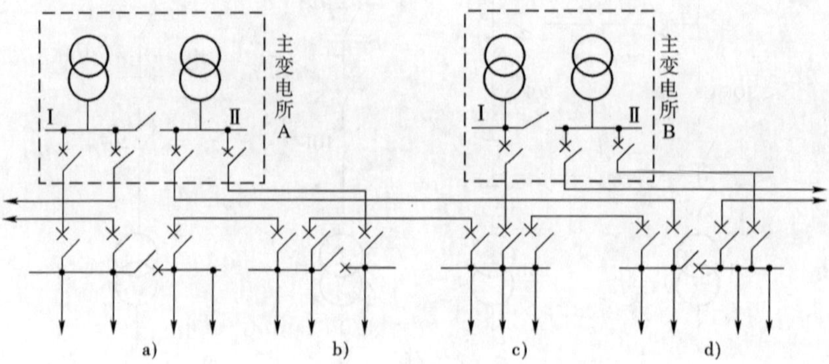

图 4-10　地铁专用供电系统连接方式

a)、d）牵引、降压混合变电所；b）降压变电所；c）牵引变电所

此外，还应考虑整流机组类型（整流、可控整流或整流-逆变型）及其整流（逆变）接线方式对主接线的结构和运行的重大影响。

下面分别举例介绍主变电所，直流牵引变电所，牵引、降压混合变电所，降压变电所的电气主接线。

一　主变电所电气主接线

主变电所的作用是将城市电网的高压（110kV 或 220kV）电能降压后以相应的电压等级（3kV 或 10kV）分别供给牵引变电所和降压变电所。为保证供电的可靠性，一般设置两座或两座以上主变电所，主变电所由两路独立的电源进线供电，内部设置两台相同的主变压器。根据牵引负荷容量和动力负荷容量的不同，主变压器可采用三相三绕组的有载调压变压器，也可采用双绕组的变压器，使 35kV 电压和 10kV 电压来自不同的变压器。采用有载调压变压器使得电源进线电压波动时，二次侧电压维持在正常值范围内。

采用三绕组主变压器的主变电所电气主接线如图 4-11 所示，110kV 侧一般采用单母线分段的内桥接线，分段开关可用断路器，也可用隔离开关，正常运行时分段开关打开，一路电源进线发生故障时，通过倒闸，两台变压器即可从正常一路电源进线获得电能。35kV 侧和 10kV 侧均采用单母线分段接线。在有两个主变电所时，为了确保直流牵引变电所的可靠供电，可从 35kV 侧的两段母线上各引一路送到专设在其他合适地点的线路联络开关处，以供故障时联络之用。当某一主变电所停电时，由该主变电所母线供电的直流牵引变电所可通过线路联络开关从另一主变电所 35kV 侧获得电能，若任一主变电所停电并且另一主变电所一路电源失压，可切除二、三级负荷，以保证直流牵引变电所的不间断供电，使城市轨道交通列车仍能继续运行。

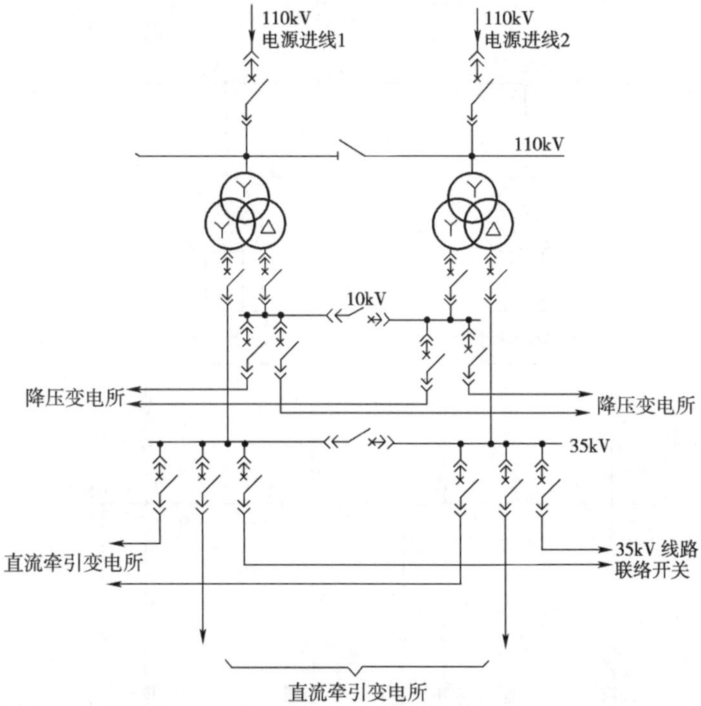

图 4-11　主变电所电气主接线

二　直流牵引变电所电气主接线

直流牵引变电所的作用是将城市电网区域变电所或地铁主变电所送来的 35kV 电能经过降压和整流变成牵引变电所用的直流电能，其主接线包括高压（35kV）受、配电系统和直流（0.75～1.5kV）受、馈电系统两部分，整流机组（整流变压器-整流器组）则是作为交、直流系统变换的重要环节设置的。直流牵引变电所的容量和设置的距离是根据牵引供电计算的结果，并作经济技术比较后确定的，一般设置在沿线若干车站及车辆段附近，直流牵引变电所间隔一般为 2～4km，直流牵引变电所按其所需总容量设置两组整流机组并列运行，若沿线任一牵引变电所发生故障，由两侧相邻的直流牵引变电所承担其供电任务。

直流牵引变电所的电气主接线如图4-12所示，两路35kV进线电源来自城市电网区域变电所或地铁主变电所，两组整流机组均由相同的牵引降压变压器和整流器组成，它们的直流侧并联工作，为使并联时的直流电压相等且负荷分配均衡，35kV侧采用不分段母线，牵引变压器一般采用三绕组变压器，两个二次绕组和整流器组成多相整流，整流器输出的直流电的正极（+）经直流高速空气开关接到直流侧的正母线上，直流电的负极（-）经开关接到负母线上，通过直流馈线将电能送到接触网，负母线通过开关、回流线与走行轨相连。这样，通过电动列车的受电器与接触网的接触滑行，就构成一个完整的直流牵引电动机受电回路。

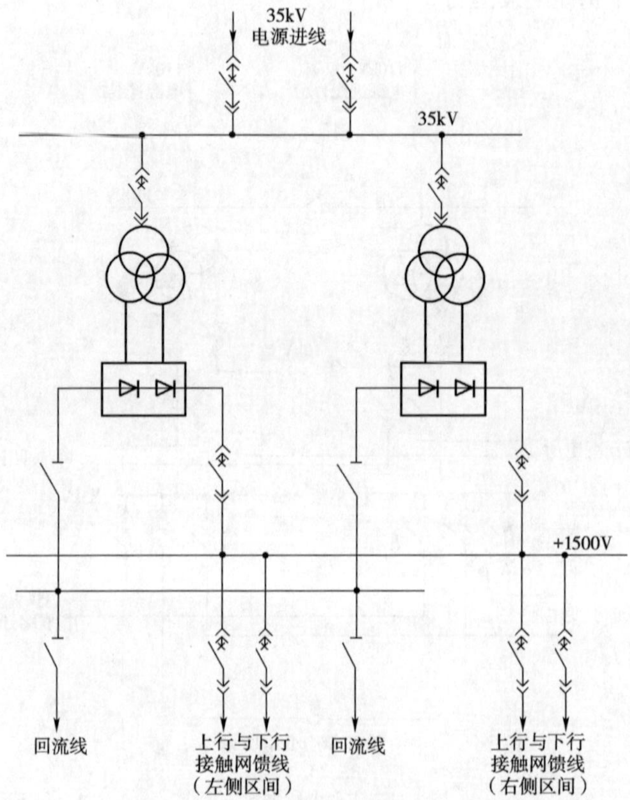

图4-12　直流牵引变电所电气主接线

三　牵引、降压混合变电所电气主接线

集中式供电方式的牵引、降压混合变电所典型主接线如图4-13所示。

交流侧电源进线设有两回路互为备用的独立电源电缆线，其中一路电源进线由专用供电系统主变电所A的低压母线Ⅰ段馈出（图4-10），另一电源进线则由该车站另一端设置的降压变电所高压母线引入，此高压母线的电源进线，是由主变电所A（或B）降压变压器的低压Ⅱ段母线馈出（母线分段断路器处于断开运行状态），每路电源进线容量应满足车站两个变电所（牵引、降压混合变电所和降压变电所）全部一、二级负荷的要求。此外，高压母线的馈出线是相邻变电所电源进线所需要的。正常运行时，两路进线同时为两段母线连接的负荷供电，进线断路器均合闸，母线分段断路器（或电动刀闸）断开。当任一电源进线发生故障而断路时，则由自动装置动作使母线分段断路器合闸，全变电所负荷由另一电源进线供电。高压汇流母线采用断路器或电动刀闸分段，有利于母线维修和任一电源进线故障时电路转换，具有灵活性。

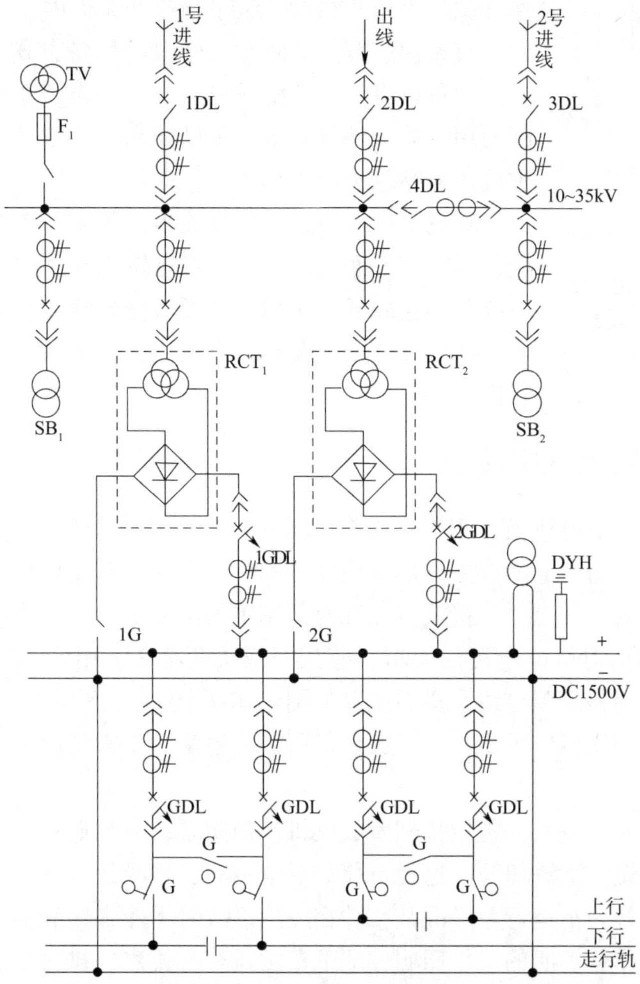

图4-13　牵引、降压混合变电所典型主接线

RCT-整流机组；GDL-快速开关；DYH-直流电压互感器；SB-动力变压器

交流高压配电回路设有两台并联工作的整流机组RCT，两台动力变压器SB_1、SB_2分别连接于分段汇流母线的两段上，每台动力变压器容量应满足一、二级动力与照明负荷的需要。当整个供电系统环网只有一路电源时，允许将二、三级负荷部分或全部切除。高压断路器柜采用手车式真空断路器、金属全封闭开关柜。单纯的直流牵引变电所高压单母线可不必分段。

直流侧系统主接线，包括从整流机组的直流输出至直流正母线的电路、回流线、负母线和整流器阳极连接电路，以及从直流母线馈出的馈线电路等（图4-13）。每台整流机组的直流输出通过直流快速开关1GDL、2GDL与正母线相连，其作用是当任一整流机组和母线之间发生短路故障时，由快速开关动作跳闸以保护机组，并使全部馈线快速开关联锁跳闸，切断相邻牵引变电所通过接触轨（网）向故障点馈出故障电流的电路。从正母线馈出的馈电线也设有快速开关GDL作为接触网短路的保护。直流快速开关为手车式结构，装于直流开关柜内。

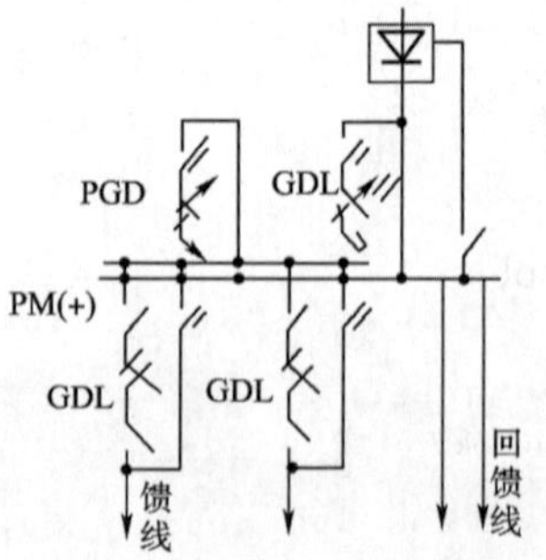

图4-14　直流侧系统带备用正母线和备用开关的主接线

PGD-备用快速开关；GDL-快速开关；PM（+）-备用正母线

直流快速开关故障和检修时的后备方式，可在供电管理部门增加备用直流开关柜或快速开关手车若干台作后备，统一调配使用。另一种具有备用正母线和备用快速开关的直流侧系统主接线电路示于图4-14。

直流负母线通过负极开关柜的隔离开关与整流器阳极相连接，同时它经回流线电缆和走行轨或专用的回流轨（有的轻轨系统）相连。轻轨牵引变电所直流母线，为防止雷电浪涌过电压和操作过电压对设备造成损坏，一般在正、负母线上都应安装避雷器。

四　降压变电所电气主接线

地铁、轻轨降压变电所是为车站与线路区间的动力、照明负荷和通信信号电源供电而设置的，可与直流牵引变电所合并，形成前述的牵引、降压混合变电所。多数情况下降压变电所是单独设置的，其电气主接线特点和对其基本要求如下：

（1）降压变电所对供电电源的要求，应按一级负荷考虑，由环形电网或二路电源供电，进线电压侧采用整流单母线分段系统，如图4-10及图4-13所示。一般设有两台动力、照明变压器，每台变压器应满足一、二级负荷所需的容量。正常情况下，由两台变压器分别供电。

动力、照明的一级负荷，包括排烟事故风机、消防泵、事故照明、通信信号、防灾报警系统、售检票系统、防淹门等。这类负荷如供电中断，将导致地下车站及其通信、信号设备无法工作，引起列车运行秩序混乱，并在发生事故时不能报警和消防。二级负荷包括车站、线路区间和作业场所的工作照明，地下车站风机、排水、排污泵、自动扶梯、人防工程等，这类负荷一旦断电，将对正常运营造成影响。除上述一、二级负荷以外，还有三级负荷，如维修、清扫机械、空调等动力负荷和照明负荷。

（2）动力、照明负荷配电系统采用380V/220V电压，中性点直接接地的三相四线制。配电母线为单母线自动开关分段，动力变压器低压侧通过自动开关与每段母线连接，动力与照明的一、二级负荷应有两路低压电源供电，且前者应为专用电缆。此外，设有联络电缆与相邻变电所的低压电源连接，作为事故备用电源，也可采用设备用发电机组、蓄电池组电源作为事故备用电源，如图4-15所示的低压配电系统。其中事故电源母线的设计，应保证在本降压变电所全部停电时，由相邻变电所的电源或自备发电机等自动投入，为车站和区间的事故照明供电。

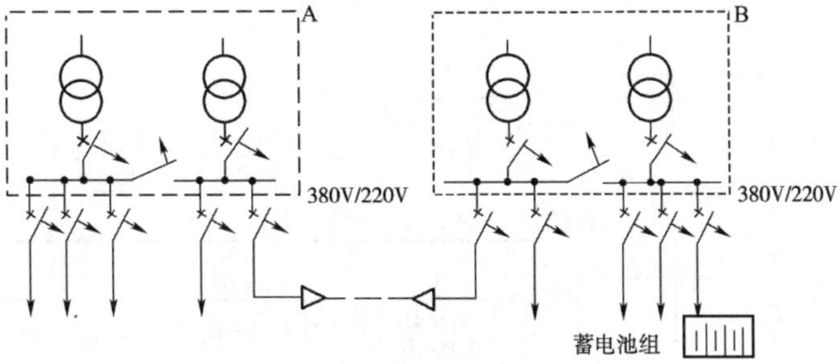

图 4-15 降压变电所低压配电系统示意图

测一测

1. 主变电所的作用是将城市电网的高压电能降压后以相应的电压等级分别供给（　　）和（　　）。

2. 为保证供电的可靠性一般设置两座或两座（　　），（　　）由两路独立的电源进线供电，内部设置两台相同的主变压器。

3.（　　）的作用是将城市电网区域变电所或地铁主变电所送来的电能经过降压和整流变成牵引变电所用的直流电能。

4. 地铁降压变电所作用是（　　）。

单元 4.3 二次回路概述

一 二次回路的概念、功能与分类

在模块 3 中已经了解到，变电所中的电气设备可分为一次设备和二次设备两大类。一次设备是指直接生产、输送和分配电能的设备，如主电路中的变压器、高压断路器、隔离开关、电抗器、并联补偿电力电容器、电力电缆、送电线路以及母线等都属于一次设备。对一次设备的工作状态进行监视、测量、控制和保护的辅助电气设备称为二次设备。二次设备通常由电流互感器、电压互感器、测量仪表、继电保护装置、远动装置、蓄电池组成，采用低压电源供电，二次设备相互间连接所形成的电路称为二次回路。

二次回路功能如图 4-16 所示。

二次回路按照功能可分为控制回路、合闸回路、信号回路、测量回路、保护回路以及远动装置回路等，按照电路类别分为直流回路、交流回路和电压回路。

二 二次回路图

反映二次回路间关系的图称为二次回路图。二次回路的接线图按用途可分为原理接线图、展开接线图和安装接线图三种形式。

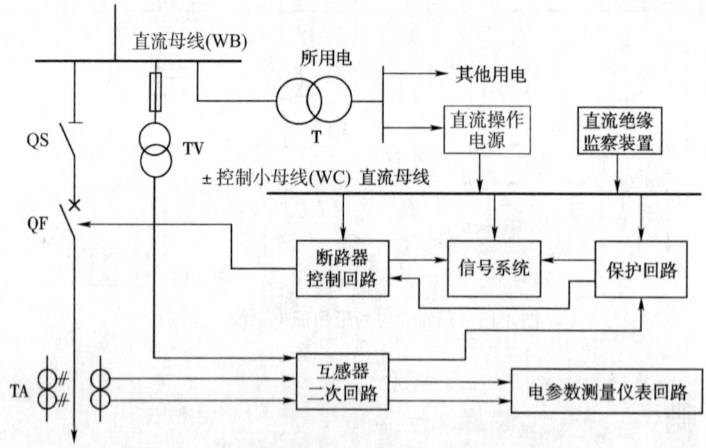

图 4-16　供配电系统的二次回路功能示意图

1. 原理接线图

原理接线图用来表示继电保护、监视测量和自动装置等二次设备或系统的工作原理，它也表示各二次设备间的电气连接关系。通常在二次回路的接线原理图上还将相应的一次设备画出，构成整个回路，便于了解各设备间的相互关系和工作原理。图 4-17a）是 6 ~ 10kV 高压线路的测量回路原理接线图。

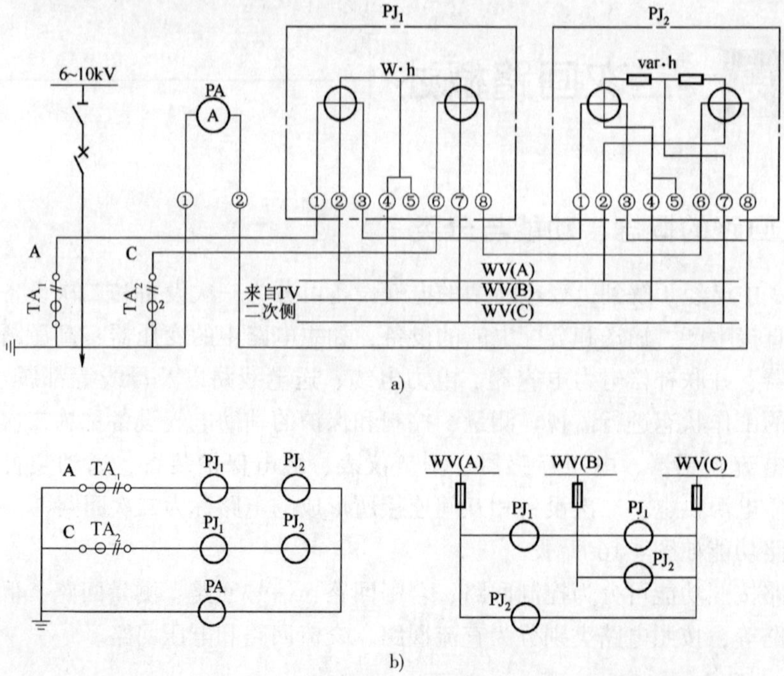

图 4-17　6 ~ 10kV 高压线路电气测量仪表原理接线图和展开接线图

a）原理接线图；b）展开接线图

TA_1、TA_2-电流互感器；TV-电压互感器；PA-电流表；PJ_1-三相有功电度表；PJ_2-三相无功电度表；WV-电压小母线

从图4-17可以看出，原理接线图概括地反映了过电流保护装置、测量仪表的接线原理及相互关系，但未注明设备内部接线和具体的外部接线，对于复杂的回路，当发生故障时，难以分析和找出问题。因此，仅有原理接线图还不能对二次回路进行检查维修和安装配线。

2. 展开接线图

展开接线图按二次回路使用的电源分别画出各自的交流电流回路、交流电压回路、操作电源回路中各元件的线圈和触点。因此，属于同一个设备或元件的电流线圈、电压线圈、控制触点分别画在不同的回路里。为了避免混淆，对同一设备的不同线圈和触点应用相同的文字标号，但各支路需要标上不同的数字回路标号，如图4-17b）所示。

二次回路展开接线图中所有开关电器和继电器触点都是按开关断开时的位置和继电器线圈中无电流时的状态绘制的。由图4-17b）可见，展开接线图接线清晰，回路次序明显，易于阅读，便于了解整套装置的动作程序和工作原理，对于复杂线路的工作原理的分析更为方便。

3. 安装接线图

安装接线图是现场施工不可缺少的图纸，它反映的是二次回路中各电气元件的安装位置、内部接线及元件间的线路关系。

二次回路安装接线图包括屏面元件布置图、屏背面接线图和端子板接线图等几个部分。屏面元件布置图是按照一定的比例将屏面上各个元件和仪表的排列位置及其相互间距离尺寸表示在图样上。而外形尺寸应尽量参照国家标准屏柜尺寸，以便和其他控制屏并列时美观、整齐。

4. 二次回路图中的标注方法

为便于安装施工和投入运行后的检修维护，在展开接线图中应对回路进行编号，在安装图中对设备进行标注。

（1）展开接线图中回路编号。

对展开接线图进行编号可以方便维修人员进行检查以及正确地连接，根据展开接线图中回路的不同，如电流、电压、交流、直流等，回路的编号也进行相应分类。具体进行编号的原则如下：

①回路的编号由3个或3个以内的数字构成。对交流回路要加注A、B、C、N符号区分，对不同用途的回路都规定了编号的数字范围，各回路的编号要在相应数字范围内。

②二次回路的编号应根据等电位原则进行。即在电气回路中，连接在一起的导线属于同一电位，应采用同一编号。如果回路经继电器线圈或开关触点等隔离开，应视为两端不再是等电位，要进行不同的编号。

③展开接线图中小母线用粗线条表示，并按规定标注文字符号或数字编号。

（2）安装接线图设备的编号。

二次回路中的设备都是从属于某些一次设备或一次线路的，为对不同回路的二次设备加以区别，避免混淆，所有的二次设备必须标以规定的项目种类代号。例如，某高压线路的测量仪表，本身的种类代号为P。现有有功功率表、无功功率表和电流表，它们的代号分别为P1、P2、P3 。而这些仪表又从属于某一线路，线路的种类代号为W6，设无功功率表P3是在线路W6上使用的，由此无功功率表的项目种类代号全称应为“－W6－P3”，这里的“ – ”是种类的前缀符号。又设这条线路 W6 是 8 号开关柜内的线路，而开关柜的种类代号规定为 A，因此该无功功率表的项目种类代号全称为“ = A – W6 – P3”。这里的“ = ”号是高层的前缀符号，高层是指系统或设备中较高层次的项目。

（3）接线端子的标注方法。

端子排是由专门的接线端子板组合而成的，是连接配电柜与配电柜或配电柜与外部设备的。接线端子分为普通端子、连接端子、试验端子和终端端子等形式。

试验端子用来在不断开二次回路的情况下，对仪表、继电器进行试验。终端端子板则用来固定或分隔不同安装项目的端子排。

在接线图中，端子排中各种类型端子板的符号如图 4-18 所示。端子板的字母代号为 X，端子的前缀符号为“ : ”。按规定，接线图上端子的代号应与设备上端子标注一致。

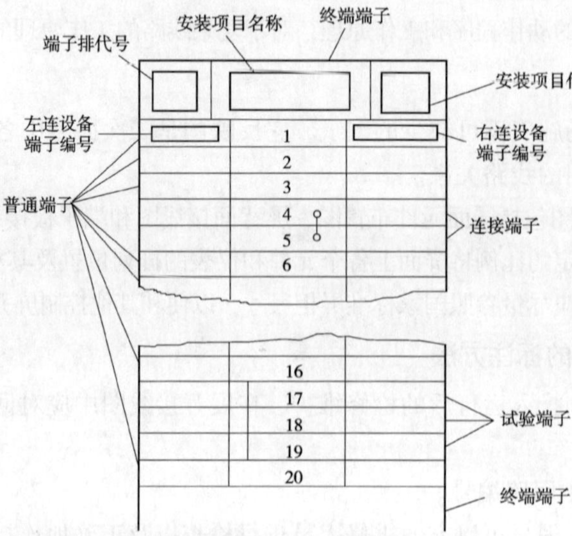

图 4-18　端子排标注图例

（4）连接导线的标注方法。

安装接线图既要表示各设备的安装位置，又要表示各设备间的连接，如果直接绘出这些连接线，将使图纸上的线条难以辨认，因而一般在安装图上表示导线的连接关系时，只在各设备的端子处标明导线的去向。标注的方法是在两个设备连接的端子出线处互相标以对方的端子号，这种标注方法称为“相对标号法”。如 P1、P2 两台设备，现设备 P1 的 3 号端子要与设备 P2 的 1 号端子相连，标注方法如图 4-19 所示。

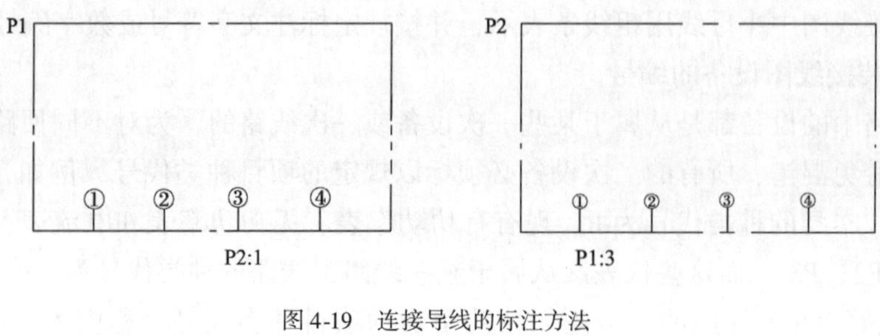

图 4-19　连接导线的标注方法

5. 二次回路图的阅读方法

在绘制二次回路图时遵循一定的规律。看图时首先应清楚电路图的工作原理、功能以及图纸上所标符号代表的设备名称，然后看图纸。

（1）看图的基本要领。

①先看交流，后看直流。

②交流看电源，直流找线圈。

③查找继电器的线圈和相应触点，分析其逻辑关系。

④先上后下，先左后右，针对端子排图和屏后安装图看图。

（2）阅读展开接线图的基本要领。

①直流母线或交流电压母线用粗线条表示，以区别于其他回路的联络线。

②继电器和每一个小的逻辑回路的作用都在展开接线图的右侧注明。

③展开接线图中各元件用国家统一的标准图形符号和文字符号表示，继电器和各种电气元件的文字符号应与相应原理接线图中的方案符号一致。

④继电器的触点和电气元件之间的连接线段都有数字编号（回路编号），便于了解该回路的用途和性质，以及根据标号能进行正确的连接，以便安装、施工、运行和检修。

⑤同一个继电器的文字符号与其本身触点的文字符号相同。

⑥各种小母线和辅助小母线都有标号，便于了解该回路的性质。

⑦对于展开接线图中的个别继电器，或该继电器的触点在另一张图中有表示，或在其他安装单位中有表示，都应在图上说明去向，并用虚线将其框起来，对任何引进触点或回路也要说明来处。

⑧直流正极按奇数顺序标号，负极回路按偶数顺序标号。回路经过元件，其标号也随之改变。

⑨常用的回路都是固定标号，如断路器的跳闸回路是33等，合闸回路是3等。

⑩交流回路的标号除用三位数外，前面加注文字符号，交流电流回路使用的数字范围是400～599，电压回路为600～799；其中个位数字表示不同的回路；十位数字表示互感器的组数。回路使用的标号组，要与互感器文字符号前的“数字序号”相对应。

测一测

1. 对一次设备的工作状态进行监视、测量、控制和保护的辅助电气设备称为（　　）。

2. 二次回路的接线图按用途可分为（　　）、（　　）和（　　）三种形式。

3. 看图的基本要领：先（　　），后（　　）；交流看（　　），直流看（　　）。

实践训练

请完成实训5“定时限过电流保护试验”和实训6“反时限过电流保护试验”。

单元 4.4 变电所的控制回路、信号回路

一 控制回路、信号回路概述

1. 控制回路

变电所在运行时，由于负荷的变化或系统运行方式的改变，经常需要操作切换断路器和隔离开关等设备。断路器的操作是通过它的操作机构来完成的，而控制回路就是用来控制操作机构动作的电气回路。

控制回路按照控制地点的不同，可分为就地控制回路及控制室集中控制回路两种类型。车间变电所和容量较小的总降压变电所的 6 ~ 10kV 断路器的操作，一般多在配电装置旁手动进行，也就是就地控制。总降压变电所的主变压器和电压在 35kV 以上的进出线断路器以及出线回路较多的 6 ~ 10kV 断路器，采用就地控制很不安全，容易引起误操作，故可采用控制室集中控制。

按照对控制回路监控方式的不同，有灯光监控控制回路及音响监控控制回路之分。由控制室集中控制及就地控制的断路器，一般多采用灯光监控控制回路，只在重要情况下才采用音响监控控制回路。

控制回路应满足以下基本要求：

（1）由于断路器操作机构的合闸与跳闸线圈都是按短时通过电流进行设计的，因此控制回路在操作过程中只允许短时通电，操作停止后即自动断电。

（2）能够准确指示断路器的分、合闸位置。

（3）断路器不仅能用控制开关及控制回路进行跳闸及合闸操作，而且能由继电器保护及自动装置实现跳闸及合闸操作。

（4）能够对控制电源及控制回路进行实时监控。

（5）断路器操作机构的控制回路要有机械“防跳”装置或电气“防跳”措施。

2. 信号回路

在变电所运行的各种电气设备，随时都可能处于不正常的工作状态。在变电所装设的中央信号装置，主要用来示警和显示电气设备的工作状态，以便运行人员及时了解，采取相应措施。

中央信号装置按形式分为灯光信号和音响信号。灯光信号表明不正常工作状态的性质地点，而音响信号在于引起运行人员的注意。灯光信号通过装设在各控制屏上的信号灯和光字牌来表明各种电气设备的情况；音响信号则通过蜂鸣器和警铃的声响来实现，设置在控制室内。由全所共用的音响信号，称为中央音响信号装置。

中央信号装置按用途分为事故信号、预告信号和位置信号。

事故信号是供电系统在运行中发生了某种故障而发出的继电保护动作。如高压断路器因线路发生短路而自动跳闸后给出的信号即为事故信号。

预告信号表示供电系统在运行中发生了某种异常情况，但并不要求系统中断运行，只

要求给出指示信号，通知值班人员及时处理即可。如变压器保护装置发出的变压器过负荷信号即为预告信号。

位置信号用以指示电气设备的工作状态，如断路器的合闸指示灯、跳闸指示灯均为位置信号。

二　高压断路器的控制回路、信号回路

表4-2所示为LW2-Z型控制开关触点表的示例，它有六种操作位置。图4-20所示为常用的断路器的控制回路和信号回路，其动作原理如下。

LW2-Z型控制开关触点表　　表4-2

在“跳闸后”位置的手柄（正面）的样式和触点盒（背面）接线图			1 2 4 3		5 6 8 7		9 10 12 11			13 14 16 15			17 18 20 19			21 22 24 23		
手柄和触点盒形式		F_8	1a		4		6a			40			20			20		
触点号		—	1－3	2－4	5－8	6－7	9－10	9－12	10－11	13－14	14－15	13－16	17－19	17－18	18－20	21－23	21－22	22－24
位置	跳闸后		—	×	—	—	—	—	×	—	×	—	—	—	×	—	—	×
	预备合闸		×	—	—	—	×	—	—	×	—	—	—	×	—	—	×	—
	合闸		—	—	×	—	—	×	—	—	—	×	×	—	—	×	—	—
	合闸后		×	—	—	—	×	—	—	—	—	×	×	—	—	×	—	—
	预备跳闸		—	×	—	—	—	—	×	×	—	—	—	×	—	—	×	—
	跳闸		—	—	—	×	—	—	×	—	×	—	—	—	×	—	—	×

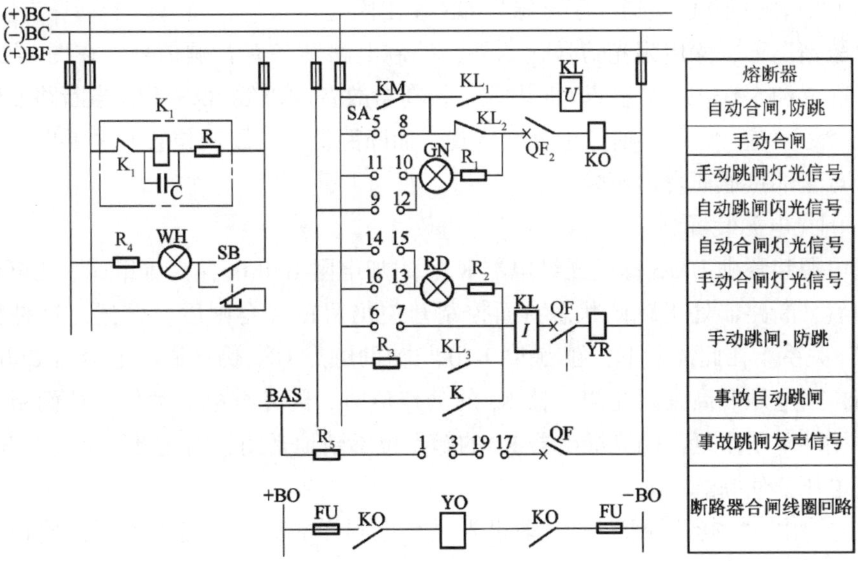

图4-20　断路器的控制回路和信号回路

（1）手动合闸。

合闸前，断路器处于“跳闸后”的位置，断路器的辅助触点 QF_2 闭合。由表4-2的控制

开关触点表知触点 SA10-11 闭合，绿灯 GN 回路接通发亮。但由于限流电阻 R_1 限流，不足以使合闸接触器 KO 动作，绿灯亮表示断路器处于跳闸位置，而且控制电源和合闸回路完好。

当控制开关扳到“预备合闸”位置时，触点 SA9-10 闭合，绿灯 GN 改接在 BF 母线上，发出绿闪光，说明情况正常，可以合闸。当开关再旋至“合闸”位置时，触点 SA5-8 接通，合闸接触器 KO 动作使合闸线圈 YO 通电，断路器合闸。合闸完成后，辅助触点 QF_2 断开，切断合闸电源，同时辅助触点 QF_1 闭合。

当操作人员将手柄放开后，在弹簧的作用下，开关回到“合闸后”位置，触点 SA13-16 闭合，红灯 RD 电路接通。红灯亮表示断路器外在合闸状态。

（2）自动合闸。

当控制开关处于“跳闸后”位置时，若自动装置的中间继电器触点 KM 闭合，将使合闸接触器 KO 动作合闸。自动合闸后，信号回路控制开关中触点 SA14-15、红灯 RD、辅助触点 QF_1 与闪光母线接通，红灯 RD 发出红色闪光，表示断路器是自动合闸的，只有当运行人员将控制开关扳到“合闸后”位置，红灯 RD 才发出平光。

（3）手动跳闸。

首先将控制开关扳到“预备跳闸”位置，触点 SA13-14 接通，红灯 RD 发出闪光。再将控制开关扳到“跳闸”位置，触点 SA6-7 接通，使断路器跳闸。松手后，控制开关又自动弹回到“跳闸后”位置。跳闸完成后，辅助触点 QF_1 断开，红灯 RD 熄灭，辅助触点 QF_2 闭合，通过触点 SA10-11 使绿灯 GN 发出闪光。

（4）自动跳闸。

如果由于故障，继电保护装置动作，使触点 K 闭合，引起断路器合闸。由于“合闸后”位置触点 SA9-10 已接通，于是绿灯 GN 发出闪光。

在事故情况下，除用闪光信号显示外，控制电路还备有音响信号。在图 4-20 中，开关触点 SA1-3 和 SA19-17 与触点 QF 串联，接在事故音响母线 BAS 上，当断路器因事故跳闸而出现“不对应”（即手柄处于合闸位置，而断路器处于跳闸位置）关系时，音响信号回路的触点全部接通而发出声响。

（5）闪光电源装置。

闪光电源装置由 DX-3 型闪光继电器 K_1、附加电阻 R 和电容 C 等组成。当断路器发生事故跳闸后，断路器处于跳闸状态，而控制开关仍留在“合闸后”位置，这种情况称为“不对应”关系。在此情况下，触点 SA9-10 与辅助触点 QF_2 仍接通，电容器 C 开始充电，电压升高，当电压升高到闪光继电器 K_1 的动作值时，闪光继电器动作，从而断开通电回路，上述循环不断重复，闪光继电器 K_1 的触点也不断地开闭，闪光母线（+）BF 上便出现断续正电压，使绿灯闪光。

“预备合闸”“预备跳闸”和自动投入时，也同样能启动闪光继电器，使相应的指示灯发出闪光。

SB 为试验按钮，按下时白信号灯 WH 亮，表示本装置电源正常。

（6）防跳装置。

断路器的所谓“跳跃”，是指运行人员在系统发生故障时手动合闸断路器，断路器又被继电保护动作跳闸，又由于控制开关位于“合闸”位置，则会引起断路器重新合闸。为了防止这一现象，断路器控制回路设有防止跳跃的电气联锁装置。

图4-20中KL为防跳闭锁继电器，它具有电流和电压两个线圈，电流线圈接在跳闸线圈YR之前，电压线圈则经过其本身的常开触点KL_1与合闸接触器KO并联。当继电器保护装置动作，即触点K闭合使断路器跳闸线圈YR接通时，同时也接通了防跳闭锁继电器KL的电流线圈并使之启动，于是，防跳闭锁继电器的常闭触点KL_2断开，将KO回路断开，避免了断路器再次合闸，同时常开触点KL_1闭合，通过触点SA5-8或自动装置触点KM使防跳水闭锁继电器KL的电压线圈接通并自锁，从而防止了断路器的“跳跃”。触点KL_3与继电器触点K并联，用来保护后者，使其不致断开超过其触点容量的跳闸线圈电流。

三　隔离开关的控制回路、信号回路

电动操作的隔离开关的控制回路、信号回路原理图如图4-21所示。

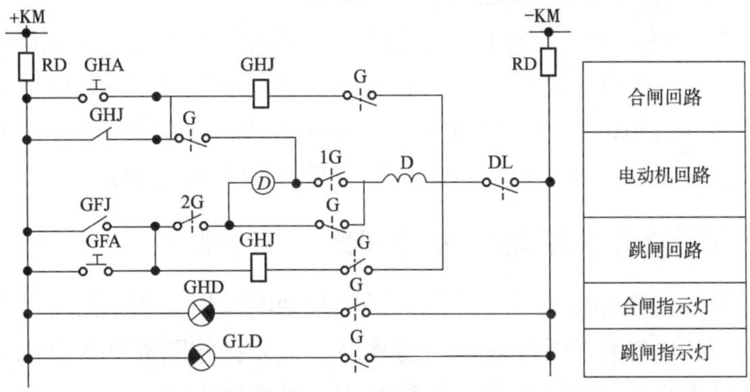

图4-21　电动隔离开关的控制回路、信号回路原理图

1. 回路的特点

(1) 电动操作机构由直流串激电动机D带动储能弹簧装置，靠弹簧回弹过程中释放的能量驱动隔离开关合、分闸。

(2) 合、分闸操作电动机的转向相反，由隔离开关的联动辅助正、反接（触点）来改变电动机转子绕组的受电极性和电动机的转向。

(3) 合、分闸的控制操作由合闸按钮GHA或分闸按钮GFA使相应的合闸继电器GHJ或分闸继电器GFJ受电动作并保持，以实现对直流串激电动机的供电。

(4) 合、分闸操作过程完成后，依靠隔离开关的联动辅助触点G的转换，自动切断电动机受电回路。

(5) 隔离开关与断路器的状态的联锁，由断路器的位置联动辅助反连接DL串接入隔离开关的控制电路中构成。断路器处于分闸状态时，该联动辅助反触点DL闭合，这时允许对隔离开关进行合、分闸操作。若断路器处于合闸状态，则由于该联动辅助反触点开断，隔离开关的控制电路闭锁。

(6) 隔离开关的合、分闸状态，分别由红、绿色两只信号灯GHD、GLD显示。信号灯的受电回路由隔离开关位置联动辅助正反触点G的相应闭合来接通。

2. 隔离开关的操作控制过程

（1）当合闸操作时，隔离开关处在分闸状态，按动合闸按钮 GHA，若断路器处于分闸状态，则 + KM 经 GHA、GHJ 线圈、G 辅助反触点和 DL 辅助反触点至 – KM 电路接通。

故隔离开关的合闸继电器 GHJ 受电动作，其正触点闭合，将合闸按钮 GHA 的触点旁路接通，并实现本身的自保持动作。此后即使 GHA 触点返回，仍将有 + KM 经 GHJ 触点、G 辅助反触点、电动机 D 转子绕组、G 辅助反触点、电动机 D 激励绕组、DL 辅助反触点至 – KM 电路保持接通。

这时直流串流电动机受电旋转，首先牵引弹簧储能，然后引导储能弹簧释放能量推动隔离开关动作合闸。当合闸操作完成后，其联动辅助反触点由原闭合转换为开断，其联动辅助正触点由开断转换为闭合。这时操作直流电动机的受电通路被上述联动反触点 G 的开断影响而自动断路失电。同时由于上述联动正触点 G 闭合，将合闸位置信号灯 GHD 的电源回路接通而发光，显示隔离开关运行于合闸状态。

（2）分闸操作时的电路工作过程与上述类似。但应注意的是，分闸时隔离开关的两对联动分闸触点 1G、2G 闭合，使直流串激电动机受电回路接通，而其励磁绕组的受电极性未变，仅电动机转子绕组的受电极性改变，故该电动机转动方向与合闸时相反，分闸动作过程完成后，操作电动机自动断电，分闸位置信号灯 GLD 受电显示。

四 断路器与隔离开关联动的控制回路、信号回路

通常还可以采取使断路器与相应的隔离开关联动的操作控制，这时两者的控制电路应能保证自动实现正确的操作顺序，即合闸操作时，应先操作隔离开关合闸，然后操作断路器的合闸；而分闸操作时，应先操作断路器分闸，然后操作隔离开关分闸。这种联动操作控制的电路原理如图 4-22 所示。

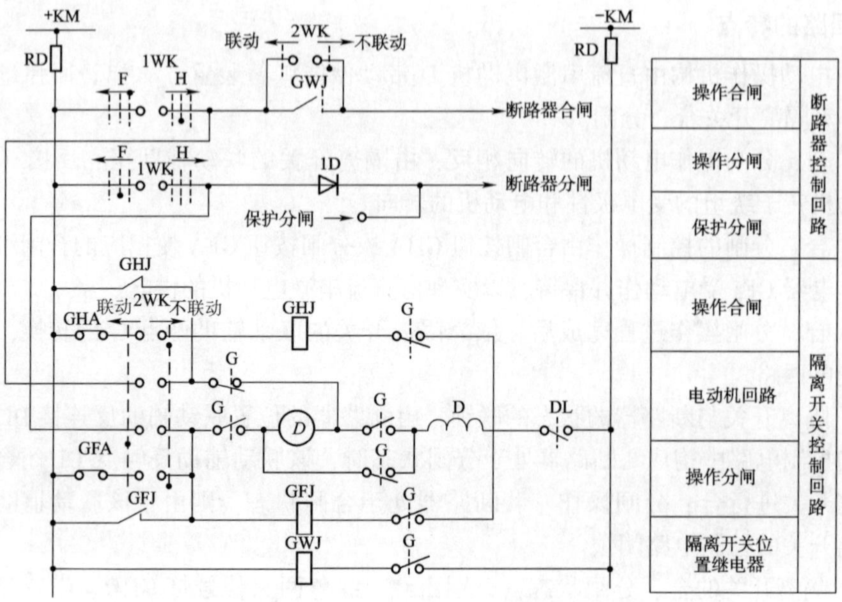

图 4-22　断路器与隔离开关的联动操作控制电路原理图

图 4-22 中，1WK 为合、分闸控制开关，2WK 为实现联动操作控制或分别操作控制的转换开关。由图可见，当联动操作控制合闸时，因为在断路器合闸回路中串入了隔离开关位置继电器 GWJ 的正触点，所以只有在隔离开关合闸完毕，GWJ 受电动作其正触点闭合后，才能连通断路器的合闸回路。这就满足了先合隔离开关，再闭合断路器的合闸程序要求，当联动操作分闸时，由于断路器的分闸动作时限较隔离开关电动分闸过程时限短，故无须采取附加措施就能满足分闸操作程序的要求。

应该指出，因系统故障，保护动作导致断路器分闸时，不应使联动隔离开关随之分闸。为此，在操作分闸与保护分闸电路间串以二极管 1D 加以隔离，故当保护动作使断路器分闸时，不会引起隔离开关相继分闸。

测一测

1. 控制回路按照控制地点的不同，可分为（　　　）及（　　　）两种类型。

2. 断路器操作机构的控制回路要有（　　　）装置或（　　　）措施。

3. （　　　）主要来示警和显示电气设备的工作状态，以便运行人员及时了解，采取相应措施。

复习与思考

1. 什么是变电所的电气主接线？对电气主接线有哪些基本要求？

2. 电气主接线有哪些基本类型？各有什么特点？(可列表比较)

3. 试画出城市轨道交通主变电所、直流牵引变电所和降压变电所的主接线示意图，并说明其原理。

4. 什么是变电所的二次回路？

5. 二次回路图有哪些类型？如何识图？

6. 试述变电所内灯光监控的断路器与隔离开关控制信号回路的动作过程。

模块5

接 触 网

问题导入

如果把牵引变电所比作城市轨道交通供电系统的心脏，接触网则是供电系统的血脉。和电力系统的输电线一样，接触网本质上也是一种输电线路，它通过接触线将电能输送给城市轨道交通电动车组。因为电动车组是一类特殊的电能用户，所以，接触网又有着远比电力线复杂的结构和更高的技术要求。接触网质量将直接影响行车安全和运输经济效益。做好接触网的维修是确保接触网质量的重要手段。那么城市轨道交通接触网有着哪些区别于电力线的特点？它有哪些类型？典型接触网的结构是怎样的？接触网的运行管理和检修又有哪些规程和制度呢？本模块将回答这些问题。

学习要点

1. 接触网的作用、特点及类型；
2. 柔性架空接触网的组成及各组成部分的作用；
3. 刚性架空接触网的组成及各组成部分的作用；
4. 第三轨式接触网的结构、组成及技术、应用特点；
5. 接触网的供电方式；
6. 接触网的运行管理和检修规程、制度。

技能目标

1. 能区分各种类型的接触网，了解其特点；
2. 能对柔性架空接触网的各组成部分进行装配；
3. 能区分第三轨式接触网和走行轨，并指出两者的特点；
4. 能熟记接触网的检修规程和制度。

建议学时

6 学时。

微课堂

接触网交叉线岔测量	接触网红外测温仪	接触轨	电气检修标准化作业流程	接触网停电与带电检修作业

单元 5. 1 接触网概述

一 接触网的作用及特点

接触网是电力牵引系统的重要组成部分，架设在轨道的上方（或边上），是一种特殊的输电线。机车通过受电弓（或集电靴）从接触网中得到电能。所以，接触网受流质量，对机车运行起着重要的作用。

接触网具有如下特点。

1. 没有备用

牵引负荷是重要的一级负荷，向牵引变电所供电的电源线均设置两个回路，牵引变电所内主变压器及其他重要设备也在设计中考虑了备用措施，一旦主电源、主要设备发生故障，备用电源、备用设备可及时（自动）投入运行，以保证对接触网的不间断供电。接触网由于与电动车组在空间上的关系，和轨道一样无法设置备用措施。因此，一旦接触网发生故障，整个供电区间即全部停电，在其间运行的电动车组失去电能供应，列车停运。

2. 经常处在动态运行中

与一般的电力线路只在两点间固定传输电能不同，在接触网下沿线有许多电动车组高速运动取流。电动车组受电弓（或集电靴）以一定的压力和速度与接触网接触摩擦运行，通过接触网的电流很大，运行中不可避免地会产生受电弓离线而引起电弧，再加上在露天区段还要承受风、雾、雨、雪及大气污染的作用，使接触网昼夜不停地处在振动、摩擦、污染、伸缩的状态之中。这些因素对接触网产生恶劣影响，使其发生故障的可能性较一般电力线路要大得多。

3. 结构复杂，技术要求高

接触网的环境和运行特点决定了接触网的结构与一般电力线路有很大的不同。为了保证电动车组安全、可靠、质量良好地从接触网取流，接触网的结构设计得比较复杂，技术要求也较高，如对接触网导线的高度、拉力值，定位器的坡度，接触网的弹性、均匀度等都有定量的要求。

二 对接触网的基本要求

接触网的工作状态主要是指接触线和电动车组受电弓（或集电靴）滑板的接触和导电情况。从电路要求上，为保证良好的导电状况，滑板与接触线的接触应保持一定的接触压力。当电动车组静止时，接触压力可以保持不变。当电动车组运行时，滑板跟着运动，与接触网形成滑动摩擦接触。这时，只有继续保持一定的接触压力，不间断地向电动车组供电，接触网才能处于良好的工作状态。

实际上，上述要求是不容易做到的。由于电动车组的振动和接触线高度变化等因素，滑板和接触线间的压力变化往往很大，有时甚至产生脱离现象，致使滑板和接触线之间的脱离处发生电弧。当接触线本身不平直而出现小弯或是悬挂零件不符合要求超出接触面时，滑板滑到此处将发生严重碰撞或电弧，这是很不利的，这种情况称为接触线有硬点。因为碰撞和电弧会造成接触网和受电弓的机械损伤和烧伤，严重者将造成断线事故，而且取流不良会对电动车组上的电机和电器产生不利影响，所以应该尽量避免。因此，为了尽量保证对电动车组良好的供电，对接触网有一些基本的要求。

（1）接触网悬挂应弹性均匀、高度一致，在高速行车和恶劣的气象条件下，能保证正常取流。当接触线本身不平直或者在接触线的某一位置存在着较大的集中负载，接触线将出现硬点，影响接触网受流质量。而当接触线距离轨面的高度不一致时，将会产生离线、起弧等不正常情况。

（2）接触网结构及零部件应力求简单、轻巧、可靠，做到标准化且能互换，以保证在施工和运营检修方面具有充分的可靠性和灵活性，缩短施工及运行维护时间。

（3）接触网的寿命应尽量长，具有足够的耐磨性和抗腐蚀能力。

（4）接触网的建设应注意节约有色金属及其他贵重材料，以降低成本。

（5）接触网应对地绝缘好，安全可靠。

三 接触网的分类

接触网分为架空接触网和接触轨式接触网。架空接触网用于城市地面或地下、铁路干线、工矿的电力牵引线路。接触轨式接触网一般仅用于净空受限的地下电力牵引。在我国城市轨道交通系统中，架空和接触轨式的接触网均有采用。

架空接触网的悬挂类型大致分为两种：柔性架空接触网和刚性架空接触网。其中，柔性架空接触网又分为简单悬挂和链形悬挂两种类型。不同类型接触网的接触线的粗细、条数、张力都是不一样的。架空线的悬挂方式，要根据架线区的列车速度、电流容量等输送条件以及架设环境来决定。

接触轨式接触网是沿轨道线路敷设的附加接触轨，从电动客车转向架伸出的集电靴通过与第三轨滑动接触而获得电能。接触轨分为三种方式，即上接触式、下接触式和侧接触式。

一般，牵引网电压等级较高时，为了保证安全和一定的绝缘距离，宜采用架空接触网。在净空受限的线路和电压等级较低时多采用接触轨式接触网。

四 接触网与受电弓的关系

接触网与受电弓是一个不可分割的整体。接触线与受电弓的相互作用决定了供电可靠性和供电质量。在城市轨道交通列车运行时，总希望受电弓与接触线能够始终保持亲密接触。从原理上来说，最好的弓网关系莫过于让电流从接触网可靠稳定地传到受电弓上。

受电弓是靠一定的抬升力使碳滑板与接触线保持接触的。当受电弓与接触网相对不动时，两者间的接触力表现为受电弓对接触网的静态抬升力，方向垂直向上，称为静态接触压力；当两者相对运动时，水平方向出现摩擦力，垂直方向除受电弓的静态抬升力外，还有空气对受电弓碳滑板产生的空气动力，以及受电弓弓头上下振动引起的惯性力，称为动态接触压力。

静态接触压力的大小可在列车上检测。通常情况下，城市轨道交通系统 DC1.5kV 接触网采用 70～110N 的静态压力。且为获得最稳定的工作条件，在受电弓上下运动的整个工作范围内静态接触压力应均等。

动态接触压力随列车运行速度升高而增大。在列车运行时，接触线在受电弓动态接触压力的作用下发生上下振动，振动波向前传播，这就给受电弓和接触线保持良好的接触带来了困难。受电弓前进的速度和接触线波动的传播速度越接近，受电弓和接触线就越容易失去接触。受电弓与接触线脱离失去接触的现象称作“离线”。离线时产生的电弧会加快受电弓滑板和接触线的磨耗，引起电磁干扰，同时还伴随着噪声污染。一般用“离线率”来评价列车受流质量的好坏。离线率用离线时间占列车区间运行时间的百分比来表示。

如何才能降低离线率呢？在接触悬挂方式已定的情况下，要从接触线和受电弓两方面进行努力。

从接触线的角度看，接触线的波动传播速度和列车速度越接近就越容易发生离线。因此，我们可以提高接触线的波动传播速度，尽量让它远远地“躲开”列车速度，就可以大幅度降低离线率了。波动传播速度要“躲”得多远才好呢？经验表明，列车速度与波动传播速度的比值在 0.6～0.7 之间，就可以保证良好的受流质量。因此，在保障良好受流的前提下要提高列车速度，采取提高波动传播速度是一种有力手段，其措施有两个：一是增大接触线的张力；二是降低单位长度的接触线质量，也就是接触线最好采用轻质材料。

从受电弓的角度看，增大受电弓与接触线的接触压力，以及减轻受电弓质量也可以提高受流质量。但增大受电弓的接触压力有一定的限度，增大接触压力虽然可以让受电弓更好地密贴接触线，但同时也加快受电弓滑板和接触线的磨耗，容易增加接触线金属疲劳，缩短其寿命。因此，受电弓接触压力需要综合考虑，合理选取，才能得到最佳效果。

测一测

1.（　　）是电力牵引系统的重要组成部分，架设在轨道的上方（或边上），是一种特殊的输电线。

2. 接触网具有（　　），经常处于动态中，结构复杂等特点。

3. 接触网分为（　　）和（　　）。

单元 5.2 架空接触网

一 概述

架空接触网是将接触导线架设于车体上方的一种接触网，电力机车通过受电弓从架空接触网取得电流。架空接触网可用于铁路干线、城市轨道交通以及工矿电力机车牵引线路。

1. 架空接触网的供电制式

我国城市轨道交通的架空接触网有以下两种供电制式：直流1500V和直流750V。

2. 架空接触网的类型

图5-1　柔性架空接触网

（1）柔性架空接触网。

柔性架空接触网由带张力的柔性金属导线组成，在运行过程中，受电弓与接触线保持可靠的弓网压力，并进行取流，如图5-1所示。其主要特点是以线索形式存在，隧道净空要求较大，运营维护的工作量也较大，但能够满足较高的运速要求。

（2）刚性架空接触网。

刚性架空接触网也称刚体接触悬挂或刚性悬挂，是相对传统的柔性架空接触网而言，为了更有效地利用地下隧道的净空而开发的一种全新形式的接触网。如图5-2所示，它将传统的接触线夹装在汇流排中，用汇流排取代了承力索，并靠自身的刚性保持接触线的固定位置，使接触线不因重力而产生较大弛度。刚性架空接触网节省隧道净空，可靠性高，耐磨性好，接触网零件简单，维修成本大大降低。

图5-2　刚性架空接触网

刚性架空接触网从20世纪90年代起得到较快发展。

二　柔性架空接触网

柔性架空接触网由支柱与基础、支持定位装置、接触线、承力索、吊弦、补偿装置、接触悬挂、锚段、线岔、电连接、分段绝缘器等组成。

1. 支柱与基础

支柱与基础用以承受接触悬挂、支持定位装置的全部负荷，并将接触悬挂固定在规定的位置和高度上。

（1）支柱。

我国接触网的支柱主要采用钢筋混凝土支柱和钢柱。

钢筋混凝土支柱在现场又称水泥支柱，其优点是减少了金属材料的使用量，成本较低，使用寿命长，使用中维修频率低；其缺点是比较笨重，且经不起碰撞。因此，在运输装卸和安装工程施工中应小心谨慎。钢筋混凝土支柱从外观形态上可分为矩形横腹杆式、等径圆支柱两种。矩形横腹杆式截面为“工”字形，采用带腹孔的横腹结构，如图 5-3a）所示。这种结构便于维修人员上下，利于维修和检查。等径圆支柱是一种上下直径相等的圆支柱，其表面平滑，里面的钢筋是按整个圆周均匀分布的，安装时不受方向性限制，且受力均匀，运输方便，损耗率低；但不利于维修。

在接触网工程中，特别是在较大站场上，钢柱［图 5-3b)］被大量利用。钢柱是用角钢焊成的桁架结构，具有质量轻、强度高、抗碰撞、安装和运输方便等优点，但存在用钢量大、造价高、耐腐蚀性差，需定期进行防锈、涂漆防腐，维修不便等缺点。

钢柱又有普通桁架结构式钢柱、整体型材“H”形钢柱、圆形钢柱。

（2）基础。

基础承受支柱传递的力矩并传给土体，是起支持作用的。对于钢筋混凝土支柱，它的地下部分代替了基础的作用，钢柱的基础由混凝土浇筑预制而成，并预留钢柱安装的地脚螺栓的位置。隧道内的支承部件由埋入杆件和倒立柱等组成，如图 5-4 所示。

2. 支持定位装置

支持定位装置是用来支持接触悬挂，对接触线进行水平定位，保证接触悬挂高度并将悬挂的负荷传递给支柱的装置。支持定位装置又可分为支持装置和定位装置。支持装置可分为隧道内的支持装置、腕臂、软横跨、硬横跨（梁）。

（1）隧道内的支持装置。

为了减小隧道的净空，在隧道内采用一些特殊的支持定位装置。图 5-5 和图 5-6 所示分别为两种常用的隧道内结构——“人”字形支持装置和“T”字形支持装置。

a)　　b)

图 5-3　支柱

a）钢筋混凝土支柱；b）钢柱

图 5-4　钢柱的基础

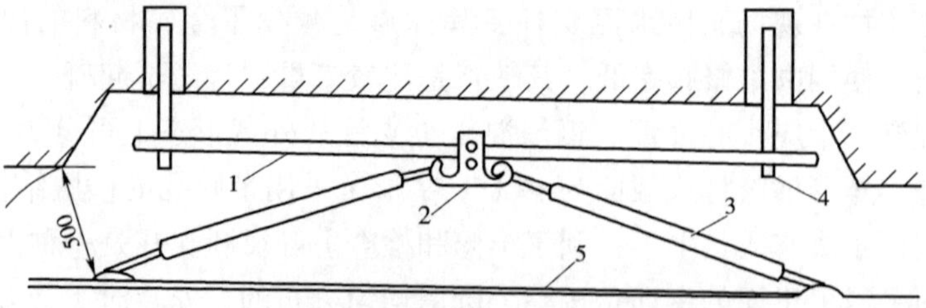

图 5-5　隧道内“人”字形支持装置（尺寸单位：cm）

1-加长滑动管；2-滑动环；3-环氧树脂绝缘子；4-“人”字形悬挂埋入杆；5-接触线

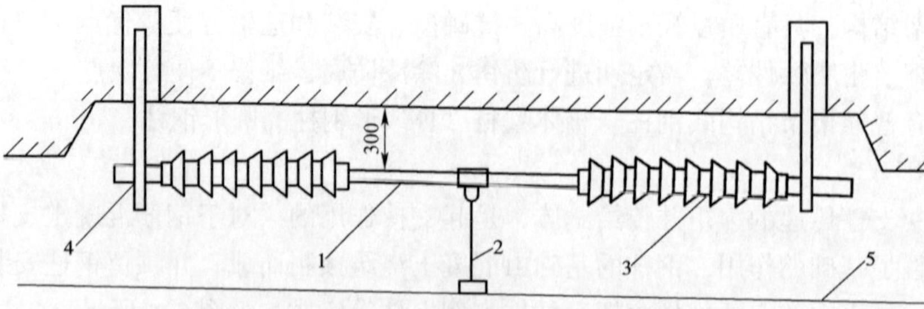

图 5-6　隧道内“T”字形支持装置（尺寸单位：cm）

1-滑动管；2-吊弦；3-棒式绝缘子；4-简单悬挂埋入杆；5-接触线

目前在上海地铁的隧道内还采用了一种性能优越的支持定位装置，称为弹性支架，其结构如图 5-7 所示。

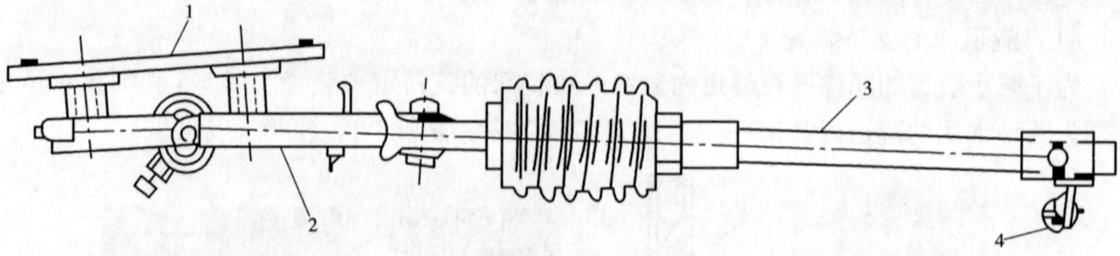

图 5-7　弹性支架结构图

1-底板；2-橡皮扭转部件；3-支架臂；4-转体夹钳

底板固定在隧道顶部，橡皮扭转部件悬挂有水平枢轴的支架臂。支架臂端有接触线夹子（转体夹钳）用来夹紧接触线。这种结构的接触线可以做垂直和水平双向运动。它具有高度的柔韧性，具有更好的弹性性能。经验表明，弹性支架可以减小接触线的磨耗，延长接触线的使用寿命。

（2）腕臂。

在地面段及空间较大时，区间接触网的支持装置通常采用腕臂。

腕臂如同一个伸出的手臂，将接触网悬挂到一根支柱上。每一根腕臂都是由伸梁（腕臂）和拉杆（或斜撑）组成，腕臂支持的具体结构多种多样。腕臂按结构分为水平腕臂、反腕臂和斜腕臂，如图 5-8 所示。其中，水平腕臂的优点是结构简单，与其他腕臂相比，质量小，造价也低。其缺点是为了固定拉杆需要较高的支柱。

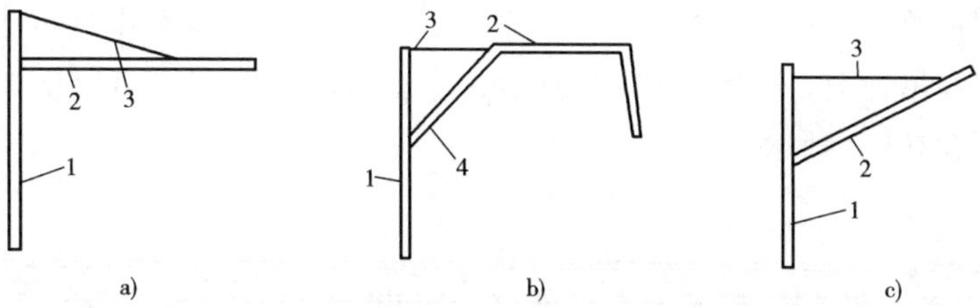

图 5-8 腕臂支持装置

a）水平腕臂；b）反腕臂；c）斜腕臂

1-支柱；2-腕臂；3-拉杆；4-斜撑

（3）软横跨。

在站场中，接触网不能采用单线路腕臂的架设方式，否则站场中支柱过多，会影响行车和车站工作人员信号瞭望；股道间距较小难以满足设立支柱要求，所以多采用软横跨或硬横跨形式。多股道接触悬挂通过横向线索悬挂在线路两侧的支柱上的装配方式称为软横跨。

软横跨由站场线路两侧支柱（称为软横跨支柱）和悬挂在支柱上的横承力索，上、下部固定绳，直吊弦及支持和连接它们的零件组成，如图 5-9 所示。

横承力索是软横跨的主要构件，承受各股道纵向接触悬挂的全部垂直负载，由于横承力索承重较大，因而选用 GJ-70 镀锌钢绞线，在股道数较多（大于五股道）或负载较大时，采用两根 GJ-70 镀锌钢绞线，称为双横承力索。为了减小横承力索的张力，降低对支柱容量的要求，横承力索一般有较大弛度。在横承力索下方布置有上、下部固定绳。上部固定绳的作用是固定各股道的纵向承力索，并将纵向承力索的水平负载（如风力、曲线力等）传递给支柱。下部固定绳的作用是固定定位器，以便使接触线按技术要求定位，并将接触线水平负载传递给支柱。由于上、下部固定绳只承受水平力，负载不大，故上、下部固定绳多用 GJ-50 镀锌钢绞线。

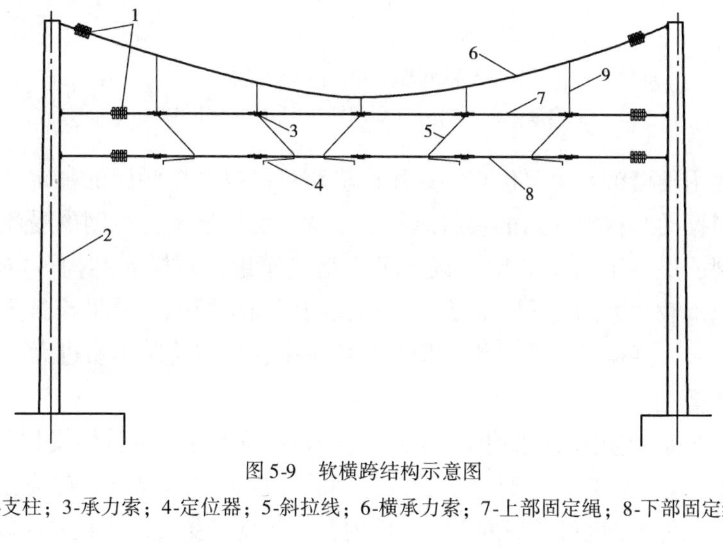

图 5-9 软横跨结构示意图

1-绝缘子；2-支柱；3-承力索；4-定位器；5-斜拉线；6-横承力索；7-上部固定绳；8-下部固定绳；9-直吊弦

（4）硬横跨（梁）。

接触悬挂通过金属桁架架设在线路两侧支柱顶上的装配方式称为硬横跨。硬横跨从结构上分为吊柱硬横跨和定位索硬横跨。吊柱硬横跨主要由硬横梁和吊柱组成，接触悬挂通过腕臂装置固定在吊柱上，如图5-10a）所示。定位索硬横跨主要由硬横梁和上、下部定位绳组成，如图5-10b）所示。

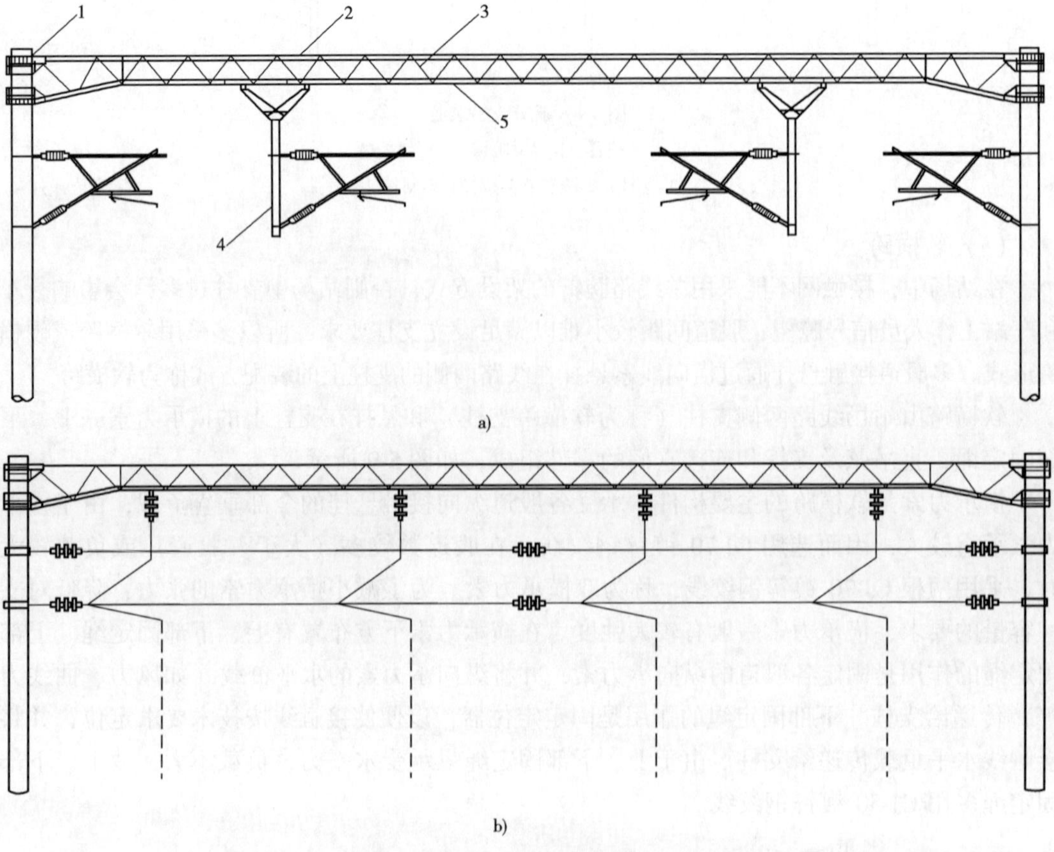

图5-10　硬横跨结构图

a）吊柱硬横跨；b）定位索硬横跨

1-抱箍；2-上弦杆；3-斜腹杆；4-吊柱；5-下弦杆

在站场中使用硬横跨的主要优点：采用硬横跨可以提高接触网的稳定性，减少列车高速通过时接触网振动对相邻线路的接触悬挂的干扰，可明显改善弓网的受流质量；硬横跨便于工厂化预制，提高了施工效率、减少了调整工作量；硬横跨结构可以降低对支柱高度、跨距和基础承载能力的要求；在大型客站采用硬横跨结构比软横跨整齐、美观。其主要缺点为投资较大、结构较笨重、钢结构防锈成本高，横向跨距不易过大。

（5）定位装置。

定位装置是支持结构中的主要组成部分，它是在定位点处实现接触线相对于线路中心进行横向定位的装置。也就是说，定位装置的作用就是根据技术要求，对接触线进行横向定位，保证接触线始终在受电弓滑板的工作范围内，保证良好受流；在直线区段，相对于线路中心把接触线拉成“之”字形状；在曲线区段，相对于受电弓中心行迹则拉成切线或割线，使受电弓滑板磨耗均匀；同时，定位装置要承担接触线水平负载，并将其传递给腕臂。

定位装置是由定位管、定位器、定位线夹及定位支架（定位环）组成的，如图5-11所示。定位器是定位装置中关键的部件，其作用是按设计标准拉出值的要求，通过定位线夹把接触线固定在一定位置，保证接触线工作面平行于轨面，并承受接触线的水平力。设置普通定位管的目的是使定位器在水平方向和坡度方向便于调节，使定位装置结构较灵活，增加定位点的弹性。

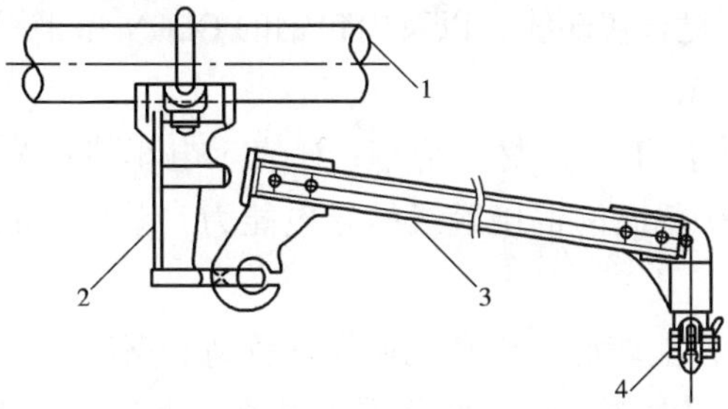

图5-11　定位装置结构图

1-定位管；2-定位支架（定位环）；3-定位器；4-定位线夹

根据支柱所在位置及受力情况不同，定位装置采用不同形式，一般有硬定位、软定位、反定位、双定位及特殊定位方式。

3. 接触线

接触线是接触网中直接和受电弓滑板摩擦接触取流的部分，电力机车从接触线上取得电能。接触线的材质、工艺及性能对接触网起着重要作用，要求它具有较小的电阻率、较强的导电能力；要有良好的抗磨损性能，具有较长的使用寿命；要有高强度的机械性，具有较强的抗张能力。

接触线制成侧面带沟槽的圆柱状，沟槽是为了便于安装紧固接触线的线夹，同时又不影响受电弓取流。接触线底面与受电弓接触的部分呈圆弧状，如图5-12所示。

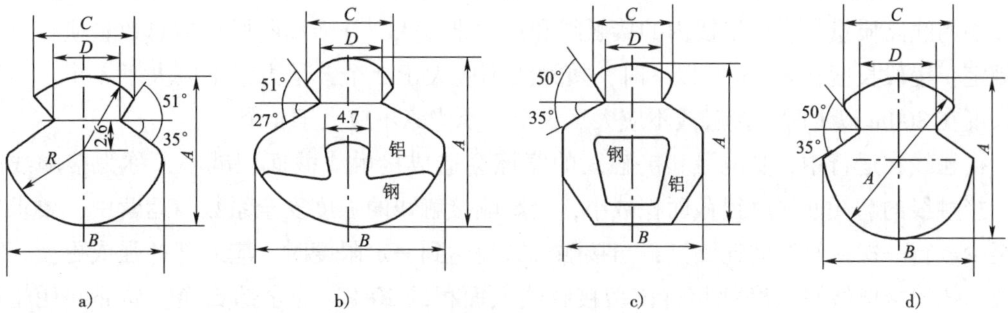

图5-12　常用接触线截面形状图（尺寸单位：mm）

a）TCG-100（85）型；b）GLCA型；c）GLCN型；d）TCW（CTHA、B）型

（1）接触线按照材质分类。

接触线按照材质主要分为铜接触线、钢铝接触线和铜合金接触线。

我国电气化铁路建设初期，采用的是铜接触线，主要型号为TCG-110型、TCG-100型和TCG-85型。

其中：T 表示材质为铜；C 表示电车线；G 表示沟槽型；数字部分表示接触线的截面积，单位为 mm^2。

TCG-110 型、TCG-100 型分别用于站场正线和区间，TCG-85 型主要用于站场侧线。其截面形状如图 5-12a）所示。

为了减少有色金属铜的使用量，20 世纪 70 年代我国研制了以铝代铜的 GLCA 100/215 型和 GLCB 80/173 型钢铝复合接触线，以及内包钢的 GLCN 型钢铝接触线。其截面形状如图 5-12b）和图 5-12c）所示。

其中：G 表示材质为钢；L 表示材质为铝；C 表示电车线；A 表示截面形状；N 表示内包；100 表示相当于 100 截面的铜接触线的导电能力，单位为 mm^2；215 表示导线的几何截面积，单位为 mm^2。

钢铝接触线是由导电性能较好的铝和机械强度较高的钢滚压冷轧而成，钢的部分用于保证应有的机械强度和耐磨性能，铝的部分用于导流。钢铝接触线具有很好的机械强度，不容易断线，安全性较高，并具有价格便宜、材料来源广泛的优点。缺点是其刚度和截面积较大，形成的硬弯和死弯不易整直，影响受流。另外，钢的部分耐腐蚀性能差，特别是在气候潮湿或酸雨地区，接触线与受电弓滑板接触的摩擦面易锈蚀，若有电弧烧伤，锈蚀速度更快，且会形成恶性循环。

随着电气化铁路的大幅度提速和高速电气化铁路的建设，20 世纪 90 年代以后，我国研制了 CTHA-110 型、CTHB-120 型银铜合金接触线（也称为 AgCu 110 、AgCu 120 ），MgCu-120 型镁铜合金接触线也有使用，其截面形状如图 5-12d）所示。铜合金接触线以其抗拉强度高、耐高温性能好的优点逐渐被人们认可，目前地铁中常采用截面积为 $120mm^2$ 的银铜合金电车线。

（2）接触线的磨耗和维修。

运行中的接触线可能因为磨耗、损伤和断线而使锚段中的接头数量增加，为了保证整个接触网线路质量，一个锚段内的接触线和承力索接头、补强和断股点的总数量应符合如下规定：锚段长度在 800m 及以下时，接触线不应大于 2 个，承力索不应大于 3 个；当锚段长度在 800m 以上时，接触线不应大于 3 个，承力索不应大于 4 个。

接触线在运行中，受电弓和接触线的摩擦会造成接触线截面积减小，称为接触线磨耗。接触线的磨耗使接触线截面积减小，会影响接触线的强度安全系数。运营中，要求每年至少进行一次接触线磨耗测量，当接触线磨耗达到一定限度时，应局部补强或更换。如发现全锚段接触线平均磨耗超过该型接触线截面积的 20%，应全部更换。局部磨耗超过 30% 时可进行补强。当局部磨耗达到 40% 时应切换做接头。

接触线磨耗测量一般一年一次，测量点通常选在定位点、电连接线、导线接头、中心锚结、电分相、电分段、锚段关节、跨距中间等处。测量磨耗要利用游标卡尺，测量磨耗后接触线的直径残存高度。

4. 承力索

承力索的作用是通过吊弦将接触线悬挂起来。要求承力索能够承受较大的张力和具有抗腐蚀能力，并且在温度变化时弛度变化较小。根据设计时承力索是否通过牵引电流，承力索可分为载流承力索和非载流承力索。根据材质，承力索一般可分为铜承力索、钢承力索、铝包钢承力索三类多种规格。

铜承力索导电性能好，可做牵引电流的通道之一，和接触线并联供电，降低压损和能耗，且抗腐蚀性能高。但铜承力索消耗铜多，造价高且机械强度低，不能承受较大的张力，温度变化时弛度变化也大。规格型号有 TJ-95 型、T-120 型等（TJ 表示承力索的材质为铜绞线，数字表示承力索的截面积）。

钢承力索用镀锌钢绞线制成，强度高、耐张力大，安装弛度小且弛度变化小，节省有色金属且造价又低。但电阻大，导电性能差，一般为非载流承力索。钢承力索不耐腐蚀，使用时还要采用防腐措施。常用规格型号有 GJ-100 型、GJ-80 型、G-70 型等。

铝包钢承力索是铝覆钢线和铝线绞合而成，主要以铝覆钢线中的钢芯部分承受张力，覆铝层和铝线载流，导电性能好，机械强度和抗腐蚀性能较好。铝包钢承力索一般用字母 GLZ 表示。

5. 吊弦

吊弦的作用是将接触线悬挂于承力索上形成柔性链形悬挂，使每个跨距中在不增加支柱的情况下，增加了对接触线的悬挂点，改善了接触线的弛度和弹性。另外，还可以通过调节它的长度来调整接触线的高度。

吊弦一般用青铜线制成环结以增加接触悬挂的弹性，如图 5-13 所示。链形悬挂中吊弦数量很多，其质量直接影响接触悬挂的工作状态。

弹性吊弦一般安装在支柱定位点处，如图 5-14 所示，它有利于消除定位点处接触线的硬点，改善定位处悬挂的弹性。

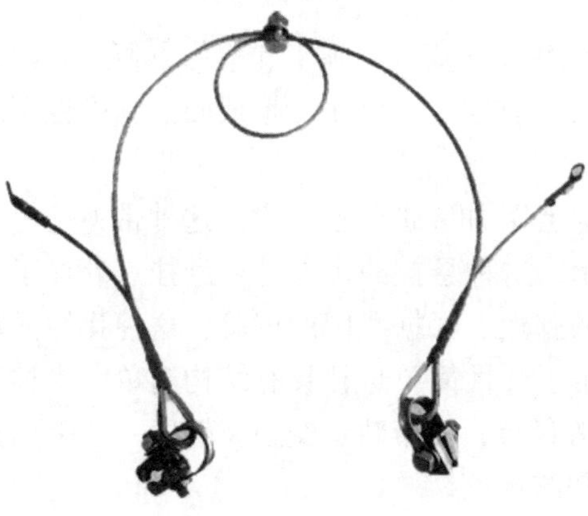

图 5-13 环结吊弦

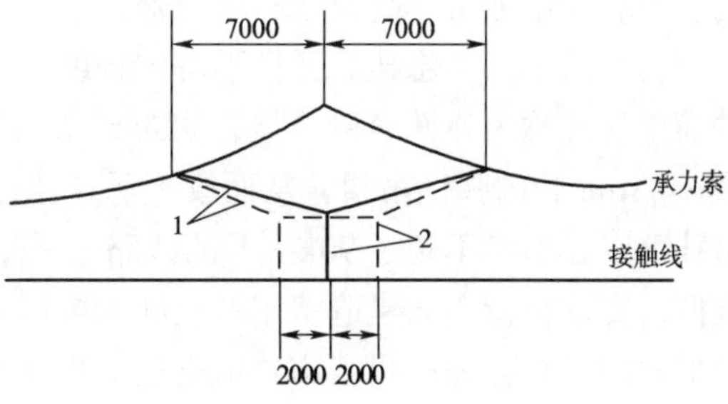

图 5-14 弹性吊弦（尺寸单位：mm）

1-辅助绳；2-普通吊弦；“Y”形（实线部分）用于正定位；“Π”形（虚线部分）用于反定位及软横跨

6. 补偿装置

接触网补偿装置，又称张力自动补偿器，它安装在锚段的两端，并且串接在接触线承力索内，它的作用是补偿线索内的张力变化，使张力保持恒定。

接触网补偿装置有许多种类，有滑轮式、棘轮式、鼓轮式、液压式及弹簧式等。常用的是带断线制动功能的棘轮补偿下锚装置。棘轮补偿装置的外形及结构如图 5-15 所示。

图 5-15　棘轮补偿装置

棘轮补偿装置的棘轮与其他工作轮共为一体，没有连接复杂的滑轮组，安装空间比铝合金滑轮补偿装置小很多，可以解决空间受限时的补偿问题。棘轮本体大轮直径为 566mm，小轮直径为 170mm，传动比为 1:30，补偿绳为柔性不锈钢丝绳。其主要优点是具有断线制动功能，正常工作状态下，棘齿与制动卡块之间有一定间隙，棘轮可以自由转动；当线索断裂后，棘轮和坠砣在重力作用下下落，棘齿卡在制动卡块上，从而可以有效地缩小事故范围、防止坠砣下落侵入限界。

7. 接触悬挂

接触悬挂是针对接触网的每个锚段而言的。所谓接触网的锚段，是指在一条接触线路上，将接触网分成若干个具有一定长度且相互独立的分段，以满足供电和机械方面的要求。接触悬挂根据结构的不同，分为以下两大类型。

（1）简单悬挂。

简单悬挂，是由一根或几根互相平行的、直接固定在支持装置上的接触线所组成的悬挂，如图 5-16a）所示。一般用于车速较低的线路上，如次等站线、库线和净空受限的人工建筑物内，以及城市电车和矿山运输线等，在城市轨道交通中主要用于车辆段，也有用于正线的情况，如上海城市轨道交通 1 号线。

简单悬挂结构简单，要求支柱高度较低，因此建设投资小，施工和检修方便。其缺点是导线的张力和弛度随气温的变化较大，接触线在悬挂点受力集中，形成硬点，弹性不均匀，不利于电力机车高速运行时取流。

为了减小简单悬挂的弹性不均匀程度，在悬挂点处加装带弹性吊索，这种带弹性吊索的简单悬挂称为弹性简单悬挂，如图 5-16b）所示。这种悬挂的优点是在悬挂点处加了一个 8 ~ 16m 长的弹性吊索，从而改善了悬挂点处的弹性。根据我国的试验，这种弹性简单悬挂可以在速度不超过 90km/h 的线路上采用。由于弹性简单悬挂具有结构简单、支柱高度低、支柱负荷小、建造费用低及施工维修方便等优点，城市轨道交通车辆段一般采用这种形式的悬挂，如广州城市轨道交通 1 号线车辆段接触网。

（2）链形悬挂。

链形悬挂是一种运行性能较好的悬挂形式。它的结构特点是接触线通过吊弦悬挂在承力索上，承力索通过钩头鞍子、承力索座或悬吊滑轮悬挂在支持装置的腕臂上，使接触线在不增加支柱的情况下增加悬挂点，通过调节吊弦长度使接触线在整个跨距中对轨面的高度基本保持一致。减小了接触线在跨中的驰度，改善了接触线弹性，增加了接触悬挂的重量，提高了稳定性。可满足高速运行时取流的要求。在城市轨道交通中，最常见的链形悬挂形式是简单链形悬挂，如图 5-17a）所示。

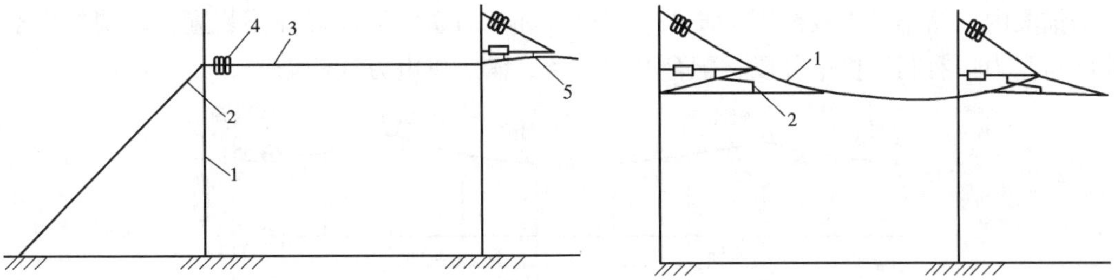

a) 1-支柱；2-拉线；3-接触线；4-绝缘子；5-腕臂

b) 1-弹性吊索；2-定位器

图 5-16　简单悬挂和弹性简单悬挂

a）简单悬挂；b）弹性简单悬挂

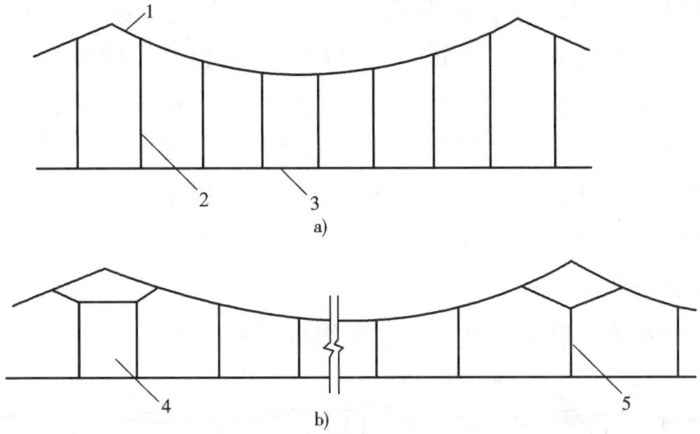

图 5-17　链形悬挂示意图

a）简单链形悬挂；b）弹性链形悬挂

1-承力索；2-吊弦；3-接触线；4-“H”形弹性吊弦；5-“Y”形弹性吊弦

接触悬挂线索在终端支柱上的固定方式称为下锚方式，主要有未补偿下锚（硬锚）和补偿下锚两种。

承力索和接触线两端无补偿装置，称为未补偿下锚（硬锚）。在大气温度变化时，因为承力索和接触线的热胀冷缩，承力索和接触线的张力、弛度变化较大，造成受流状态恶化，一般不采用。

全补偿弹性链形悬挂，即承力索和接触线两端下锚处均装设补偿装置，如图 5-18 所示。全补偿弹性链形悬挂在温度变化时由于补偿装置的作用，承力索和接触线的张力基本不发生变化，弹性比较均匀，承力索和接触线均产生同方向纵向位移，因而吊弦偏斜大大减小（接触线和承力索为相同材质时，偏斜更小，几乎可以忽略），有利于城市轨道交通列车高速取流。

8. 锚段

为满足供电和机械受力方面的需要，将接触网分成若干一定长度且相互独立的分段，这种独立的分段称为锚段。设立锚段可以限制事故范围。当发生断线或支柱折断等事故时，由于各锚段间在机械受力上是独立的，不影响其他线段的接触悬挂，则将事故限制在一个锚段内，缩小了事故范围；便于在接触线和承力索两端设置补偿装置，以调整线索的弛度与张力；有利于供电分段，配合开关设备，满足供电方式的需要。

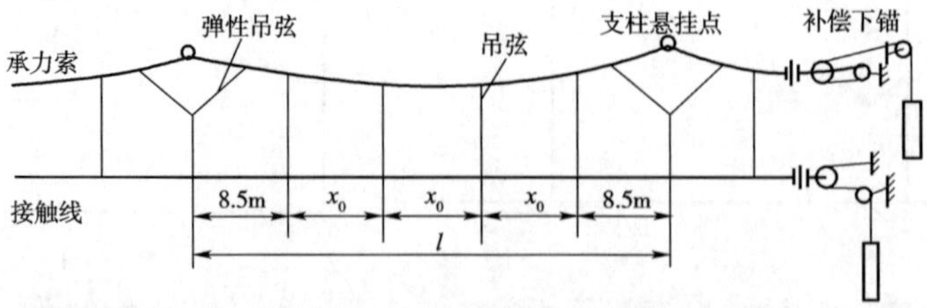

图 5-18　全补偿弹性链形悬挂

两个相邻锚段的衔接区段（重叠部分）称为锚段关节。锚段关节结构复杂，其工作状态直接影响接触网供电质量和电力机车取流。电力机车通过锚段关节时，受电弓应能平滑、安全地由一个锚段过渡到另一个锚段，且弓线接触良好，取流正常。

在接触悬挂的中部，将接触线和承力索在支柱上进行可靠固定，称为中心锚结。在两端装设补偿器的接触网锚段中，必须加设中心锚结。每个锚段中心锚结安设位置应根据线路情况和线索的张力增量计算确定，一般布置在靠近锚段中部。

链形悬挂的两跨式中心锚结结构如图 5-19 所示。承力索中心锚结由两个跨距组成，接触线中心锚结绳分别在两个跨距中，呈“人”字形布置。在采用弹性链形悬挂时，接触线中心锚结绳在跨中布置，称为“Z”形固定绳（简称“Z”索）。

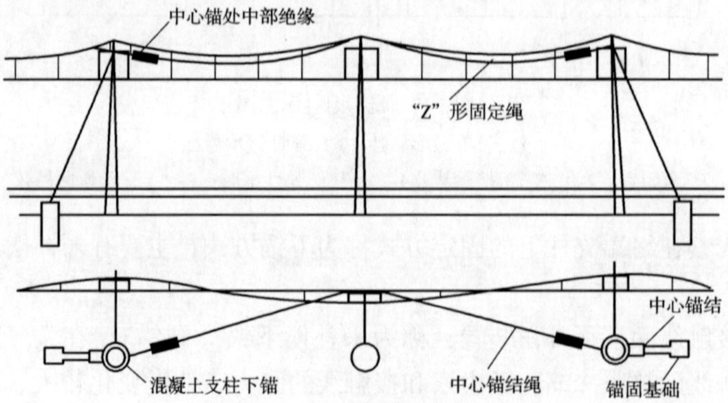

图 5-19　链形悬挂中心锚结

9. 线岔

在站场上，站线、侧线、渡线、到发线总是并入正线的。如果线路设一个道岔，接触网就必须设一个线岔（也称架空转辙器）。线岔的作用是保证电力机车受电弓安全、平滑地由一条接触线过渡至另一条接触线，达到转换线路的目的。

交叉线岔在两接触线交叉处用限制管固定，并限制两相交接触线位置的设备，称为接触网线岔。

接触网线岔是由两相交接触线、一根限制管和固定限制管的定位线夹、螺栓组成。限制管两端用定位线夹固定在下面的接触线上，通过限制管将两相交接触线互相贴近，当上面的接触线升高时，可利用限制管带动下面的接触线同时升高，以消除始触点两导线的高度差，如图 5-20 所示。

10. 电连接

电连接的作用是将接触悬挂各分段供电间的电路连接起来，保证电路的畅通。通过电连接可实现并联供电，减少电能损耗，提高供电质量。在电气设备与接触网之间，用电连接进行可靠的连接，使设备充分发挥作用，避免出现烧损事故，满足各种供电方式和检修的需要。电连接用导电性能好的材料制成，在铜接触线区段采用铜绞线 TJ-950 电连接，按其使用位置不同，分为横向电连接和纵向电连接。

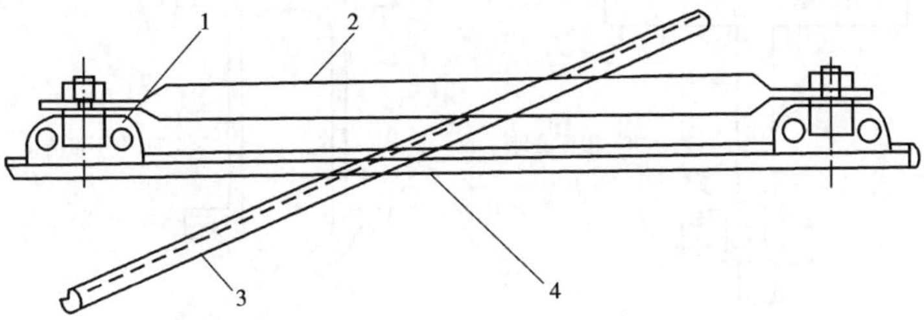

图 5-20 线岔

1-定位线夹；2-限制管；3-侧线接触线；4-正线接触线

（1）横向电连接。

横向电连接的主要作用是实现并联供电，比如并联馈线、承力索和接触线间。满足站场上电力机车启动时所需的大电流，在各股道间安装股道电连接。

（2）纵向电连接。

纵向电连接的作用是，使供电分段或机械分段处两侧接触悬挂实现电的连通，在检修和处理事故时，可通过隔离开关达到电分段的目的。加绝缘锚段关节和非绝缘锚段关节，转换柱靠锚柱侧安装的电连接线，电分段处隔离开关与接触悬挂间的电连接线，线岔处的电连接线等，都称为纵向电连接。

11. 分段绝缘器

分段绝缘器又称分区绝缘器，是接触网电气分段的常用设备。它安装在各车站装卸线、机车整备线、电力机车库线、专用线等处。在正常情况下，机车受电弓带电滑行通过。当某一侧接触网发生故障或因检修需要停电时，可打开分段绝缘器处的隔离开关，将该部分接触网断电，而其他部分接触网仍能正常供电，从而提高接触网运行的可靠性。

想一想

柔性架空接触网由哪些部分组成？各组成部分的作用是什么？

三 刚性架空接触网

刚性架空接触网一般采用具有相应刚度的导电轨或具有相应刚度的汇流排与接触线组

成。刚性架空接触网有两种典型代表（按汇流排的形状分），即以日本为代表的“T”形结构和以法国、瑞士等国为代表的“Π”形结构，如图5-21所示。

刚性架空接触网主要由汇流排、接触线、伸缩部件、接头、中心锚结等组成。刚性架空接触网通过支持定位装置安装于隧道顶或钢梁上。

汇流排一般用铝合金材料制成，其形状一般做成“T”形和“Π”形，如图5-21所示。

接触线一般采用银铜导线，与柔性架空接触悬挂所采用的接触线相同或相似，其截面积一般为120mm^{2}或150mm^2。接触线通过特殊的机械镶嵌于“Π”形汇流排上，或通过专用线夹固定于“T”形汇流排上，与汇流排一起组成接触悬挂。

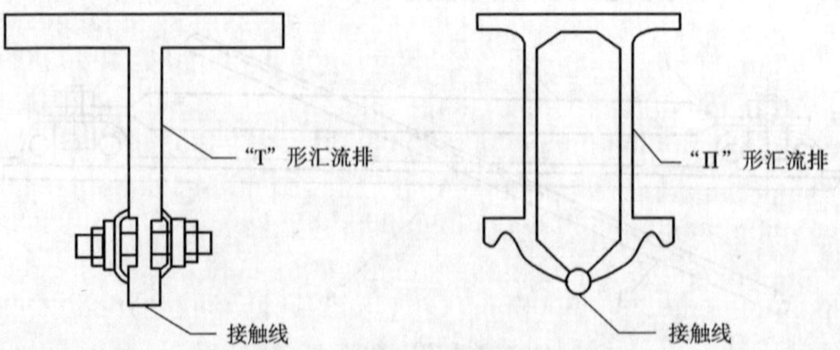

图5-21 刚性架空接触网类型

伸缩部件能在一定范围内自由伸缩，同时能满足电气性能的要求，既能保证电气上的良好接触和导电的需要，又能保证机械上的良好伸缩性。一般一个锚段安装一个膨胀元件，其作用是补偿铝合金汇流排与银铜接触线因热膨胀系数不同而产生的热膨胀误差。

接头主要由汇流排接头连接板和螺栓组成，用于连接两根汇流排。其既要保证被连接的两根汇流排机械上良好对接，又要有足够大的接触面积，以确保导电性能良好。

中心锚结主要由中心锚结线夹、绝缘线索、调节螺栓及固定底座组成。其作用是防止接触悬挂窜动。

支持定位装置主要有腕臂结构和“Π”形结构两种，如图5-22和图5-23所示。

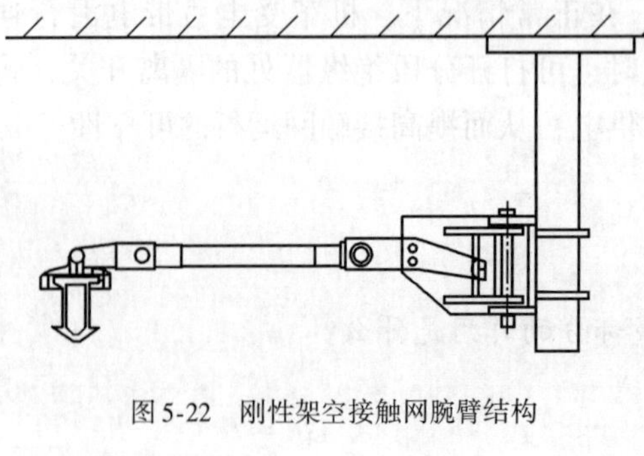

图5-22 刚性架空接触网腕臂结构

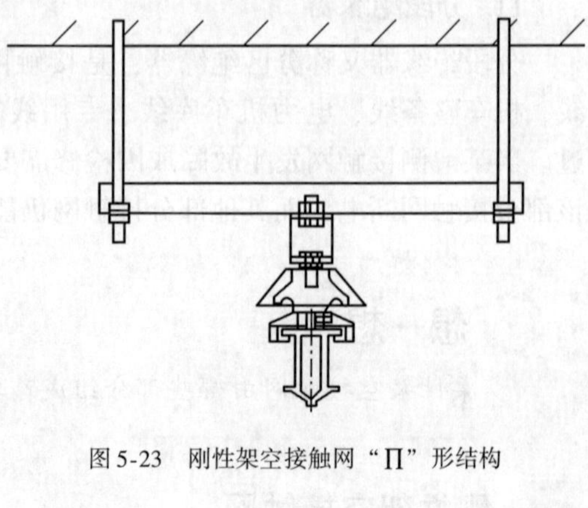

图5-23 刚性架空接触网“Π”形结构

腕臂结构的特点是调节灵活、外形美观，但结构复杂、成本高。此种结构主要用于隧道净空较高或地面的线路。“Π”形结构的特点是结构简单、可靠，但调节较困难。此种结构大量用于隧道内。

四 刚性架空接触网和柔性架空接触网的比较

（1）刚性架空接触网、柔性架空接触网都能满足最大离线时间、传输功率、电压电流、受电弓单弓受流电流以及最大行车速度的要求。

（2）在受电弓运行的安全性以及对弓网故障的适应性方面，由于刚性架空接触网较柔性架空接触网有如下特点，刚性架空接触网受电弓的安全性和适应性要明显好于柔性架空接触网。

①刚性汇流排和接触线无轴向力，不存在断排或断线的可能，从而避免了柔性钻弓、烧融、不均匀磨耗、高温软化、线材缺陷以及受电弓故障造成的断线故障。因此，刚性架空接触网的故障是点故障，而柔性架空接触网的故障范围为一个锚段，所以刚性架空接触网事故范围小。当然，柔性架空接触网的断线故障率还是非常小的，也能够满足运营要求。

②刚性架空接触网的锚段关节简单，锚段长度是柔性架空接触网的1/7～1/6，因此固定金具窜动回转范围小，相应地提高了运行中的安全性和适应性。刚性架空接触网与柔性架空接触网的经济、技术比较分别见表5-1和表5-2。

刚性架空接触网与柔性架空接触网的经济比较表 表5-1

序号	项目	刚性架空接触网	柔性架空接触网
1	隧道净空要求的土建费用	净空要求相对较小。无须下锚装置，可避免不必要的局部开挖，如暗挖车站，可节省土建费用	净空要求相对较大。需下锚装置，有时需要局部开挖，如暗挖车站
2	悬挂装置费用	悬挂点相对较多，费用相应增多	悬挂点相对较少
3	维护费用	维护工作量少，周期长，费用低。据日本、韩国的经验，相对柔性架空接触网可减少30%～50%	维护工作量大，周期短，费用较高

刚性架空接触网与柔性架空接触网的技术比较表 表5-2

序号	项目	刚性架空接触网	柔性架空接触网
1	悬挂组成	结构紧凑（汇流排＋接触线＋地线）	较复杂（1根承力索＋2根接触线＋3或4根辅助馈线＋1根地线）
2	允许车速（km/h）	一般为80～160，瑞士试验速度提高到140，弹性受电弓可达160	一般为80～160
3	可靠性	无断线，可靠性高	有断线隐患，可靠性较低
4	导线磨耗	导线磨耗均匀，允许磨耗是柔性的	导线磨耗不均匀，允许磨耗小
5	受电弓受流情况	无特殊硬点，受流效果良好。受流特性主要取决于受电弓特性	存在硬点，硬点处受流效果较差。受流特性取决于弓网匹配
6	精度要求	高	相对较低
7	设计、施工技术	有较丰富的设计和施工经验	有较丰富的设计和施工经验
8	施工机械	导线安装和更换需进口专用设备	有成熟的施工机械设备
9	国产化率	90%以上	90%以上
10	维修、养护	维修、养护工作量少	维修、养护工作量大

测一测

1. 我国城市轨道交通的架空接触网有以下两种制式：（　　　）和（　　　）。

2. 定位装置是由（　　　）、（　　　）、（　　　）及（　　　）组成。

3. 接触线按照材质主要分为（　　　）、（　　　）、（　　　）。

4. （　　　）的作用是保证电力机车受电弓安全平滑地由一条接触线过渡至另一条接触线，达到转换线路的目的。

5. 刚性架空接触网有两种结构：即（　　　）结构和（　　　）结构。

6. 刚性架空接触网主要由（　　　）、（　　　）、（　　　）、接头、中心锚结等组成。

实践训练

请完成吊弦制作，见实训 7。

单元 5.3 第三轨式接触网

一 第三轨式接触网概述

第三轨式接触网是沿线路敷设的与轨道平行的附加轨，又称为第三轨，其功用与架空接触网一样，通过它将电能输送给电动车组。不同点在于，接触轨是敷设在铁路旁的钢轨或钢钴复合轨。电动车组由伸出的集电靴与之接触而接受电能。

1. 应用特点

第三轨式接触网受电方式最早应用于伦敦城市轨道，具有如下优点：

（1）构造简单，重量小，易于调整，接触轨之间采用接板机械连接，不需要现场焊接，因此安装简便，可维修性好，维修工作量少。

（2）可降低隧道上方净空，节省投资。

（3）采用高导电性的钢铝复合接触轨，因此，可以不用额外敷设沿线的馈电电缆。

（4）单位电阻小，可降低牵引网电能损耗，从而有效地节约运营成本。

（5）复合材料制成的接触轨支架具有低维护、耐腐蚀的特点，可以有效降低生命周期成本。

（6）安装位置在走行钢轨旁边，对铁路周围景观影响较小。

（7）钢铝复合轨与电动车组集电靴之间的接触面为不锈钢层，因此使用寿命长。

2. 技术特征

第三轨式接触网的技术特征主要包括电压等级、安装方式和导电轨材料 3 个方面。

（1）电压等级。

目前世界上城市轨道交通中的直流牵引网电压等级繁多，接触轨系统的电压等级有直流600V、630V、700V、750V、825V、900V、1000V、1200V等。

西班牙巴塞罗那采用过直流1500V及1200V接触轨，美国旧金山BART（快速线）系统为直流1000V接触轨。目前中国接触轨系统标称电压为直流750V。国际上接触轨电压等级的发展趋向是IEC标准中的直流600V、750V。其中接触轨为正极，走行轨为负极。接触轨系统允许电压波动范围为直流500～900V。

（2）安装方式。

接触轨系统根据受流位置的不同，可分为上接触式、下接触式及侧接触式三种形式。

（3）导电轨材料。

接触轨可采用低碳钢材料或钢铝复合材料。低碳钢导电轨的主要特点是磨耗小，制作工艺成熟，价格较低。主要规格有DU48型和DU52型。这两种导电轨在我国均为成熟产品，北京城市轨道交通系统就有应用。钢铝复合导电轨是由钢和铝组合而成的，其工作面是钢，而其他部分是铝。其主要特点是电导率高，重量小，磨耗小，电能损耗低。规格从300A至6000A均有。自从1974年铝-不锈钢复合导电轨在美国第一条快速线应用以来，复合导电轨在世界范围内逐步得到广泛应用。复合导电轨是钢导电轨升级换代的产品，具有广泛的应用前景。主要优点如下：

①在供电系统一定的情况下，它的电阻和阻抗小，因而可以延长供电距离，减少变电所数量。

②不锈钢表面光滑，耐磨性好，电损失小，抗腐蚀和氧化性能好，可延长接触轨和集电靴的寿命。

③电阻率低（约为钢导电轨的24%），导电性能大幅提高，工作电流的范围广（300～6000A）。

④接触轨重量小，悬挂点间距可适当加大，一般为4m，从而减少了支架数量及维修量，且便于安装。

德国在1978年建成了世界上第一段钢铝复合轨，运行长度为3.3km。1996年后，美国、日本、意大利、马来西亚、泰国等国家都开始应用，至今世界上已建成钢铝复合轨运营线路1000多千米，遍布欧洲、美洲、大洋洲、亚洲。多年的实践证明，钢铝复合轨的工艺是非常成熟的，运营业绩亦表现良好。

二 第三轨式接触网的组成

在第三轨式接触网系统零部件中，除作为导电轨的接触轨以外，还包括绝缘支架、防护罩、隔离开关设备、电缆等。接触轨、绝缘支架、防护罩，是接触轨系统中送电、支撑、防护的三大件。

1. 接触轨

在我国城市轨道第三轨供电中，接触轨多采用50kg/m（或60kg/m）高电导率低碳钢轨，轨头宽度为90mm。近几年来随着复合材料的发展，由不锈钢与铝合金通过机械方法或冶金结合方法加工而成的钢铝复合接触轨已取代低碳钢接触轨。

接触轨单位制造长度一般为15m。当线路的曲线半径大于190m时，钢铝复合接触轨可以在施工现场直接打弯；当线路的曲线半径小于或等于 190m 时，钢铝复合接触轨则要在工厂加工预弯。

（1）端部弯头。

接触轨端部弯头主要是为了保证集电靴顺利、平滑通过接触轨断轨处而设置的。在行车速度较高区段，端部弯头一般采用长约 5.2m、坡度为 1:50 的标准。

（2）接头。

接触轨接头一般分为正常接头［图 5-24a）］和温度伸缩接头［图 5-24b）］。

正常接头采用铝制鱼尾板进行各段导电轨的固定而不预留温度伸缩缝，但要求接头与支持点的距离不小于 600mm。

温度伸缩接头主要是为了克服接触轨随环境温度变化而引起的伸缩，在隧道内，接触轨自由伸缩段长度约按 100m 考虑；地面及高架桥上接触轨自由伸缩段长度约按 80m 考虑。

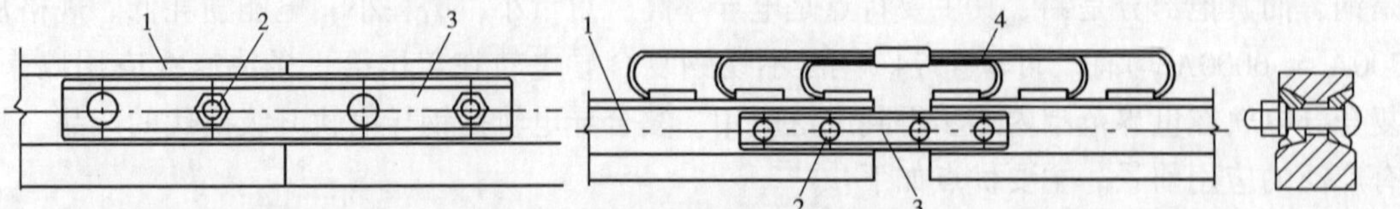

图 5-24　接触轨接头

a）正常接头；b）温度伸缩接头

1-接触轨；2-连接螺栓；3-鱼尾板；4-电连接

（3）防爬器。

在一般区段，在两膨胀接头的中部设置一处防爬器，并在整体绝缘支架两侧安装；在高架桥的上坡起始端、坡顶、下坡终端等处安装防爬器。

2. 绝缘支架

接触轨的绝缘支架一般采用绝缘式整体安装，且一般安装在轨道整体道床或者轨枕上。整体绝缘支架高度有 458mm、528mm 两种规格，应能承受气温变化及空气污染，室外能够承受紫外线，并且应能承受由开关操作或短路引起的过电压。同时整体绝缘支架表面自洁性好，并可用一般的清洁剂清洗，且对盐溶液有抗腐蚀能力，不易溶于酒精、苯、碳氢化合物等有机溶剂。

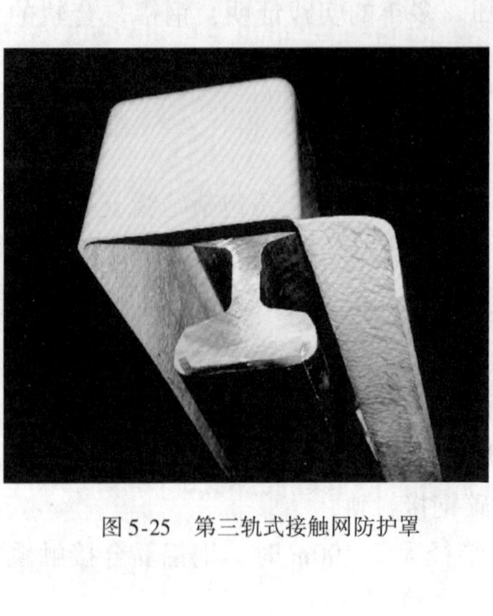

图 5-25　第三轨式接触网防护罩

3. 防护罩

防护罩的作用在于尽可能地避免人员无意中触碰带电的设备，一般采用玻璃纤维增强塑料（Fiberaus Glass Reinforced Plastic，FGRP）材质的防护罩，可承受 100kg 垂直荷载，且在高温下具有自熄、无毒、无烟和耐火的性能，如图 5-25 所示。

三　接触轨的分类

接触轨按与集电靴的接触方式可分为上接触式、下接触式及侧接触式三种。

1. 上接触式

上接触式是接触轨面朝上固定安装在专用绝缘子上，并且由固定在枕木上的弓形肩架予以支持，如图5-26a）所示。

集电靴从上压向接触轨轨头顶面受流。集电靴的接触力是由下作用弹簧的压力调节的，受流平稳，由于端部弯头的过渡作用，能够减少在断电区的电流冲击。上磨式接触轨因集电靴在其上面滑动，所以固定方便，但不易加防护罩。上接触式第三轨施工作业简便，可以在轨头上部通过支架安装不同类型的防护板。

2. 下接触式

下接触式是接触轨面朝下安装，如图5-26b）所示。下接触式轨头朝下，通过绝缘肩架、橡胶垫、扣板收紧螺栓、支架等安装在底座上。下接触式的优点是防护罩从上部通过橡胶垫直接固定在接触轨周围，对工作人员安全性好。莫斯科地铁就采用这种方式，利于防止下雪和冰冻造成受流困难。但是这种方式结构较复杂，成本较高。

3. 侧接触式

侧接触式是近年来新开发的一种接触轨悬挂方式。侧接触式就是接触轨轨头端面朝向走行轨，集电靴从侧面受流。跨座式单轨车辆就采用侧接触式，其集电靴装在转向架下部，接触轨装在轨道梁上，如图5-26c）所示。

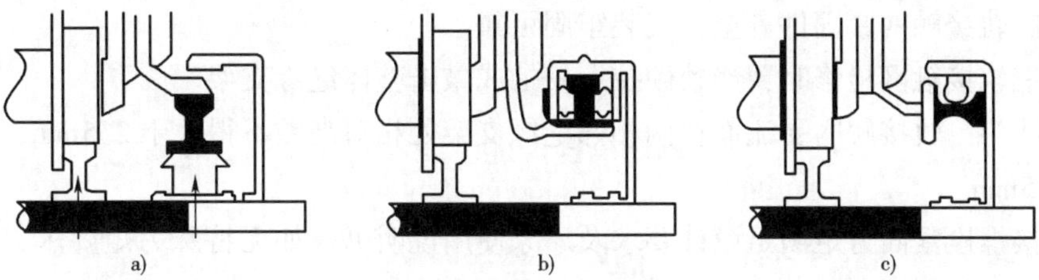

图5-26　接触轨的接触方式

a）上接触式；b）下接触式；c）侧接触式

四　第三轨接触网的检修

第三轨接触网的稳定性比其他形式的接触网更加优良，所以其检修工作量相对较小，检修周期比较长，可以实现状态修。

1. 第三轨接触网的修程

第三轨接触网的定期检修分为小修和大修两种修程。

小修是维持性的检修，主要是指设备停电后主要是集中处理定期检测后发现的缺陷，对第三轨接触网进行参数测试、调整第三轨接触网及其附件的导高、拉出值等；清扫绝缘部件；对磨损的第三轨接触网进行整修或局部更换，以保持第三轨接触网的正常工作状态，更换或整修损坏的零部件，使设备满足安全供电的要求。

大修是恢复性的彻底修理，第三轨接触网设备大修主要是整锚段更换第三轨接触网及其附属设备。第三轨接触网大修的目的在于改善第三轨接触网的技术状况，增强供电能力，适应运营的发展需要。特殊情况下，可以安排局部大修。凡是大修更新的设备及其零部件等，均应符合新建工程的技术标准。

2. 第三轨接触网检修工作安全

①由于第三轨接触网沿线路安装，结构高度比较低，虽然第三轨接触网本身设有防护罩，但第三轨接触网检修时电气安全防护必须谨慎对待。

②第三轨接触网在渡线、线岔以及其他断轨处的电气连接相对比较复杂，因此必须清楚每一个供电分区，在停电检修时必须在所有可能来电的方向上进行验电接地。

③检修完毕，要确认所有接地线全部拆除人员全部撤离后方可送电，否则不仅会危害到人身安全，而且由于第三轨接触网阻抗比较小短路电流很大而容易损坏供电设备。

3. 第三轨接触网检修的内容和标准

（1）钢铝复合轨及附件检修内容和标准

①第三轨接触网受流面至轨面的垂直距离为200mm，第三轨接触网受流面中心距离线路中心的水平距离为1510mm，允许偏差为±5mm；偏斜度应控制在设计规定的角度之内。

②第三轨接触网钢带的连接应平滑顺畅、无阶梯，其不平顺度应控制在0.5mm范围之内，复合轨的连接缝隙应密贴。

③第三轨接触网紧固件齐全，安装牢固可靠。

④第三轨接触网检修时，严禁硬拉、硬扯或敲击整体绝缘支架。

⑤正线第三轨接触网受流面在两相邻绝缘支架处相对高差不得大于2.5mm，困难条件下不大于5mm。

⑥连接螺栓紧固力矩满足设计要求及厂家使用说明书，如无特殊力矩要求，按现行国家标准执行。

⑦钢铝复合轨的各电气接触面涂抹的电力复合脂应均匀。

⑧各镀锌螺栓无变形，镀锌层和螺纹完好。

（2）端部弯头检修内容和标准

①检查接头是否松动，导电油脂是否均匀足够。端部弯头的断口与第三轨接触网之间密贴，没有高低差及由此产生的台阶损伤集电靴。

②检查受流面是否有电弧烧伤痕迹。端部弯头具有良好的耐电弧烧损、耐冲击特性。测量检查端部弯头上弯状态是否符合要求，5.2m的端部弯头的坡度为1:40，3.4m的端部弯头的坡度为1:30。每一个端部弯头的端部都经过预弯，坡度更大一些，这样能保证端部弯头具有更好的自熄弧特性。

③检查端部弯头末端的摆动情况。

④测量端部弯头末端、上弯始点、绝缘支架处受流面与轨面的高度、坡度及与轨面中

心线的距离。端部弯头末端绝缘支架处，第三轨接触网接触面距轨面高度为285mm ±5mm（坡度1∶40）或265mm ±5mm（坡度1∶30）。不符要求者进行调整。

（3）膨胀接头检修内容和标准

①检查膨胀接头有无过热变色、烧伤现象。

②检查膨胀接头的磨损是否均匀，补偿间隙过渡是否平滑。膨胀接头应安装在两个支架装置的中心部位，膨胀接头的每一端距支架装置的距离应相等，且不小于400mm。膨胀接头长度为1775 ~ 1975mm，最大补偿量为200mm。

③检查膨胀接头所有紧固件是否松动。膨胀接头的各螺栓紧固力矩符合设计要求，要保证膨胀接头在温度变化的情况下能伸缩自如，无卡滞现象。

④测量膨胀接头处受流面与轨面的高度、坡度及限界。

⑤测量膨胀接头补偿间隙的大小，与温度曲线核对，检查是否符合要求。膨胀接头间隙调整应与第三轨接触网温度相适应，补偿间隙α值应符合设计规定（膨胀接头安装温度补偿表）。伸缩预留值允许偏差为±5mm。膨胀接头的补偿间隙满足设计要求，其与钢铝复合轨的连接应平顺，无硬弯。

⑥检查膨胀接头的电气连接状况。膨胀接头锚固夹板两侧面均匀涂抹导电膏。锚固夹板侧面与左右滑轨侧面紧密相贴，组成膨胀接头的三块轨覆不锈钢带一面应平齐。

（4）整体绝缘支架检修内容和标准

①检查预埋膨胀锚栓是否紧固，有无松动，填充水泥层有无裂纹、松脱现象。整体绝缘支架型号、电气性能和机械性能符合设计要求，整体绝缘支架合格，整体绝缘支架外观检查应完好，安装端正，无损伤变形等。

②检查绝缘支架紧固螺栓是否紧固，有无松动。整体绝缘支架卡爪和托架固定螺栓安装完整，无损伤、无锈蚀。整体底座螺栓螺纹安装完好、端正、牢固，无损伤、无锈蚀，连接螺栓紧固力矩符合要求。整体绝缘支架底座与混凝土接触面应涂防腐油。

③检查绝缘支架有无变色、表层剥落、裂纹及其他异常现象。

④检查支架底座有无镀锌层脱落、锈蚀现象。各镀锌螺栓无变形，镀锌层和螺纹完好，预留调节余量满足设计要求，螺栓外露部分要涂防腐油。

⑤检查支架和第三轨接触网的对正情况。整体绝缘支架纵向轴线垂直于线路中心线，横向轴线平行于线路中心线。整体绝缘支架以及钢铝复合轨托架的防滑齿完好，同时齿间正确咬合。钢铝复合轨托架和扣件合格、完好无损坏，其横向轴线应平行于线路中心线，以满足钢铝复合轨能顺线路方向顺畅滑动。

⑥检查防爬器距绝缘卡块间距是否符合要求，防爬器及绝缘支架接触面有无损伤，受挤压变形等现象。

（5）中心锚结（防爬器）检修内容和标准

①检查防爬器与第三轨接触网的连接状态，紧固螺栓无有松动。

②中心锚结处绝缘支架和第三轨接触网受力后无明显变形。

③中心锚结的卡块与绝缘支架的间隙应符合安装使用说明书的要求。两连接板接触面应清洁，并涂导电膏，中心锚结螺栓紧固力矩为70N · M。

（6）电连接检修内容和标准

①检查电缆接线板周围有无过热变色现象。检查电缆表面有无损伤，电缆固定是否稳固，电缆绝缘层有无老化变色及表皮剥落现象。

②检查电缆接线板与第三轨接触网的连接状态。电连接电缆及接线端子所用型号、材质、数量应符合要求，同时要求电连接电缆要预留能保障复合轨正常伸缩的余量。

③检查电缆接线端子与电缆接线板的连接是否牢固可靠。电连接电缆与接线端子压接良好，握紧力不小于设计规定值，电气接触面涂电力复合脂，螺栓紧固力矩复合设计要求及设计标准。

④检查电缆接线端子的压接处有无松动及异常。

⑤检查电缆的弯曲走向是否符合要求，电缆接线端子及电缆不应向走行轨中心倾斜。电连接电缆的固定应符合相关标准，一般情况下直线布置每隔800mm固定一处，在拐弯、水沟等处应就实际情况固定，固定应牢固可靠；电缆弯曲半径满足相关规范，且弯曲自然，布线美观。

⑥检查电连接电缆的安装位置，在任何情况下均应满足带电距离要求；轨间电连接以及第三轨与柔性接触网间的电连接应完整无遗漏。

（7）接地扁铝检修内容

①检查接地扁铝与支架底座间、接地扁铝接头处接触是否良好，螺栓是否紧固。任何独立的金属底座都应牢固地与接地扁铝相连，进行接地。接地扁铝的规格应符合要求，接地扁铝间的连接应尽可能在绝缘支架处，安装紧固，螺栓、垫圈齐全，与支架底座接触良好。

②检查接地扁铝有无裂纹、过热变色、烧伤痕迹，沿线布置平顺。接地扁铝应连续不间断，且应与变电所接地母排相连。

③检查接地跳线与底座及接地扁铝的连接是否牢固可靠，接地跳线的固定是否稳固。接地电缆敷设美观、弯曲自然，固定牢固、可靠。电缆与接地扁铝接触良好，连接牢固、可靠。

（8）防护罩检修内容和标准

①检查防护罩有无变色、表层剥落、裂纹及其他异常现象。防护罩规格型号、各种电气性能和机械性能符合产品技术条件，防护罩合格，无损伤。防护罩选型正确，安装规范、牢固可靠。

②检查防护罩上警示标志是否清晰、有无脱落。防护罩上的“高压危险”等警示标志齐全、明显。

③检查防护罩、支撑卡与第三轨接触网的结合状态，特别是膨胀接头、中心锚结、电缆接线板处的防护罩，不障碍第三轨接触网的自由伸缩。防护罩支撑卡布置合理，无损坏防，防护罩支撑卡每隔500mm布置一处，在特殊防护罩处严格按照设计要求布置，防护罩支撑卡无损坏。

④对不合要求的防护罩进行更换，不合要求者进行维护处理。

（9）隔离开关检修内容和标准

①隔离开关的本体外观应无明显的损坏，绝缘子应完好、清洁。

②隔离开关的1500V直流电缆连接正确规整。

③电动隔离开关的电源和控制回路接线正确，在允许电压波动范围内能正确、可靠动作。有连锁要求的开关，连锁关系正确可靠。机构的分、合闸指示与开关的实际分、合位置一致。

④现场手动操作应和遥控电动操作动作一致。

⑤隔离开关合闸时闸刀要水平，其中心线应与静触头的中心线相吻合；合闸时应接触良好，以0．05mm^{3}10毫米的塞尺检查刀闸的接触点，应塞不进去。开关在打开时，刀口距接地体、洞壁最小距离不应小于150毫米。双极开关同步，触头接触良好，无回弹现象，分、合顺利，角度符合产品技术要求。

⑥隔离开关触头带电部分至顶部建筑物距离不得小于150mm。

⑦隔离开关底座和操作机构底座应接地良好。

⑧隔离开关底座和操作机构底座应呈水平状态，安装牢固，电动操作机构箱应密封良好，门锁和钥匙完好齐全。

⑨隔离开关中心线应铅垂，传动杆垂直与操作机构轴线一致，偏差不大于2°，连接应牢固，无松动现象，铰接处活动灵活，并涂有中性凡士林。

⑩设备接线端子与隔离开关连接接触面应涂电力复合脂。

⑪运行中的隔离开关，每年要用2500伏的兆欧表测量1次绝缘电阻，并与最近的前1次测量结果比较，不应有显著降低。新安装的隔离开关，在投入运行前，要按规定进行交流耐压试验。

⑫隔离开关应接触良好，转动灵活，引线截面段与隔离开关的额定电流以及所连接的接触网当量截面相适应，引线不得有接头。

（10）外观检查内容和标准

①检查第三轨接触网上的白色粉状物、污物、尘屑等，定期（周期12个月）清扫干净。

②检查膨胀接头上的积尘、铁屑情况，定期（周期12个月）清扫干净。

③检查绝缘支架、中心锚结绝缘棒上的积尘、污物、铁屑等情况，定期（周期12个月）清扫干净。

（11）磨耗测量

检查不锈钢带受流面的磨损是否均匀，测量不锈钢带的磨耗，重点测量接头处、膨胀接头处、中心锚结处、端部弯头始端及其他磨耗严重的点。

（12）避雷器检修内容和标准

①检查避雷器安装位置及安装状况是否良好。避雷器的型号、安装位置及引线方式应符合要求。

②检查避雷器各连接部分的紧固状况。避雷器安装应水平端正、固定牢靠，其引线和各部螺栓要紧固。

③检查避雷器有无损伤和放电痕迹等异常现象。避雷器表面干净整洁，没有裂纹，破损、老化和放电痕迹。

④对避雷器进行预防性试验。

⑤检查避雷器接地情况及测量接地电阻。避雷器的接地电阻应不大于10欧姆。

测一测

1. 目前中国接触轨系统标称电压主要为（　　）。

2. 接触轨系统根据受流位置的不同，可分为（　　）、（　　）、（　　）三种形式。

3. 接触轨可采用低碳钢材料或（　　）材料。

4. 接触轨接头一般分为（　　）和（　　）。

单元5.4 牵引变电所向接触网的供电方式

牵引变电所是沿铁路线布置的，每一个牵引变电所有一定的供电范围。供电距离过长，会使末端电压过低及电能损耗过大；供电距离过短，又使变电所数目太多而不经济。

牵引变电所向接触网供电有两种方式：单边供电和双边供电。接触网供电原理如图5-27所示。

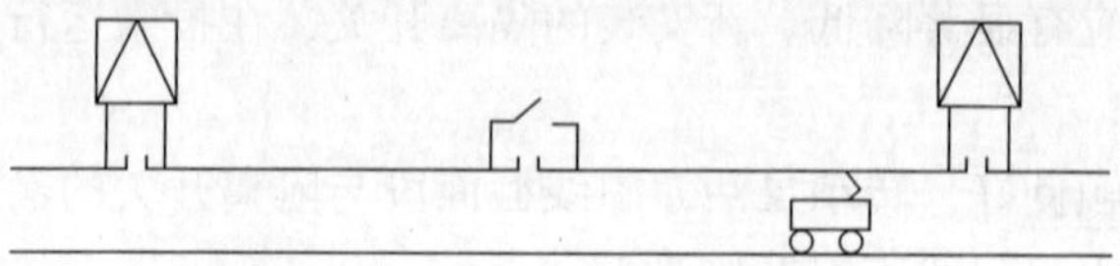

图5-27　接触网供电原理图

接触网通常在相邻两牵引变电所间的中央断开，将两牵引变电所之间两供电臂的接触网分为两个供电分区。每一供电分区的接触网只从一端的牵引变电所获得电流，称为单边供电。

如果在中央断开处设置开关设备，可将两供电分区连通，此处称为分区亭。将分区亭的断路器闭合，则相邻牵引变电所间的两个接触网供电分区均可同时从两个变电所获得电流，这称为双边供电。

一　单边供电

单边供电是指馈电区只从一侧牵引变电所取得电源。单边供电只是运行中一种可能采用的临时供电方式，是在特定条件下（如试车线、线路终端牵引变电所故障解列等）可能采用的一种措施，不是设计时的首选方案。

在设计中不能用保证单边供电作为设计的限制条件，如果用这一条件作为牵引供电计算的限制条件的话，将会使牵引变电所的间距设置得很短、很死，使牵引变电所的数量增多，增加一次投资。问题很简单，如果将单边供电作为设计的限制条件，那么所有牵引供电计算将会变得极为简单，只要用一个固定的距离去设置变电所，像丈量土地一样去丈量线路就可以了，无须再进行其他的计算。因为对于一条线路而言，电动车辆的起动电流是一定的，牵引网每千米的电阻是一定的，那么只要电压损失不超过250V（牵引网标称电压750V）或500V（牵引网标称电压1500V）就可以了。这样势必使牵引网供电距离缩短、牵引变电所数量增加、运营损耗和杂散电流增大。

虽然单边供电有很多不足，但在下列场合仍使用单边供电方式：

（1）车场线、停车线、检修线、试车线，因这些线路上的车辆少、取流小。

（2）当线路终端牵引变电所因故障解列或一路馈线开关因故障退出运行时，如由于单边供电距离长，最大电压损伤超过国家标准允许值，为减小牵引网回路电阻，可在终端变电所处将上、下行接触网并联。

二　双边供电

双边供电是指任何一个馈电区同时从两侧牵引变电所取得两路电源。地铁的牵引供电系统，在正线的设计和运营中，均应采用双边供电方式，因为双边供电比单边供电具有如下明显的优点。

（1）牵引网的平均电压损失。平均电压损失是指列车在区间运行时的平均电压损失，它对辅助电机的运转有意义。平均电压损失是两个分量之和，即由指定列车本身所取电流在其受流器上引起的电压损失和同行其他列车电流在其受流器上造成的电压损失之和。双边供电是单边供电的1/4～1/3。

（2）列车带电运行时受流器上的电压损失，双边供电是单边供电的1/4～1/3。

（3）列车最大平均电压损失，双边供电是单边供电的1/4。单边供电列车最大平均电压损失发生在供电区的终点，双边供电列车最大平均电压损失发生在供电区的中点。

（4）列车起动时最大电压损失，双边供电是单边供电的1/4，满足列车起动时的最大电压损失要求，是设计牵引变电所间距时必须满足的条件。

单边供电列车起动时，最大电压损失发生在供电区的终点；双边供电列车起动时，最大电压损失发生在供电区的中点。

（5）牵引网的功率损失。牵引网中的功率损失等于牵引网中诸列车各自的电流与电压损失的乘积之和。双边供电是单边供电的1/4～1/3。

（6）双边供电时，列车的再生能量可以被同行列车吸收，当车流密度高时，再生能量更易被同行列车利用；而单边供电时，列车的再生能量被同行列车吸收的可能性极小。

（7）双边供电时，走行轨的对地电位仅为单边供电的1/4～1/3，所以其杂散电流值仅为单边供电的1/4～1/3。

从上面的分析可知，无论是哪种电压损失，双边供电都是单边供电的1/4～1/3。

双边供电是设计必须满足的条件，也是正常运营的首选方式。即使在一座牵引变电所因故障解列时，也应采取技术措施实行大双边供电，同时应自动完成双边联跳条件的转换，这样可以减少牵引变电所数量，既节省一次建设投资，又减少运营费用，同时减小列车起动时的电压损失，降低功率损耗，有利于列车运行，并且不影响运送旅客的能力，这对运营是非常有利的。

三 大双边供电

鉴于与单边供电相比，双边供电有很多优点，系统中任何一座牵引变电所因故障解列时，也应采取技术措施，实行大双边供电。实现大双边供电有以下两种方式。

1. 利用解列的牵引变电所直流母线实现大双边供电

如图 5-28 所示，利用解列的牵引变电所直流母线实现大双边供电的条件：

（1）牵引变电所只有两套整流机组退出运行。

（2）直流母线、上下行 4 路馈线开关及其二次回路完好无损且能正常运行。

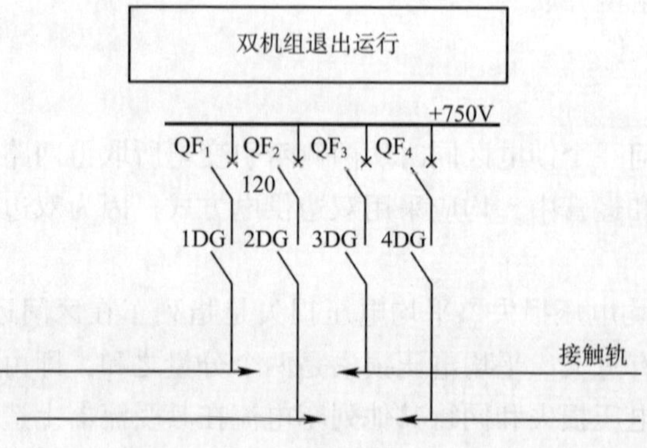

图 5-28 利用解列的牵引变电所直流母线实现大双边供电

这样实现大双边供电的优点是简单方便，容易实现；缺点是凡涉及直流母线或 4 路馈线开关的任何故障都不适用这种方式。利用故障变电所的直流母线将上下行的接触轨并联起来，虽然改善了电压质量、降低了损耗，但也会扩大事故范围。因接触轨一点发生短路故障时，可能引起多路馈出开关跳闸，从而使事故范围扩大。

2. 利用纵向电动隔离开关实现大双边供电

当牵引变电所因故障解列时，利用电分段处的纵向电动隔离开关实现大双边供电，使整座牵引变电所（含隧道开关柜）退出运行，牵引网运行不受故障牵引变电所的影响，如图 5-29 所示，两台纵向电动隔离开关 1ZDG、2ZDG 处于合闸状态。

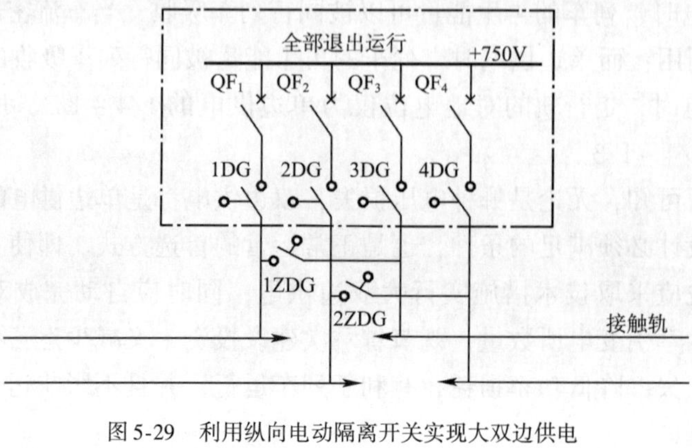

图 5-29 利用纵向电动隔离开关实现大双边供电

测一测

1. 牵引变电所向接触网供电有两种方式：(　　　)和(　　　)。
2. (　　　)是指馈电区只从一侧牵引变电所取得电源。
3. 双边供电是指任何一个馈电区同时从两侧(　　　)取得两路电源。

单元5.5 接触网的运行管理与检修

一 接触网运行管理规程和制度

经过多年的运行实践，在不断总结经验教训的基础上，已逐步形成了一整套规范化的接触网管理制度。从事接触网工作的人员，应严格遵守原铁道部颁发的《接触网安全工作规程》《接触网运行检修规程》《电气化铁路接触网事故抢修规则》《牵引供电事故管理规则》，以及《城市轨道交通行车组织规则》（JT/T 1185—2018）中的有关规定和要求。这些规程和规则是保证接触网安全运行的法定条文，学习接触网规程、规章，已成为接触网工的自觉行为。

1.《接触网安全工作规程》

《接触网安全工作规程》（简称《安规》）包括总则、一般规定、作业制度、高空作业、停电作业、带电作业、倒闸作业、作业区的防护和事故抢修等内容，共计88个条目。

《安规》所列条目，都是总结了接触网上发生的各种事故，从中吸取经验教训而编写的。因此它有绝对权威性，任何人不得违反，所以现场又称安规是“保命”的规程。

《安规》说明了作业制度中的有关规定，高空作业要求和不同作业方式下应办理的手续及注意事项，如在一般规定中，要求凡是从事接触网运行管理和检修工作的所有人员，都必须经过考试评定安全等级，取得安全合格证后方可参加相应的接触网运行管理和检修工作。雷电天气禁止在接触网上进行作业，遇有雨、雾及风力在5级以上的恶劣天气，一般不进行接触网带电作业。

在作业制度中要求：①作业前要填写工作票。工作票分为三种：第一种工作票，用于停电作业，即在接触网停电设备上进行的作业；第二种工作票，用于带电作业，即在接触网带电设备上进行的作业；第三种工作票，用于远离作业，即在接触网带电设备附近的设备上进行的作业。开工前，作业组领导人要宣读工作票内容。②作业结束后要将工作票交给工区，由专人统一保管，且保管时间不少于3个月。

在高空作业中明确规定，离地3m为接触网高空作业，要设专人对作业人员进行监护，特别指出攀杆作业、登梯作业和车顶作业的有关要求。从事接触网工作的人员，都应将上述条目牢记在心，随时能背诵出来。

《安规》中还具体规定了各种作业方式的安全距离、命令程序和安全措施，如停电作业时，应由何人办理停电手续，明确要求，由安全等级不低于三级的作业组成员为要令人，向电力调度申请停电。经电调审查批准发布作业命令后，才能开始作业。对停电作业前，验电接地的操作方法和安全注意事项都有严格的规定。在带电作业中的命令程序、安全距离、绝缘工具和一般带电作业要求等，都作了较详细的说明。总之，《安规》是接触网规程中最重要的规章。

2.《接触网运行检修规程》

《接触网运行检修规程》（简称《检规》）由总则、运行和管理、设备监测与质量鉴定、检修、接触网维修技术标准、大修技术标准和附则组成，共计139个条目。其中最重要的是接触网维修技术标准、大修技术标准。接触网维修人员在检修接触网设备时，应严格遵守《检规》的技术要求，特别是要牢记重要设备中的有关参数，如拉出值、导线高度、锚段关节、线岔、定位器、补偿器、中心锚结和软横跨等有关技术规定。

为了保证接触网设备的安全和接触网工作人员的安全，针对接触网的运行制定了一系列的作业制度。

3. 交接班制度

接触网检修工作要有安全等级不低于三级的人员昼夜值班。值班人员要认真填写“接触网工段值班日志”，及时传达和执行供电调度的命令。

接触网工段值班人员要按时做好交接班工作。交班人员要向接班人员叙述设备运行情况及有关事项，接班人员认真阅读值班日志，弄清上一班的情况并在值班日志上签字后，接班人员方可下班。工长要每天确认工具、备品、安全用具、抢修机具是否完备，认真审阅值班日志，并签字。

4. 巡视检查制度

为贯彻“修养并重，预防为主”的方针，要定期巡视接触网设备的技术状态和客车受电弓状态，巡视包括梯车巡视、步行巡视及乘车巡视。

（1）梯车巡视及步行巡视。

每月不少于1次，主要巡视内容如下：

①应无侵入限界，以及妨碍列车车辆运行的障碍。

②接触网悬挂、支持定位装置、线岔、锚段关节、分段绝缘器及其零部件连接良好，无烧伤损坏。

③补偿装置无损坏，动作灵活。

④绝缘部件无破损和闪络。

⑤无隧道漏水、异物垂落等危及或损伤接触网安全供电和行车安全的现象。

⑥接触网终点标、号码等标志的状态。

（2）乘车巡视。

每月不少于1次，主要是观察接触悬挂及其支撑装置和定位器的状态。

接触网设备的巡视工作，应由工班长或安全等级不低于三级的接触网工进行。在遇有大风、大雨、大雾等恶劣天气时，要适当增加巡视次数。在巡视过程中，对危及供电安全和行车安全的缺陷要及时处理。对于每次巡视发现的问题和缺陷处理的相关情况，都要及时、认真填写“接触网梯车、步行巡视记录”“接触网乘车巡视记录”。

二　接触网检修的修程

接触网的检修分为小修和大修两种修程。

1. 接触网小修

小修系维持性的修理，主要包括：对接触网进行检测、清扫、涂油；对磨损、锈蚀到期的接触线、承力索、馈电线及架空地线进行整修、补强或局部更换，以保持接触网的正常工作状态。

接触网小修工作由供电车间接触网工段实施。接触网小修项目、周期和范围见表5-3。

接触网小修项目、周期和范围表　　表5-3

序号	项　目	周期	范　围
1	线岔检修	3个月	包括线岔处的电连接器
2	分段绝缘器检修	3个月	包括分段绝缘器处的电连接器
3	接触线拉出值检修	6个月	测量拉出值及跨中接触线对受电弓的最大偏移值。不符合标准者进行调整
4	隔离开关检修： 常动 常闭	3～6个月 6～12个月	包括隔离开关处的电连接器
5	接触悬挂、支持与定位装置检修	6个月	含隧道埋入杆件，车辆段软横跨等
6	锚段关节检修	6个月	包括锚段关节处的电连接器
7	均、回流箱检修	6个月	包括连接电缆及绝缘子
8	避雷器、放电间隙检修	每年雷雨季节前	包括引线、接地线
9	导线磨耗测量： 全面测量 重点测量	2年 6～12个月	全面测量：所有吊弦线夹、定位线夹、中心锚结线夹、电连接线夹等两侧；跨距中心处两侧。 重点测量：所有接触线中心锚结线夹两侧；所有分段绝缘器两侧；所有线岔定位点两侧；其他磨耗异常的导线两侧
10	补偿器检修	12个月	包括测量调整“*A*”“*B*”值和滑轮注油，检查导杆与限制环处滑动是否顺畅等
11	馈电线、架空地线检修	12个月	馈电线、架空电线及相关附件
12	检修限界门、安全挡板、防护棚（网）等安全设施	12个月	调整、检修安全设施及其地线装置等，并涂漆
13	接触线高度检修	12个月	测量悬挂点处接触线的高度和跨中接触线的高度、接触线的坡度。不符合标准者进行调整

续上表

序号	项目	周期	范围
14	绝缘子清扫	12个月	含馈线绝缘子
15	支柱及硬横梁检修	12个月	含基础及拉线
16	测量、调整接触线和承力索的张力和弛度	5年	不合标准者予以调整

接触网小修完毕时，要由检修或测量人员认真填写上述各项记录。工段长要每月检查一次管内接触网小修任务完成情况及其质量，并在小修记录上签字。

2. 接触网大修

接触网大修是恢复性的彻底修理。主要包括：成批更换磨耗、损伤到期的接触线、承力索及供电线、架空地线；更新零部件、支撑装置和支柱、隧道内预埋件、定位立柱；对接触网、馈电线和架空地线进行必要的改造，以及改善接触网的技术状态，提高供电能力。凡是大修更新的设备及其零部件等，均应符合新建工程的技术标准。

接触网大修由供电车间提出申请，运营分公司审核后组织实施。接触网大修项目、周期和范围见表5-4。

接触网大修项目、周期和范围表 表5-4

序号	项目	周期	范围
1	更换接触线	约12年	整锚段更换接触线，同时更换吊弦及其线夹、电连接器、斜拉线、部分补偿器和定位器
2	更换软横跨	15~20年	批量更换上、下部定位绳（在同一年度内更换数量超过10组），同时更换零件、斜拉线和部分绝缘子
3	更换隔离开关	20~25年	批量更换隔离开关（在同一年度内更换数量超过10台），同时更换电连接器
4	更换支柱	30~40年	批量更换支柱（在同一年度内更换钢柱超过10根），同时更换拉线、硬横跨的硬横梁及其零件
5	更换承力索	30~40年	整锚段更换承力索，同时更换鞍子、斜拉线、中心锚结、部分支撑装置、补偿器、绝缘子、吊弦及其线夹、电连接器
6	更换馈电线、架空地线	40~50年	整公里更换导线，同时更换线夹、绝缘子和支撑部件
7	更换隧道内吊柱	40~50年	定位立柱、预埋件等

鉴于接触网是动态设备，运行条件随时可能发生变化，在今后的实际运行中，经调查研究、技术鉴定，从运行检修的实际出发，可以修改和调整小修及大修的周期和范围，并报有关部门核备。

三 接触网检修作业方式

由于接触网检修工作与行车直接相关，因此，进行标准化作业、加强质量管理、提高检修工艺更为重要。根据技术规程和检修规程及不同接触网的特点要求，要熟练掌握接触网的检修标准和检修方法，提高对接触网的质量管理水平，确保运输生产的安全。

根据在作业过程中，接触网是否带电，接触网检修作业方式分为停电作业和带电作业两种。

1. 停电作业

所谓停电作业，是在接触网不带电情况下进行的检修作业。停电作业一般用于带电作业难以进行的项目。这是目前常用的接触网检修方式。停电检修的接触网区段，在停电检修时间内一般不允许有车辆通行，检修必须在允许的时间内完成。

以作业组的形式进行检修，每个作业组以12人左右为宜。作业组在接到作业任务时，需按以下程序进行。

（1）填写工作票。

工作票是接触网作业的书面依据，根据不同的作业方式要填写相应的工作票。填写工作票要字迹清晰，内容明确，不得涂改或用铅笔填写。工作票签发的编号日期、有效时间、作业组成员姓名、人数、安全等级、作业地点、停电设备、安全措施必须正确无误。

（2）申请停电。

需要接触网停电进行的一切作业，均必须经电力调度员的许可。停电作业申请要指明作业地点、作业内容、是否需要封锁线路、必须停电的电线路等。若需在车站上停电作业，还应指明车辆不得通过的股道及道岔。

（3）宣读工作票。

作业组成员出发之前列队集合，由工作领导人向作业组全体人员宣读工作票的所有内容，详细布置安全措施。工作票中规定的作业组成员，一般不应更换；若必须更换，应经发票人或工作领导人同意。

（4）要令。

开工前作业组应指派专人要令。当作业组到达作业地点，要令人员向电力调度申请作业命令，其他人员做作业前的准备工作，要令人接到停电命令后，先检查命令内容并认真复诵，经确认无误，并得到命令编号和批准时间后，随即向工作领导人发出可以执行的信号，并说明停电时间及停电范围。在发、受停电命令时，发令人要将命令内容记入“作业命令记录”中，受令人要填写“接触网停电作业命令票”。

（5）开工。

工作领导人接到要令人的通知后，先向验电人发出验电的信号，验电操作者确认信号无误后，立即进行验电工作，验明确已无电，地线人员方可进行挂接地线工作，地线接好后立即通知工作领导人。工作领导人得知全部地线安设完毕，将停电和线路封闭起止时间告知作业组成员，宣布作业开始。此时作业人员可将车梯上道进行网上作业，作业项目必须在规定的时间内提前完成。

想一想

为什么验明接触网确实无电后，还要挂设接地线呢？

（6）收工与消令。

作业结束后，工作领导人应向作业组全体人员宣布作业结束，指挥作业组成员迅速清理现场。人员、工具、器械、材料全部撤离到安全限界之外，并检查接触网设备和线路，不影响供电与行车，确认作业组全体人员已经离开危险区后，向接地线人员发出撤除地线的信号，接地线人员接到撤除地线的命令后，应在安全监护人的监护下，迅速撤除地线，并立即通知工作领导人。确认地线撤除后，通知要令人向电力调度员消令。检查作业组人员的安全情况，清点工具、材料数量后收工回工区。

（7）开收工会。

当天作业结束后，全体人员开收工会，汇报作业组的安全情况和任务完成情况，报告工作中遇到的问题，以及是否出现不安全现象及事故苗头等，工作领导人全面总结当日工作，针对出现的问题，制订相应的解决方案，并安排第二天的工作项目。会议主要内容应记录在工区日志上。

安全作业是生产过程得以继续的保证，只有保障人员和设备的安全，才能维持正常的生产过程。接触网工负责接触网设备的施工与维修工作，如果不严格遵照规程、规章进行作业，随时都会出现人身伤亡事故。作为接触网工，为了避免人身伤亡事故的发生，首先必须遵守安全工作规程，了解接触网作业的特点，严格作业程序，确保作业过程中的安全。

2. 带电作业

带电作业按作业方式可分为直接带电作业（或等电位作业）和间接带电作业（或远离作业）。

（1）直接带电作业。

直接带电作业是通过绝缘工具与接地体隔离开，作业人员直接接触带电体，使人体与带电设备的电位相同，从而能够直接在带电设备上进行作业。作业时，通过绝缘工具将作业人员送至作业地点，作业人员及所持工具此时与非带电体要保持一定的距离。带电作业严禁接触接地体。

作业人员处于等电位状态时，作业人员在与接触网接触的一瞬间会有异样的麻电感觉，重者会使人难受，甚至灼伤皮肤；轻者无任何感觉，因此要求绝缘工具的绝缘性能一定要可靠。为了保证工作人员的安全，消除可能产生的麻电感觉，必须用等电位线短接带电体与绝缘车梯的工作台来消除这种现象。等电位线由一多股裸铜软绞线（截面积不小于$6mm^2$）和两个带有金属钩的绝缘棒组成。使用时，作业人员将等电位线一端挂在车梯工作台框架上，另一端挂在接触网带电体上，使车梯工作台和接触网处于等电位状态，因此，工作台上的工作人员必须和车梯工作台充分接触，如不穿绝缘鞋、塑料底鞋等导电性能差的鞋，工作时一手可紧握工作台框架。作业时，要时刻注意和带电体充分接触，即始终保持等电位状态。若要转移工作场所进行作业，必须先脱离等电位，然后再次等电位方可作业。

在接触网和一些电气设备中，在许多情况下都是和大地形成闭合回路，或接地使电流流入大地，其实此时大地也有一定的电位，之所以人们无任何异样的感觉，也是等电位的效果，而且常视大地的点位为“零电位”，故此种状态称为“不带电”。而所谓带电作业则是相对“大地”的电位为零而言的，如果相对于接触网本身，则电位也为“零”。电对人体危害的实质是一定的电流流经人体造成的。电流只能从高电位流向低电位，如果工作人员处于同等电位下进行作业，不会有电流流经人体，因此也就不可能对人体造成伤害。

进行等电位作业的人员必须先挂好等电位线，使工作台处于等电位或穿上等电位服才能工作，检修过程中应经常注意与接地体保持允许的安全绝缘距离，与地面配合人员传递工具材料时务必使用绝缘工具。如果有两人需上下车梯，应分两侧同时上下，不能跟随上下，以免短接车梯有效绝缘长度而出现危险。地面监护人员也必须全程监护高空作业，确保安全绝缘距离，做好相对行车的防护。

直接带电作业时，每个作业组作业前由工作领导人指定一名安全等级不低于四级的作业组成员作为要令人员，向电力调度申请带电作业。若几个作业组同时作业，则每一个作业组必须分别向电力调度申请带电作业命令，在申请的同时，要说明带电作业的范围、内容、时间和安全措施等。在每次使用绝缘工具前，要仔细检查其是否有损坏，并用清洁、干燥的抹布擦拭有效绝缘部分。各种绝缘工具要有专人负责保管，要按规定进行试验，要有产品的合格证。禁止使用未经试验、试验不合格或超过试验期限的绝缘工具。

（2）间接带电作业。

间接带电作业是作业人员通过绝缘工具接触带电体，或者在接触网不停电情况下，远离带电体所进行的接触网检修作业。如：对接触网的测量、调整补偿装置的 b 值等。间接带电作业，作业人员所持的非绝缘工具与带电设备之间的距离不得小于600mm。对于不停电状态下支柱上的其他作业，也应遵循这个要求。在对接触网进行测量作业时，多在线路上进行，除了要细心测量、记录外，还要注意行车防护。复线测量要逆向进行，即面向列车来向测量。一旦发现来车要及时避让。在测量绝缘子的分布电压时，必须由接地侧向带电侧逐个测量。在悬式绝缘子串中，若三片绝缘子串中有一片不合格，或四片绝缘子串中有两片不合格，均须立即停止测量。

接触网带电检修不论是采取等电位作业还是间接带电作业，作业人员和接地体之间都是依靠绝缘工具的固定绝缘和空气的绝缘间隙来实现绝缘的。因此，正确地选择带电检修的安全距离和绝缘工具的有效长度，是保证带电检修安全的关键。所谓安全距离，是指在进行带电作业时，等电位作业人员与接地体之间，以及间接带电作业时，处于低电位的作业人员和带电体之间所允许保持的最小距离，它是关系人身和设备安全的重要条件。安全距离应按带电体和接地体间的直线空气间隙来计算。

四　接触网检修作业的特点

接触网检修作业具有以下三个特点。

（1）高空——防摔。

接触网作业几乎都是在高空进行的，在作业时，作业人员有时需要攀登十几米高的支柱，有时需要登上5m以上的车梯或在检修车上作业，有时需要踩在高出地面6m左右的刚性架空接触网上作业。进行这样的高空作业，下面是道砟和钢轨，若不小心就会发生危险。因此高空作业一定要系好安全带。

（2）高压——防触电。

城市轨道交通接触网的电压高达1500V，比民用电压高出几倍。尽管在许多情况下都是停电作业，但如果发生误操作，对平行线路上产生的高压感应电未采取有效的防护措施，以及与作业点附近的带电体不能保证足够的绝缘距离等，都会给作业人员带来生命危险。因此，停电作业时的地线挂设是安全的重要保证。

（3）高速——防车辆伤害。

在运输繁忙的线路上，接触网检修工作要正常进行，要注意可能开来的高速运行的列车。因此，行车防护人员一定要认真负责，随时通报列车运行情况。

尽管接触网作业有此“三高”特点，其工作危险性很大，但对训练有素的接触网工来说并不可怕，只要认真执行安全作业程序，接触网工的安全是完全有保障的。

测一测

1. 在作业制度中要求作业前要填写工作票，工作票分为三种：（　　）、（　　）、（　　）。

2. 要定期巡视接触网设备的技术状态和客车受电弓状态，巡视包括（　　）巡视、（　　）巡视及（　　）巡视。

3. 接触网的检修分为（　　）和（　　）两种修程。

4. 接触网检修方式根据在作业过程中，接触网是否带电的情况分为（　　）和（　　）两种方式。

实践训练

请完成实训8“拉出值及线岔检调”和实训9“吊弦及承力索的检修”。

复习与思考

1. 接触网的主要形式有哪些？
2. 接触网的工作特点是什么？
3. 接触网的供电方式有哪些？
4. 柔性架空接触网由哪几部分组成？
5. 接触悬挂有哪些类型？各包括哪几部分？
6. 支持定位装置的作用是什么？
7. 补偿装置的作用是什么？

8. 什么是中心锚结？
9. 线岔的作用是什么？
10. 电连接有什么作用？
11. 分段绝缘器有什么作用？
12. 什么是刚性架空接触网？
13. 刚性架空接触网由哪几部分组成？
14. 刚性架空接触网和柔性架空接触网相比，各有什么特点？
15. 第三轨式接触网的特点是什么？
16. 按与集电靴的摩擦方式，接触轨可分为哪几种？
17. 接触网有哪些运行管理规程和制度？
18. 接触网的小修和大修各包括哪些项目？
19. 接触网有哪几种检修作业方式？

模块6

城市轨道交通电力监控系统

问题导入

随着我国城市轨道交通的迅速发展，供电系统的运行、调度、管理工作日益复杂，要做到安全、经济、降低损耗，就需要建立一个能对供电一次系统主要设备进行监视、测量、调整、控制、管理以及与其他系统（如行车调度自动化系统、红外轴温监控系统等）联网以实现数据共享的调度自动化综合监控系统，即电力监控系统。可以说，以计算机技术和通信技术为基础的变电所综合自动化技术也即远动技术为城市轨道交通供电系统的运行管理带来了深刻的变革，为推行变电所无人值班提供了强大的技术支持。那么，什么是远动？电力监控系统有什么样的功能和特点？城市轨道交通电力监控系统由哪些部分组成？如何实现远动控制？本模块将回答这些问题。

学习要点

1. 电力监控系统的定义、功能和特点；
2. 城市轨道交通电力监控系统的组成及原理；
3. 控制端和被控端的软硬件配置；
4. 数据通信网的拓扑结构，数据通信方式、交换方式和通信协议。

技能目标

1. 能复述电力监控系统的功能和特点；
2. 能画出电力监控系统的组成原理图；
3. 能分析控制端和被控端的软、硬件配置情况；
4. 能分析电力监控系统的拓扑结构和数据交换原理。

建议学时

4 学时。

单元 6.1　电力监控系统概述

一　电力监控系统的相关概念

随着生产过程自动化程度日益提高，人们对生产过程，特别是对处于分散状态的生产过程的集中监视、控制和统计管理要求越来越高。为满足上述要求，远动技术在综合自动控制理论、计算机技术和现代通信技术的基础上迅速发展起来。

电力监控系统可能是一个很简单的单一对象控制，也可能是一个很大的综合系统。不管怎样，电力监控系统具有在人（或者设备）和设备之间进行远距离信息交换的功能。

如：供电系统设有电力调度所，统一指挥供电系统在正常及事故情况下的运行工作，并集中管理沿城市轨道交通线分布的许多牵引变电所中的电力设备。为了保证供电系统运行的可靠性和经济性，调度所必须及时地掌握系统的实际运行情况。因此，从调度工作出发，一方面需要收集信息，要求变电所能将断路器的位置信号、事故信号及主要运行参数等迅速、正确、可靠地反映给调度所；另一方面，调度所切实了解到系统的运行情况并进行判断处理后，应对变电所下达命令，去直接操作某些设备或调整某些参量，或完成实时控制的任务。为了完成变电所与调度所之间信息的远距离实时自动传输，必须应用远动技术，采用远动装置。

1. 远动

所谓远动，就是对处于分散状态的生产过程进行远距离的集中监视、控制和统计管理。

2. 远动技术

简单地说，远动技术是调度所与各被控端（包括变电所等）之间实现的遥控、遥调、遥测、遥信技术的总称。它是实现系统实时调度和进一步实现调度综合自动化的基础。城市轨道交通运动系统示意图如图 6-1 所示。

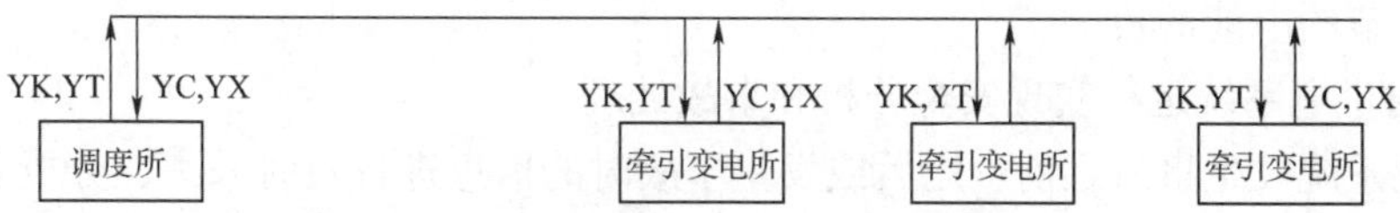

图 6-1　城市轨道交通电力监控系统

（1）遥控（YK，Remote-Control，或者 Tele-control）。

遥控是从调度所发出命令以实现远方操作和切换。这种命令只取有限个离散值，通常只取两种状态指令，例如开关的“合”“分”指令。

（2）遥调（YT，Tele-adjusting）。

遥调是调度所直接对被控站某些设备的工作状态和参数的调整，如调节变电所的某些量值（如电压等）。

（3）遥测（YC，Tele-metering）。

遥测是将被控站的某些运行参数传送给调度所。如有功和无功功率、电度、电压、电流等电气参数及接触网故障点等非电气参数。

（4）遥信（YX，Tele-signal）。

遥信是将被控站的设备状态信号远距离传送给调度所。如开关位置信号、报警信号等。

由此可见，远动技术综合应用了“四 C”技术，即 Computation（计算机技术）、Control（自动控制理论）、Communication（通信技术）、CRT（显示技术）。

3. 微机电力监控系统

以微型机为主构成、以完成常规“四遥”功能为目标的监视控制和数据采集系统，简称为微机电力监控系统，即 SCADA 系统。

这种电力监控系统的被控端简称为远方终端，即 RTU（Remote Terminal Unit）。由于计算机的运算速度越来越快、功能越来越强，微机电力监控系统除了完成常规的“四遥”功能外，还可完成许多其他的数据处理和管理功能，如根据需要，编制各种不同的图形、报表，可提供复示终端，可与其他系统联网等功能，还可提供操作人员的在线培训、防误操作以及辅助决策等功能。因此，具有这些扩展功能的微机电力监控系统，称为微机调度自动化系统（Dispatching Automation System），也简称微机监控系统（Supervisory Control System）。在本书中，除非特别注明，微机电力监控系统即指微机监控系统。

二 微机电力监控系统的主要作用

SCADA 系统的作用是保证调度人员在控制中心对供电系统中的主变电所、牵引供电系统及供配电系统的供电设备运行状态进行监视、控制及数据采集，直观了解所有运行设备的工作状况，使供电系统安全、可靠、经济地运行。SCADA 系统的主要作用体现在以下三个方面。

（1）对供电系统安全运行状态进行在线集中监控。

地铁供电系统正常运行时，通过调度管理人员对电网的电压、潮流、负荷、设备运行状态及各项工况指标的监视和控制，保证供电质量和用户的用电要求。

（2）对供电系统运行实现经济调度。

在实现对供电系统安全监控的基础上，通过 SCADA 系统实现电网的经济调度，达到降低损耗、节约电能的目的。

（3）对供电系统运行实现安全分析和事故处理。

对供电系统发生事故之前、之后或发生事故时的信息进行及时采集、分析和处理，缩小事故范围；提供事故处理对策和相应的监控手段，防患于未然；及时处理事故或故障，以减少事故造成的损失。

三 城市轨道交通 SCADA 系统监控的对象

城市轨道交通 SCADA 系统的监控对象包括遥控对象、遥调对象、遥信对象和遥测对象四部分。

1. 遥控对象

遥控对象应包括下列基本内容：

（1）主变电所、牵引变电所、降压变电所内 1kV 及以上电压等级的断路器、负荷开关及系统用电动隔离开关。

(2) 牵引变电所的直流快速断路器、直流电源总隔离开关，降压变电所的低压进线断路器、低压母联断路器、三级负荷低压总开关。

(3) 接触网电源隔离开关。

(4) 有载调压变压器的调压开关。

2. 遥调对象

遥调对象有调整变压器的原边电压等。

3. 遥信对象

遥信对象应包括下列基本内容：

(1) 遥信对象的位置信号，如开关电气设备所处的“分闸”“合闸”位置信号。

(2) 高中压断路器、直流快速断路器的各种故障跳闸信号。

(3) 变压器、整流器的故障信号。

(4) 交直流电源系统的故障信号。

(5) 降压变电所低压进线断路器、母联断路器的故障跳闸信号。

(6) 钢轨电位限制装置的动作信号。

(7) 预告信号。

(8) 断路器手车位置信号。

(9) 无人值班变电所的大门开启信号。

(10) 控制方式。

4. 遥测对象

遥测对象应包括下列基本内容：

(1) 主变电所进线电压、电流、功率、电能。

(2) 变电所中压母线电压、电流、功率、电能。

(3) 牵引变电所直流母线电压。

(4) 牵引整流机组电流与电能、牵引馈线电流、负极柜回流电流。

(5) 变电所交直流操作电源的母线电压。

四 城市轨道交通电力监控系统的主要特点

城市轨道交通电力监控系统，也称为牵引供电系统（Traction Power Supply System），是电力系统的一个特殊用户，它的特殊性决定了城市轨道交通的电力监控系统与电力系统中的电力监控系统有共性，也有区别。它们的基本功能和作用是一样的，但拓扑结构、系统功能和容量、通信媒介、可靠性和实用性等方面技术和要求又不尽相同。

1. 拓扑结构

城市轨道交通牵引供电系统采用直流供电，其牵引变电所中的整流机组在采用晶闸管整流的过程中不可避免地会产生谐波成分。这些谐波，对与接触网相距不远的远动通道，有相当严重的谐波干扰。因此，在设计城市轨道交通电力监控系统时，必须采取强力有效的措施来克服这种通信干扰（包括硬件抗干扰措施和软件抗干扰措施）。

而在电力系统中，各变电所、发电厂（站）的地理布局大多为辐射状的分散布局，因此，其相应的电力监控系统的通道结构也多为星形辐射状结构。在牵引供电系统中，各牵引变电所则是沿轨道线路分布，其通信线路也相应地沿轨道线路分布。因此，城市轨道交通远动通道为适应这种特点，大多采用链形结构、环形结构、总线形结构，有时也要包含星形结构。对于链形、环形结构，必须考虑信号的中继转发、实时性以及误码累积等问题，这在星形结构中是不需要特别考虑的。

2. 系统功能和容量

从系统功能和容量上进行分析，城市轨道交通电力监控系统与电力监控系统也有不同。在电力系统中，侧重的是对遥测量的采集和监视，要求遥测数量大、采集精度高，而对遥控开关的控制数量少、操作频率低。

在牵引供电系统中，由于每天都需要对接触网进行停电检修，因此，对变电所开关的操作频繁，开关数量多，且可靠性要求极高，以确保行车安全和检修人员的人身安全。

3. 通信媒介

从通信媒介上看，电力系统多采用电力线载波作为远动通道，而城市轨道交通电力监控系统多采用音频实回线、载波电缆或光纤作为远动通道。这是因为，一方面，城市轨道交通的电力线（接触网）存在大量的谐波，这些谐波的存在严重影响用电力线作为传输通道的通信质量，从而影响电力监控系统的可靠性。另一方面，城市轨道交通电力监控系统的管辖范围常包括多个变电所、分区亭等，电力线是分段不同相供电的。在不同相的交会处，电力线是不连通的。载波如何有效地在这些交会处传输，这也是一个问题。因此，城市轨道交通电力监控系统都不采用电力线载波的方式。

4. 可靠性和实时性

由于城市轨道交通牵引供电系统的负荷——电动车组，是一个移动冲击性负荷，与电力系统的静止负荷相比，电气量变化幅度大，更容易造成牵引供电网故障，从而要求城市轨道交通电力监控系统具有更高的可靠性和实时性，以便及时、准确地将故障信息送到控制中心进行处理，并及时进行相应的操作控制，以缩短事故的影响时间。

测一测

1. 远动技术是调度所与各被控端（包括变电所等）之间实现（　　）、（　　）、（　　）、（　　）技术的总称。

2. 电力监控系统综合应用了“四C”技术，即（　　）、（　　）、（　　）、（　　）技术。

3. 电力监控系统的主要通信媒介有（　　）、（　　）、（　　）。

4. 电力监控系统的遥测对象包括（　　）、（　　）、（　　）。

5. 电力监控系统的遥调对象包括（　　）等。

单元6.2　电力监控系统的组成及原理

一　系统的基本构成及原理

1. 总体结构

城市轨道交通微机电力监控系统主要由三大部分组成，即装设于调度所（控制中心）的监控主站（调度端）、装设于城市轨道交通沿线牵引变电所的远方终端装置（RTU，也称被控站、被控端或执行端）以及从城市轨道交通通信系统中分离出来的远动通道，如图6-2所示。监控主站和被控站以远动通道为桥梁有机配合，共同实现对牵引供电设备的遥控、遥信、遥测、遥调等功能。

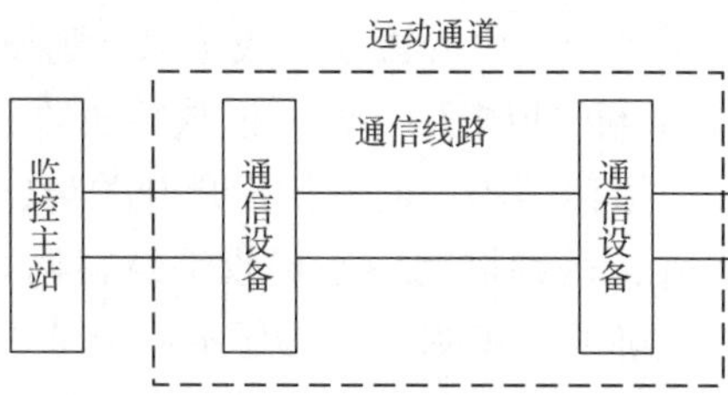

图6-2　电力监控系统示意图

从结构上讲，电力监控系统与一般自动化系统之间最大的区别就在于信道的存在。由于电力监控系统中存在着信道，那么被传达的命令也应该被转换成适合于在信道中传送的最好形式。这种形式往往与一般自动化系统中命令的形式有很大区别，因此在电力监控系统中就需要一些特殊的转换设备来转换命令。

2. 基本原理

电力监控系统的结构千变万化，但基本原理是类似的。图6-3给出了电力监控系统原理图。

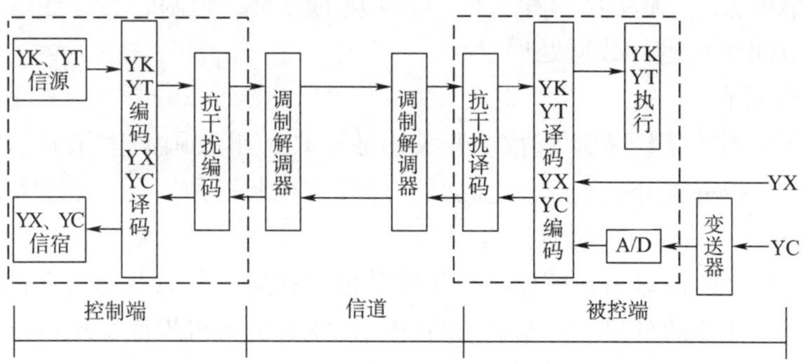

图6-3　电力监控系统原理图

进行控制的一侧称为控制端（调度端），被控制的一侧称为被控端（执行端）。这两端由信道连接起来，从控制端向被控端发送的信号称为“下行”信号；反之，从被控端向控制端发送的信号称为“上行”信号。

设在调度所的控制端要将遥控、遥调命令送到被控端去执行，先要将其编成数字信号。在电力监控系统中传送的信号，在传输过程中会受到各种干扰，可能使信号产生差错。为提高传输的可靠性，对遥控、遥调的数字信息要进行抗干扰编码，以减小由于干扰而引起的差错。由于数字脉冲信号一般不适宜直接传输，例如利用电话线路作为信号传输的通道时，线路的电感、电容会使脉冲信号产生很大的衰减和变形，所以要用通信设备部分的调制器把数字脉冲信号变成适合于传输的信号，如变成正弦信号传输。这样，控制端就把经过调制后的遥控、遥调信号发送出去，送到被控端接收。

被控端首先用通信设备中的解调器把正弦信号还原成原来的数字信号，再经抗干扰译码进行检错，检查信号在传输过程中是否因干扰的影响而发生错码。检查出错误的码组就拒绝执行，正确的码组则经遥控、遥调译码后分别执行。

被控端要将遥测量、遥信量送到控制中心去显示或记录。遥测量是电量或非电量，经过变送器后，通常变成0～5V的直流模拟电压，输入模数转换器。模数转换器将输入的模拟电压转换成数字量，进行遥测、遥信编码。而遥信量是开关量，可以直接编码；再进行抗干扰编码后，经调制后发送出去，送到控制中心接收端经解调和抗干扰译码进行检查，检查出错误的码组就放弃不用，正确的码组则分别去显示或记录。

二 监控主站的功能及组成

监控主站（习惯称为调度端）是微机监控系统乃至牵引供电系统的调度指挥中心。装设于此的调度管理自动化系统为直观实现调度管理意图提供了强有力的技术支持。

1. 监控主站的主要功能

监控主站不仅能收集被控站的数据，还能进行大量的数据处理，其具体功能如下：

（1）数据收集。

收集被控站发送来的数据，实现对供电系统设备运行状态的实时监视和故障报警。

（2）数据处理。

对有功功率和$\sum P$、无功功率和$\sum Q$、电度量的总价、越限告警、连续模拟量输出记录（电压、电流曲线）进行数据处理。

（3）控制与调节。

遥控操作断路器、系统故障查找、开关事故变位、事故画面优先显示、事故顺序记录、事故追忆。遥控种类分选点式、选站式、选线式控制三种。

（4）人机联系——显示、制表、打印。

实现汉化的屏幕画面显示、模拟盘显示或其他方式显示，以及运行和故障记录信息的打印；实现电能统计等的日报、月报制表打印；以友好的人机界面实现系统维护功能。

2. 监控主站的硬件构成

监控主站设备主要由冗余配置的监控主站的主机服务器、冗余配置的调度员操作工作站、冗余配置的通信前置处理机、数据工作站、工程师终端、数据终端通信控制器、打印机、报表打印机、拷屏打印机、大幅面模拟屏、电源系统、连接电缆等组成，如图6-4所示。

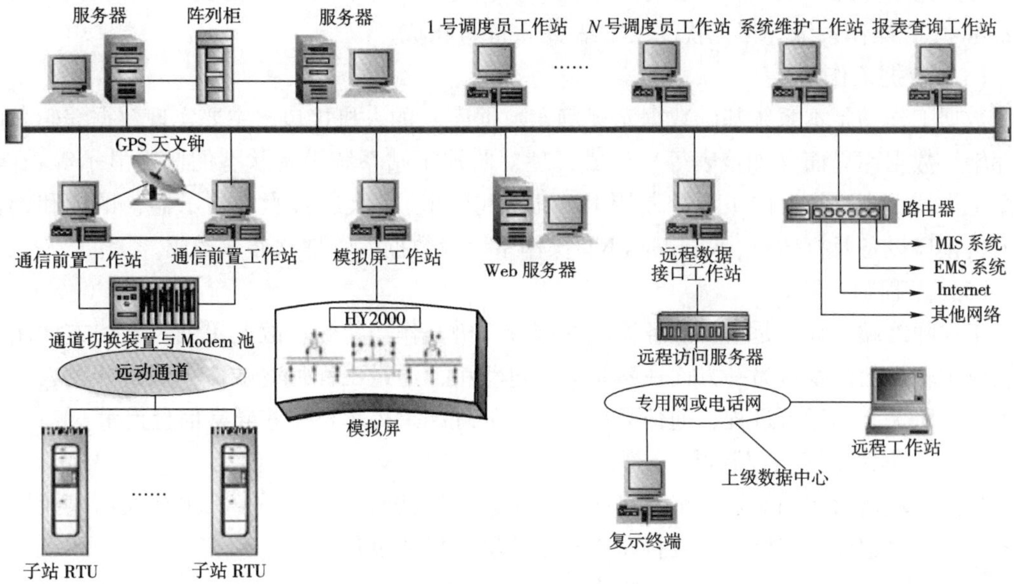

图6-4 监控主站硬件配置图

监控主站调度管理自动化系统以主机为核心，通过网络与操作工作站、数据工作站、通信前置处理机、数据终端通信控制器等设备进行数据交换，并对各设备的工作状态进行监视管理；流水记录打印机、报表打印机、模拟屏等慢速设备，与数据终端通信控制器进行串口通信，由数据终端通信控制器统一管理，通过数据终端通信控制器上网与主机相连；操作工作站通过打印共享器共享拷屏打印机资源。

(1) 主机服务器。

主机服务器主要用于数据和网络服务及定时任务管理，进行数据的后台处理，管理实时数据和部分历史数据，负责网上节点资源的分配、管理和网络信息交换，进行网络信息汇总、组织和派发，为数据工作站、操作工作站提供初加工数据。

(2) 操作工作站。

操作工作站是实施调度作业的人机界面，并集中反映调度意图和效果，监视牵引供电设备运营状态。每个调度台配备两套操作工作站，互为备用，远动操作尤其是遥控(包括单控、程控)操作时互锁。操作工作站由高可靠性的工业控制用PC机(配网卡)、大屏幕彩色显示器、鼠标和键盘等人机接口设备、Windows NT操作系统等相应软件构成。

(3) 通信前置处理机。

通信前置处理机及远动通道线路和设备是连接监控主站与被控站的桥梁，是监控主站与被控站的信息纽带。它主要用来进行远动信息发送、接收和处理，以及与其他计算机系统的通信控制等，从而可以减轻主机服务器的负担，使其腾出更多的时间承担更复杂的任务，加快运算速度，以满足实时控制的要求。

每个监控主站可配备两套通信前置处理机，互为备用。通信前置处理机由高可靠性的工业控制用 PC 机（配网卡、多串口卡等）、彩色显示器、鼠标和键盘等人机接口设备、Windows NT 操作系统等相应软件、主站 Modem 等构成。

（4）数据工作站。

数据工作站是本系统基础数据库（静态数据库）的人机接口，主要实现数据编辑、画面编辑、数据库界面（如报表等）生成管理、监控主站系统设备状态的监视显示等功能。数据工作站由高可靠性的工业控制用 PC 机（配网卡）、大屏幕彩色显示器、鼠标和键盘等人机接口设备及打印机、Windows NT 操作系统及数据库管理软件等构成。

（5）工程师终端。

工程师终端实际上是主机服务器的一部分，因其作用特殊，故此单列。它一方面用于主机应用软件的开发，另一方面在系统运行过程中，通过工程师终端命令观察开发人员或维护人员所关心的运行进程、通信数据、部分处理结果提示及一些异常信息提示。

（6）数据终端通信控制器。

数据终端通信控制器是一个网络接口设备，通过其网络口上网，其串行通信口接慢速设备，如流水记录打印机、报表打印机和模拟屏等慢速设备。

（7）打印机。

打印机对被控站所发生的事件按发生的时间顺序进行流水打印记录，这些记录包括事故记录、预告记录、操作记录等。一般每个控制台配备一台彩色打印机用于流水记录打印，其工作状态可在操作工作站上进行命令控制。

报表打印机用于定时或随机打印报表，也可根据调度员的指令随机打印所需分类记录。整个监控主站系统可配备一台彩色报表打印机，其工作状态也可由调度员进行命令设置。

（8）大幅面模拟屏。

模拟屏用于对被控站状态的同步显示，并有音响报警、闪光报警、光字牌提示、接触网带电显示等功能。通过模拟屏对整个牵引供电系统进行全线监视。

3. 监控主站的软件

该电力监控系统基于分布式网络结构，软件以 Windows NT 为操作平台，采用分布式结构。监控主站软件系统主要以实时数据库为核心，以实时数据库系统、关系数据库管理系统、现场通信与实时信息传输子系统为主线，包含主控、人机界面、图形系统、数据库系统、报表系统、告警处理、数据通信等几大模块，其结构如图 6-5 所示。

（1）网络通信子系统。

网络通信子系统主要与通信工作站以网络报文规约格式进行通信，通信包括两个方面：一是通信工作站将现场报文转换成的网络报文以及其他广播信息传送到调度工作站；二是调度工作站需要遥控、遥测时通过网络报文生成模块生成网络报文发送到通信工作站。

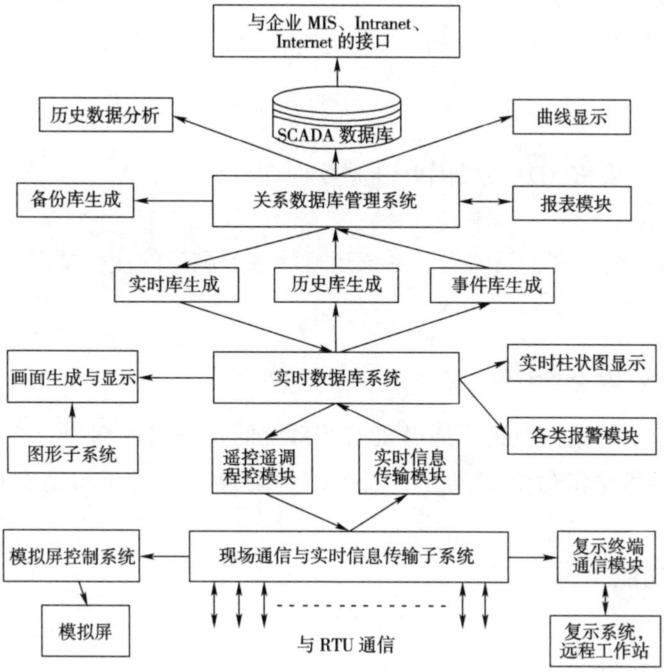

图 6-5 监控主站软件结构关系图

（2）实时数据库系统。

实时数据库为调度主机的核心，它主要记录现场各类量的属性，规定各类量的操作方式，如系统中报警、操作允许、操作警告（如两条进线不能同时拉开等）。实时数据库分为以下几类：状态量、模拟量、脉冲（数字）量以及对应的关系量。

（3）关系数据库管理系统。

关系数据库管理系统用于管理和维护 SCADA 数据库，完成用户对数据库提出的各种操作查询请求。在调度工作站上设有对数据库进行维护、整理与备份的功能，此功能设在数据库服务器和维护工作站上。

（4）图形子系统。

调度工作站的图形子系统功能主要是显示各类图形，如被控站所主接线图画面、实时柱状图画面、电流电压功率电度量等监视图画面等。

（5）画面生成与显示。

用于将以专用格式存放的图形文件进行显示并且实现与实时数据库的连接，能够动态反映系统的运行情况。

（6）实时柱状图显示。

以柱状图的方式显示遥测量的值与实时变化情况。

（7）各类报警模块。

能针对现场的故障进行报警，能够判断越限，记录故障标定，将报警的数据送往模拟屏。

（8）操作、事件、日志库生成与显示。

将系统运行现场的各类操作、事件以及运行的日志记录到数据库中，并能够显示和查询。

（9）实时库生成。

系统运行之初，从 SCADA 数据库中生成实时库。

（10）曲线显示。

显示当日数据库的内容，反映当日系统运行的各遥测量的变化情况、发生故障时的系统运行状态等。

三 被控站的功能及组成

被控站（RTU）是城市轨道交通微机监控系统的重要组成部分，主要负责对牵引供电系统的数据采集和操作命令的执行。被控站远动设备装设于轨道交通沿线牵引变电所内。

1. 被控站的功能

被控站的功能如下：

（1）远动控制输出。

（2）现场数据采集（包括数字量、模拟量、脉冲量等）。

（3）远动数据传输。

（4）可脱离主站独立运行。

2. 被控站的硬件构成

被控站的远动设备从外观上看，主要包括控制柜、变送器柜和连接电缆三大部分。两柜采用自立式结构、钢柜架、双开门，且具有足够的机械强度以确保设备安装后无晃动、盘架无变形，同时可装备检测用照明灯。柜内端子排的设计确保运行、检修、调试方便，与电缆连接可靠。

被控站的柜内设备主要由如下几部分组成。

（1）控制处理子系统。

控制处理子系统采用字长不低于 16 位的工业控制用微处理器，并配有足够的内存容量及实时数据采集、管理软件和相应数据库。实现对各 I/O 模块的实时管理及数据处理。

（2）遥控输出子系统。

遥控输出子系统接收控制输出命令并通过遥控出口继电器执行，直接与被控站配电盘接口。输出接口界面采取光电隔离措施，并对控制输出接口进行监测。

（3）遥信输入子系统。

遥信输入子系统与配电盘直接接口，采集来自现场监视对象的实时状态信息，包括位置遥信和非位置遥信。遥信输入采用无源触点方式，输入接口界面采取光电隔离措施及防止监视对象触点抖动干扰。

（4）模拟量输入接口。

模拟量输入接口用于遥测，接收来自模拟量变送器设备的信息，核心设备 A/D 转换板可采用智能板。模拟量输入可采用电流型或电压型。输入接口界面采取一定的抗干扰及隔离措施。

（5）电度量输入接口。

电度量输入接口接收来自电度量变送器设备的信息，用于电度测量。输入接口界面也要采取一定的抗干扰及隔离措施。

（6）故障点参数接口。

故障点参数接口接收来自故障点标定设备（故测仪）的信息，向该设备传送有关控制信息。接口方式采用 RS232 串行接口或并行数据接口。

（7）通信接口子系统。

通信接口子系统采用冗余结构双重接口配置方式，采取抗干扰编码等措施确保可靠通信。主要用于完成远动数据的发送和接收。

（8）电源子系统。

电源子系统包括被控站内各模板电源及被控站附属设备电源。可接入交流或直流两种外部电源工作，并设置过电压保护，确保被控站设备安全。

3. 被控站软件

被控站的软件包括如下几部分。

（1）中断服务程序。

（2）主模块。

主模块完成本软件所需完成的全部功能，包括初始化、自检、通信、遥控、遥测、遥调、遥信、键盘处理与显示。

（3）初始化模块。

初始化模块完成初始化功能，包括通信、遥测、遥信、站码、中断、串口、显示、YK 板等的初始化。

（4）遥测采集模块。

遥测采集模块完成全部遥测量的采集（包括滤波），同时应求出指定路的最大、最小值。

（5）下行任务模块。

下行任务模块完成以下功能：遥信处理、对话处理、电度冻结、电度预置、测试处理、遥测处理、遥控选择、无返遥控处理、程控手动中止、通道切换、遥控执行、程控执行。

（6）上行任务模块。

上行任务模块完成以下功能：复位上送、遥信上送、电度上送、遥测上送、对话上送、故障上送、遥控结果上送、遥控选择上送、测试上送、遥信变位上送，以上上送完成的是报文拼装，同时也拼装了循环冗余校验（Cyclic Redundancy Check，CRC）码。

（7）检查模块。

检查模块完成以下功能：YK 选择检查、YK 执行检查、遥调检查、YK 中断检查。

（8）键盘与显示。

键盘与显示模块完成键盘扫描、键值处理、显示处理。

（9）遥控选择。

遥控选择完成单控选择与程控选择，其中程控选择与单控选择的公共部分为对象选择，另外还有一些辅助功能，如存 YK 命令、选站、查找等。

测一测

1. 城市轨道交通微机电力监控系统主要由（　　）、（　　）、（　　）三大部分组成。

2. 监控主站，又称为（　　），是微机监控系统乃至牵引供电系统（　　）。

3. 监控主站调度管理自动化系统以（　　）为核心，通过网络与（　　）、（　　）、（　　）等设备进行数据交换。

4. 被控站主要负责对牵引供电系统的（　　）和（　　）的执行。被控站远动设备装设于（　　）。

单元 6.3 电力监控系统的数据通信

如单元 6.2 所述，城市轨道交通微机电力监控系统一般由设于调度所的监控主站、分布在城市轨道交通沿线的被控站及连接它们的各种不同的信道组成。在被控站与监控主站之间的数据传输和信息交换，是通过数据通信网来完成的。城市轨道交通微机电力监控系统中的数据通信网主要是用于传输和交换调度人员的操作命令及遥测量、遥信量等信息。因此，要求数据通信具有较强的实时性，较高的可靠性、可用性及可维护性，这是一般系统所使用的数据通信网所不能比拟的。高可靠性的数据通信网是城市轨道交通微机电力监控系统的中枢神经，若它发生故障将导致整个监控系统陷于瘫痪。

一　数据通信网的拓扑结构

数据通信网常使用的拓扑结构有以下几种。

1. 点对点结构

如图 6-6 所示，这种结构只用在少数非常简单的系统里。因为它对每一个被控站要求有一个监控主站和一个信道，一般不常采用。

2. 辐射 1:*N* 结构

如图 6-7 所示，这种结构中，一个监控主站被多个被控站共享。监控主站与各被控站轮流通信，与 1:1 方式相比，该结构的优点是许多被控站可以共享监控主站通信设备。

图 6-6　点对点拓扑结构

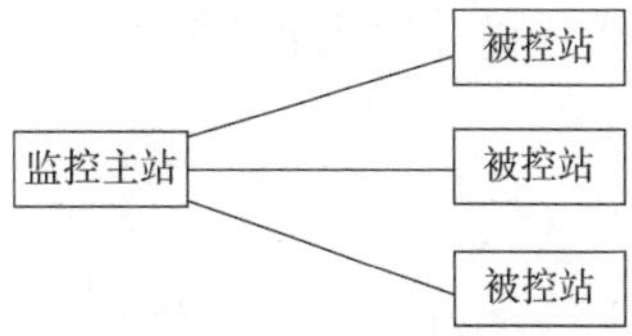

图 6-7　辐射 1:N 结构

3. 共线式 1:*N*（总线形）结构

如图 6-8 所示，监控主站经过共线通信信道与各被控站相连。每个被控端在信道上都有一个独立的地址。这种结构的优点是分享监控主站的通信设备及通信信道，降低通信费用。

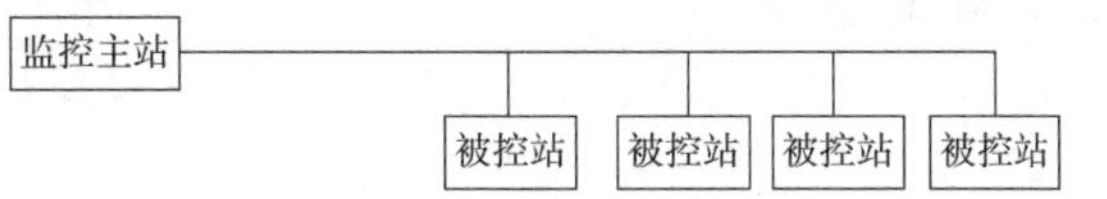

图 6-8　总线形结构

4. 环形结构

如图 6-9 所示，监控主站通过两个通信口与远近两个被控站相连。系统中每个被控站两两相连依次连成一个环，每个被控站单元向相邻者传送数据。这种闭环结构的突出优点是网络通信在某一点发生故障时，不会影响整个系统通信。除非有两个或以上的线路故障点出现，才可能由于双向链路均不通而导致系统通信故障。

5. 网形结构

监控主站与被控站可以组成分散主动的网状信息交换结构。当个别传输线路发生故障或繁忙时，传输可以绕道进行。网形结构如图 6-10 所示。

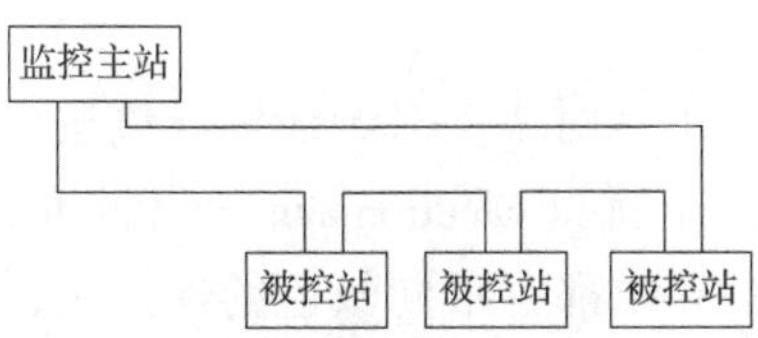

图 6-9　环形结构

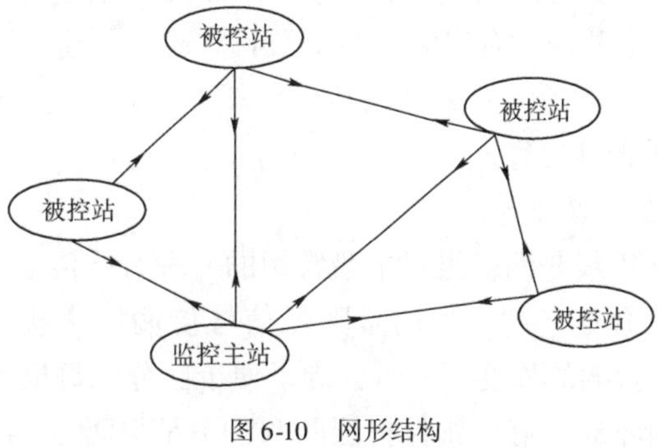

图 6-10　网形结构

监控系统传输的网形结构正处于探索阶段，在国外已有成功应用，采用网形结构时，一个节点会有几条路径到达另一个节点，可靠性高，但软件设计复杂，投资也相当高。

二　数据通信网的传输介质

计算机网络中采用的传输介质分为有线传输介质和无线传输介质两大类，如图 6-11 所示。

1. 有线传输介质

有线传输介质是指在两个通信设备之间实现的物理连接部分，它能将信号从一方传输到另一方。有线传输介质主要有同轴电缆、双绞线和光纤等。

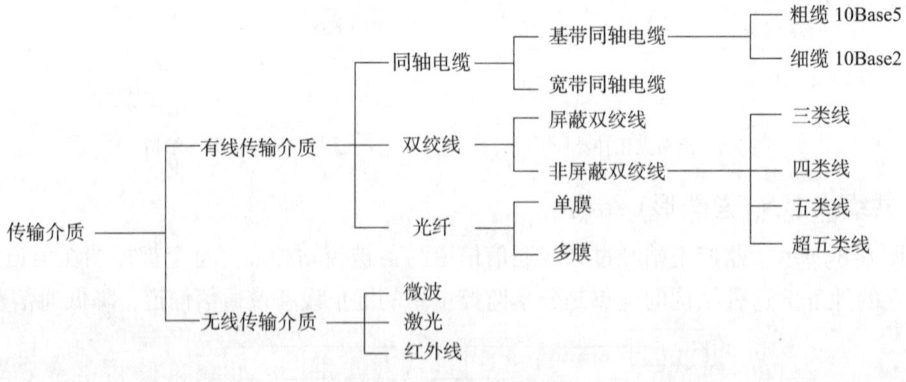

图 6-11　常用的传输介质

（1）同轴电缆。

同轴电缆（Coaxial Cable）由一根内导体铜芯外加绝缘层、外导体屏蔽层以及塑料保护层组成，其结构如图 6-12 所示。

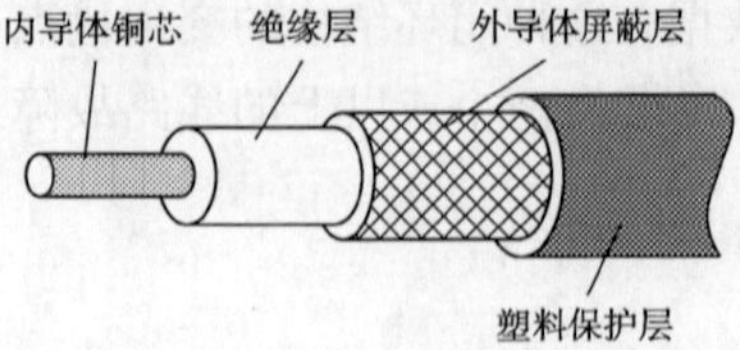

图 6-12　同轴电缆

通常将同轴电缆分成两类：基带同轴电缆和宽带同轴电缆。单根同轴电缆直径为 1.02～2.54cm，可在较宽频范围工作。基带同轴电缆仅用于数字传输，阻抗为 50Ω，并使用曼彻斯特编码，数据传输速率最高可达 10Mbit/s。基带同轴电缆被广泛用于局域网中。为保持同轴电缆的正确电气特性，电缆必须接地，同时两头要有端接器来削弱信号的反射。宽带同轴电缆可用于模拟信号和数字信号传输，阻抗为 75Ω，主要用于有线电视系统 CATV 通信。基带同轴电缆的最大距离限制在几千米；宽带同轴电缆的最大距离可以达几十千米。同轴电缆抗干扰能力比双绞线强，价格比双绞线贵，比光纤便宜。

（2）双绞线。

双绞线是网络组建中最常用的一种有线传输介质，由一对或多对绝缘铜导线按一定的密度绞合在一起，目的是降低信号传输中串扰及电磁干扰（Electromagnetic Interference，EMI）影响的程度。同时，为了便于区分，每根绝缘铜导线都有不同颜色的保护层，但如果质量不是很好，则保护层的颜色不是很明显。

双绞线是模拟和数字数据通信最普通的传输介质，它的主要应用范围是电话系统中的模拟语音传输。网络中连接网络设备的双绞线由 4 对铜导线绞合在一起，如图 6-13 所示，有 8 种不同的颜色，分别是橙白、橙、绿白、绿、蓝白、蓝、棕白、棕。双绞线适合于较短距离的信息传输，当传输距离超过几千米时，信号因衰减可能会产生畸变，这时就要使用中继器（Repeater）来进行信号放大。

双绞线的价格在传输介质中是最便宜的，并且安装简单，所以得到广泛的使用。

双绞线可分为非屏蔽双绞线（Unshielded Twisted Pair，UTP）和屏蔽双绞线（Shielded Twisted Pair，STP）。一般采用铜质线芯，传导性能良好，可用于传输模拟信号和数字信号。

目前EIA/TIA（美国电子工业协会/美国电信工业协会）为双绞线电缆定义了七种不同质量的型号，分别是一类线、二类线、三类线、四类线、五类线、超五类线、六类线。其中五类线电缆增加了绕线密度，外套一种高质量的绝缘材料，数据传输率为100MHz，用于语音传输和最高传输速率为10Mbit/s的数据传输，主要用于100BASE-T和10BASE-T网络，这是最常用的以太网电缆。

（3）光纤。

光纤是光纤通信的传输介质，通常是由能传导光波的纯石英玻璃棒拉制而成裸纤，裸纤由纤芯和包层组成，裸纤外有一涂覆层，如图6-14所示。

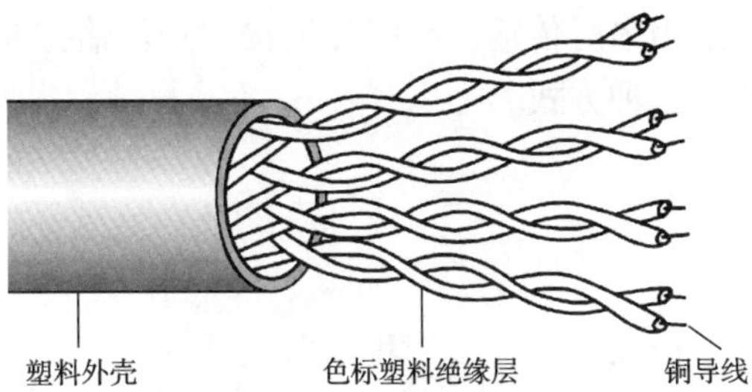

图6-13　双绞线示意图

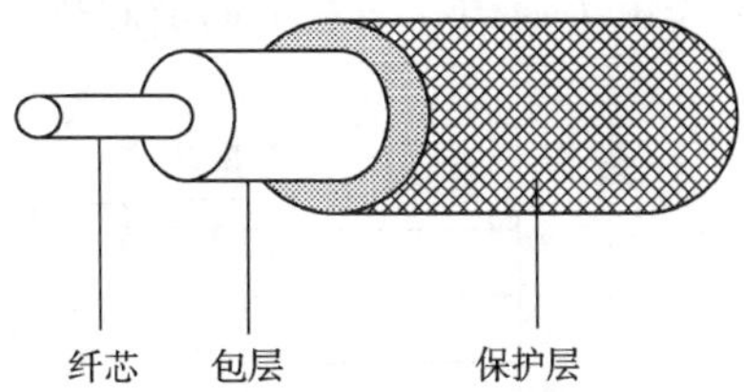

图6-14　光纤的结构

光纤通信就是利用光纤传递光脉冲来进行通信，有光脉冲相当于“1”，没有光脉冲相当于“0”。在发送端，可以采用发光二极管或半导体激光器作为光源，它们在电脉冲的作用下产生光脉冲，在接收端利用光电二极管作为光检测器，在检测到光脉冲时可还原出电脉冲，如图6-15所示。

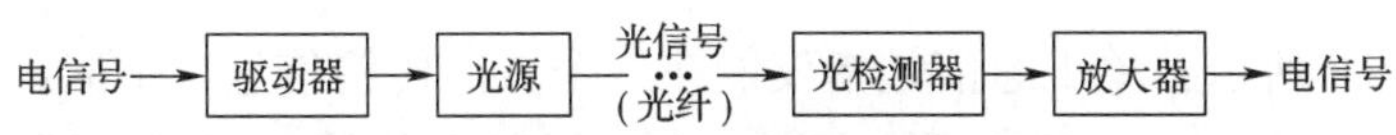

图6-15　光纤传送电信号的过程

光纤具有传输频带宽、数据传输率高、抗干扰能力强、传输距离远等优点。光纤可以在6～8km的距离内不用中继器传输，因此光纤适合在几个建筑物之间通过点到点的链路连接局域网。光纤不受噪声或电磁影响，适宜在长距离内保持高数据传输率，而且具有良好的安全性，但目前光纤价格比同轴电缆和双绞线都贵。

2. 无线传输介质

无线传输介质是指在两个通信设备之间不使用任何物理连接，而是通过空间传输信号的一种技术。无线传输介质主要有无线电波、微波、红外线和激光等。微波、红外线和激光的通信都有较强的方向性，都是沿直线传播的，而且不能穿透或绕开固体障碍物，因此要求在发送方和接收方之间存在一条视线通路，有时将这三者统称为视线介质。

三 数据通信方式

数据信息的传输按每次传送的位的不同分为并行传输及串行传输。

1. 并行传输

如图6-16所示，数据信息并列几位同时传输称为并行传输。其特点是传输线多、距离短、速度快。例如，微机监控系统中的画面拷贝打印机一般通过并行接口与计算机相连，进行并行传输画面拷贝。

2. 串行传输

如图6-17所示，串行传输即将数据信息按时间顺序一位一位地传送。

串行传输的特点是传输线少，距离可以远一些。例如，微机监控系统中监控主站与被控端间、调度主机与模拟屏间的信息传输常采用串行传输。串行传输按信息传输方向和时间可分为单工通信、半双工通信和全双工通信三种方式。

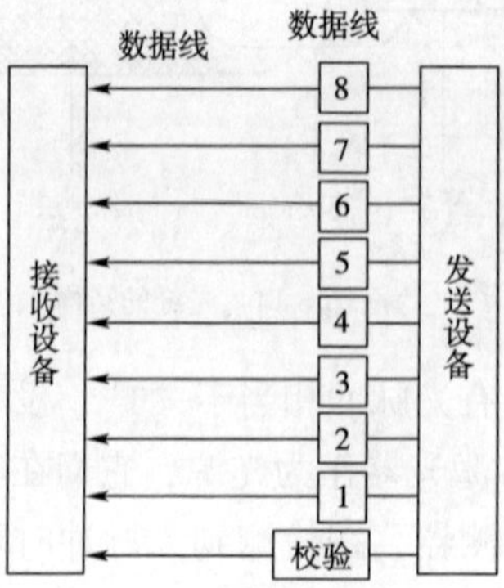

图6-16 并行传输

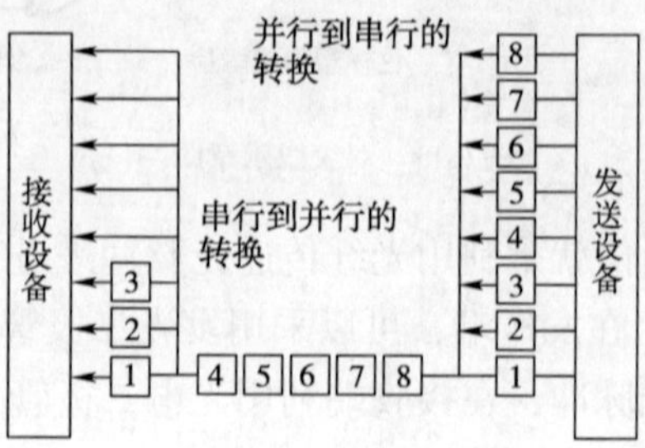

图6-17 串行传输

（1）如图6-18所示，单工通信是指仅能在一个方向传输信息，不能反方向传输。

（2）如图6-19所示，半双工通信是指信息可以双向传输，但不能同时传输，在任一通信时刻，只能向一个方向传输。

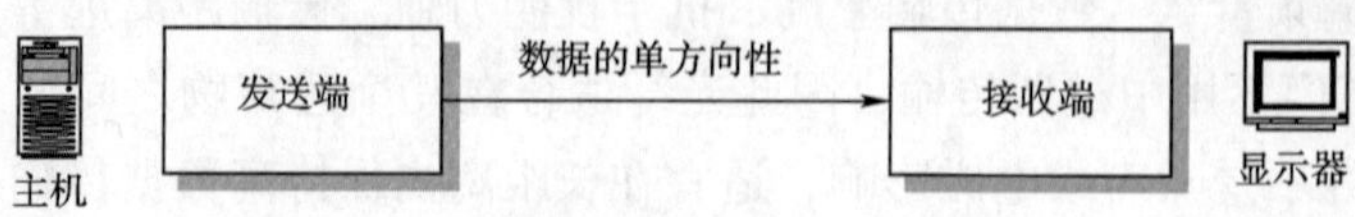

图6-18 单工通信

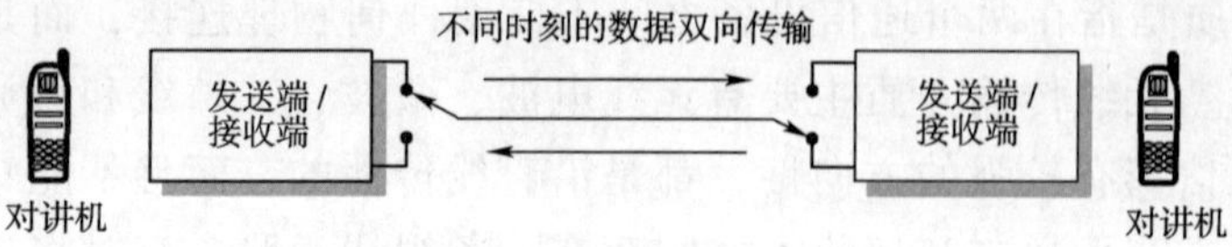

图6-19 半双工通信

(3) 如图6-20所示，全双工通信是指通信双方可同时进行双向传输信息，两个传输方向完全独立。

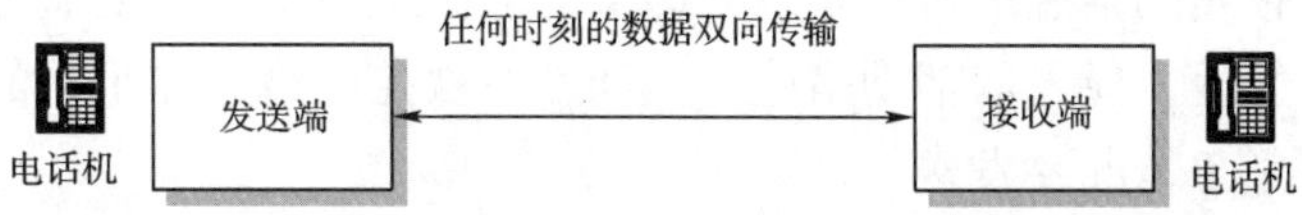

图6-20　全双工通信

四　数据交换方式

1. 循环工作方式

循环工作方式指的是被控站的遥测量和遥信量以预先确定的固定不变的循环周而复始地传输。这一传输与被控站的过程中的状态变化无关。这种传输方式不需要监控主站干预。传输信息时只需使用单工信道。由于是循环发送，因此当传输出错时，不需要重发，可以用下一循环中的数据来补救。当监控主站到被控站不需要传输命令信息时，监控系统采用循环工作方式更有利。

循环工作方式的传输延时与一个循环中发送的监控信息有关，传送的数量越多，传送的延时就越长。于是，可能出现状态变化的监视信息只有当传输循环重新返回相关的信息位置时才会被传输，这意味着传输延时最大可达一个全循环时间，监控主站可能不能及时捕捉到遥信变化。此外，这种传输模式不论在何种情况下，即使用户数据毫无变化，也照样可以循环不停地向监控主站发送数据，因此，在正常情况下，信道的有效利用率不高。

2. 自发工作方式

自发工作方式只有在被控端要传输的监控信息发生变化时（例如开关位置状态发生变化，测量的变化超过给定范围等）才向监控主站发送。若同时出现几个状态变化，则传输的先后次序按固定的优先权确定（如报文地址的顺序）。

采用这一工作方式传输时，受到干扰的报文不会自动重发。因此，自发工作方式要求一个双工信道，以便监控主站收到干扰报文后能发出请求重发报文。

自发工作方式减轻了正常运行情况下的信道负担，但在异常情况或事故情况下传送的工作量将大幅增加，为避免信道拥挤，可采用按优先级分批传送等办法来缓解。

3. 询问工作方式

循环工作方式和自发工作方式都是将被控站作为主动方来传送信息的，与此相反，询问工作方式是以监控主站为主动方来传送信息。由监控主站向被控站发出命令报文，被控站按监控主站请求发送有关信息。这种工作方式通常是以问答方式进行通信，故也称问答式。

询问工作方式需要双工通信。它不仅适用于点对点信道结构，也适用于其他信道结构，如总线形结构、环形结构等，因此，对信道结构要求较低。

询问工作方式通常是由监控主站逐一询问各被控站，若监控主站有下行命令下发，则下发下行命令，若无下行命令下发，则下发查询命令，如此循环不息。循环一周需要一定时间，如果某被控站有事件发生，但由于传送信息的主动权在监控主站，当监控主站未查询到该站时，该被控站的信息一时就难以立即上送监控主站。为了使监控主站及时掌握各被控站是否有事件发生，应采取辅助措施。例如，在被控站给监控主站的回答信息中附加标志，表明是否有紧急情况要发送。

4. 混合工作方式

混合工作方式可以有多种，如循环/自发工作方式。混合工作方式结合了循环及自发工作方式的原理，在点对点信息交换中，被控站以循环工作的方式传输测量量，以自发方式传送遥信变位信息。当被控站被监控信息无变化时，测量报文将按一个固定的顺序循环地传输。

五 通信协议

微机监控系统中监控主站要对被控站发布控制命令，被控站要上送遥信量、遥测量等监控信息。监控数据的传送要按约定的格式进行，即无论是监控主站还是被控站，要使数据能够正确收发，必须遵循一定的格式，如互相约定传输速率、同步方式、数据结构等，即所谓的通信协议（通信规约）。通信协议是描述计算机系统之间进行数据交换而建立的规则、步骤和约定。通信协议应由下列三部分组成：

（1）语法。

语法规定通信双方彼此“如何讲”，即确定协议元素的格式，如数据控制信息的结构或格式、编码及信号电平。

（2）语义。

语义规定通信双方彼此“讲什么”，即确定协议元素的类型，如规定通信双方要发出何种控制信息，执行什么动作和返回什么应答等，包括用于协调和差错处理的控制信息。

（3）定时关系。

定时关系规定事件执行的顺序，即确定通信过程中通信状态的变化，如规定正确的应答关系等，包括速度匹配排序。

目前，在微机监控系统中普遍使用的通信协议有两种，即循环式传输通信协议及问答式传输通信协议。

1. 循环式传输通信协议

循环式传输是基于循环工作方式进行的通信，特点是以被控端为主动方，循环不断地向监控主站发送遥测量、遥信量等数据。即被控端按通信协议规定及时组织好要发送的数据，然后按字节逐一交给串行通信接口，再经调制解调器发往信道，监控主站按规定的格式逐一接收。

2. 问答式传输通信协议

问答式传输的主要特点是监控主站掌握通信的主动权，被控端不能主动发送信息，而是按监控主站的要求发送，监控主站可以按需要指定被控站传送某一个或某一类数据，传送有差错时监控主站可以要求重传。问答式传输在被控站有遥信变位、遥测越阈值等情况发生时，与循环式传输不同的是，这些数据不立即发送，而是先存储，等监控主站查询到该站时，被控站才发送。

问答式传输通信协议适用于监控主站与一个或多个被控站进行通信。该协议适用于多种信道结构（点对点、总线形、环形等）。

测一测

1. 数据通信网的拓扑结构主要有（　　）、（　　）、（　　）、（　　）、（　　）等五种。

2. 数据通信网的传输介质主要有（　　）、（　　）、（　　）、（　　）等。

3. 数据信息的传输按每次传送的位的不同分为（　　）及（　　）。

4. 数据交换方式有（　　）、（　　）、（　　）、（　　）四种。

单元6.4 自动化系统集成

城市轨道交通系统是一个庞大的系统工程，自动化系统集成是城市轨道交通各专业控制系统的综合，包括电力SCADA系统、行车调度管理系统、环控系统（Building Automation System，BAS）、机电设备管理系统（Electrical Monitoring and Control System，EMCS）、自动售检票（Automatic Fare Collection，AFC）系统、防灾系统（Fire Alarm System，FAS）、地理信息系统（Geographic Information System，GIS）、设备管理与维护系统等。随着城市轨道交通的发展，变电所正朝着控制、保护、监视和测量一体化的电力综合自动化方向发展，行车调度管理、车站机电设备管理和防灾等系统也朝着综合自动化方向发展，系统集成的条件已经具备。

对于城市轨道交通系统，经济上要求尽量节省各自动化系统的开发和维护成本，当应用环境发生变化时，能实现系统的平滑升级，系统需要留有备用容量，具备在线扩展的能力；技术上要求系统能够安全、可靠和不间断运行，即要求系统具备在线维护和在线容错的能力。

日本东京的轨道交通综合自动化采用自律分布系统（Autonomous Decentralized System，ADS），此控制系统管理了东京285个车站涉及304km长的线路，实现了行车调度管理、自动售检票、车站机电设备管理等系统集成，以及列车高密度运行。自律分布系统在降低系统复杂程度、实现系统的扩展方面取得了很大的进步。自律分布系统认为构成系统的各个节点具有相同的潜在能力，任何一个节点可以从其他节点接收信息，然后选择必要的信息加以自律处理。另外，建设中的新加坡城市轨道交通也准备采用包括行车指挥的机电设备综合自动化系统。

自动化系统集成采用分层、分布式计算机结构，分为三层。控制中心设备和通信网络组成系统顶层，车站各种系统及通信网络组成车站层，车站机电设备管理、自动售检票等系统组成基础层。

变电所图像监控系统是针对供电系统变电所实施“无人值守”而采取的一个运营管理措施，对变电所的出入人员和设备故障能够起到监视和控制作用。在变电所的重要设备间如开关柜（室）等，设有带云台的摄像机，摄像机的信号电缆接入图像编码器，图像编码器可将图像压缩后上传，控制中心设有视频工作站，可以进行云台、变焦镜头控制，具有录像、报警等多项功能。

自动化系统集成可设地理信息系统，可以将城市轨道交通全线的各种设备的地理信息和相关的状态信息（动态信息）在三维地理环境中动态地显示出来。设置地理信息系统的目的是满足高效、快捷的高水平管理的需要，便于对城市轨道交通设备的管理和维护，能够快捷地定位到关注的设备上。通过地理信息系统，可得到该设备的位置信息、周围的地理环境以及该设备的运行状态信息。同时能在漫游地图的过程中查看其他系统设备的相关状态信息。

自动化系统集成中纳入了设备管理（ERP）的子系统——设备维护与管理系统。设置设备维护与管理系统能够帮助经营管理者更加经济、科学、合理地进行运营管理。采用设备维护与管理系统将提高设备可利用率，显著降低设备维护成本，为安全运行和维护提供保障，使设备管理细化、规范化和标准化。无疑，自动化系统集成是节能、高效、数字化的指挥系统，是今后城市轨道交通自动化系统的发展方向。

测一测

1. 自动化系统集成采用（　　　）、（　　　）结构，分为（　　　）层。

2. 电力监控系统是针对供电系统变电所实施（　　　）而采取的一个运营管理措施。

3. 自动化系统集成是节（　　　）、（　　　）、（　　　）的指挥系统，是今后地铁自动化系统的发展方向。

单元 6.5　电力监控系统认知及操作

下面以广州地铁六号线电力监控系统为例，介绍系统的界面及具体操作。广州地铁六号线变电所综合自动化系统分为牵引降压混合变电所、降压变电所综合自动化系统及主变电站综合自动化系统三类。变电所控制采用三级控制方式，即控制中心远方控制、所内控制信号盘/计算机集中控制、设备本体控制。三种控制方式相互闭锁，以达到安全控制的目的。

一　电力监控系统界面及功能认知

广州地铁六号线电力监控系统的操作界面如图 6-21 所示。

1. 标题栏：提示当前窗口中显示主要内容。

2. 菜单栏

菜单栏中功能按钮功能如表 6-1 所示。

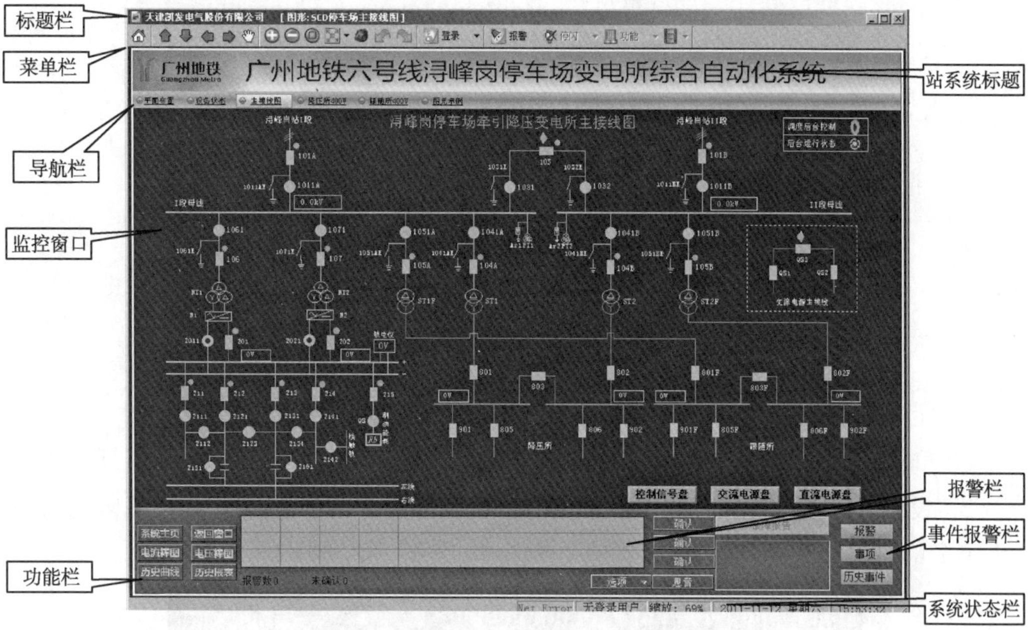

图 6-21　广州地铁六号线电力监控系统的操作界面

菜单栏功能按钮功能　　表 6-1

图　标	功　能	图　标	功　能
	向上移动		自适应画面
	向下移动		无限缩放
	向左移动		后退画面
	向右移动		前退画面
	放大画面	登录	登录、注销、修改密码
	缩小画面	停闪	停闪
	平移		追忆

3. 站系统标题栏

显示当前线路所属地铁公司 LOGO 和本站系统，例如典型站标题“广州地铁六号浔峰岗停车场变电所综合自动化系统”。

4. 导航栏

导航栏提供平面布置、设备状态、主接线图、降压所 400V、跟随所 400V、图元示例六项内容的导航。这六项内容分别对应一个画面。其中主接线图为主画面，系统自动启动时显示此画面。当前界面的按钮显示橙黄色，画面切换到对应窗口。

（1）平面布置。平面布置图显示设备空间摆放位置，帮助操作员查找设备。如图 6-22 所示。

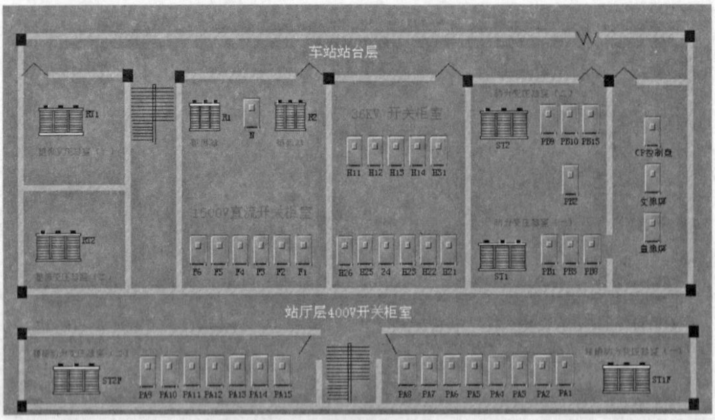

图6-22　平面布置子界面

（2）设备状态。设备状态图显示系统通信组网状态，其中红色 X 和红色圆点代表的意思与接线图中相同，分别代表通信状态和就地远方状态，如图6-23所示。

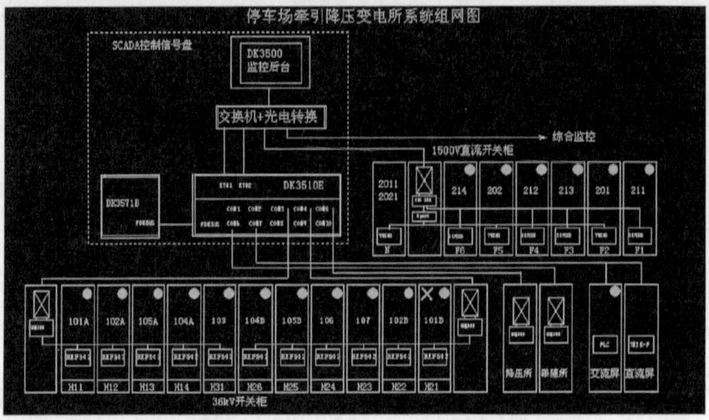

图6-23　设备状态子界面

（3）主接线图。主接线图主要显示所在站所系统主接线，进线、馈线、母线、断路器、变压器、隔离开关、整流器等设备均按照标准图元规范显示，如图6-24所示。

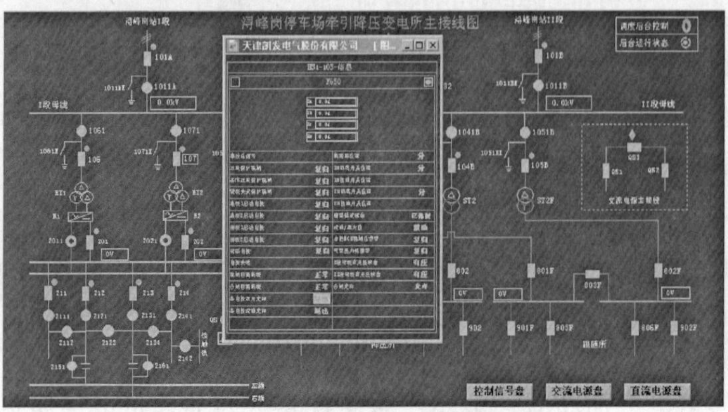

图6-24　主接线图子界面

（4）降压所400V。降压所400V显示降压所照明总电度、其他总计电度以及IPA柜体的工作状态。

（5）跟随所400V。跟随所400V显示跟随所照明总电度、其他总计电度以及IPB柜体的工作状态。

（6）图元示例。图元示例子界面显示开关图元信息和状态量信息，如图6-25所示。

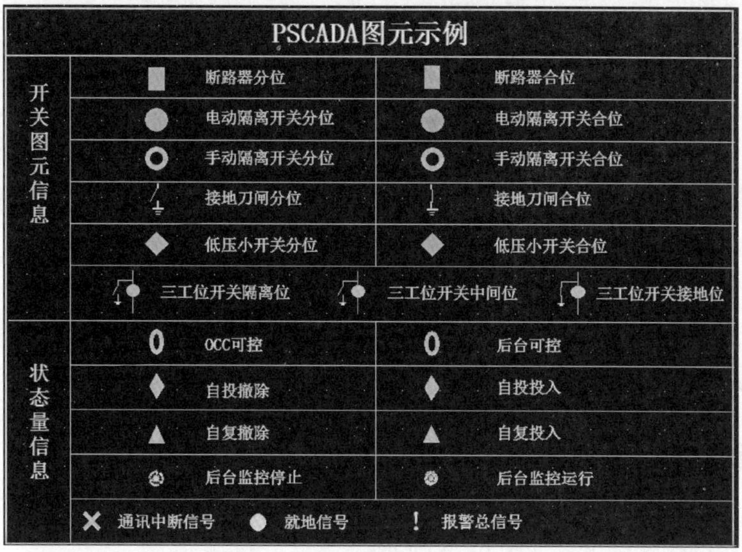

图6-25　图元示例子界面

5. 监控窗口

监控窗口主要以黑色为背景显示站系统所有监控系统，是用户主要操作区域，平面布置、主接线图、降压所400V、跟随所400V、图元示例等都是在此区域显示。

6. 功能栏

功能栏中包含系统主页（主接线图界面）、返回窗口、电流棒图、电压棒图、历史曲线、历史报表。

7. 报警栏

报警栏显示当前最新三条报警信息，报警信息最新一条显示在最上端，当有报警产生时，报警背景黄色闪烁提示操作员，报警信息根据报警级别可显示为红、橙、蓝、黑等颜色，点击后面确认按钮，报警信息进入扩展报警栏。当故障消失时报警信息显示绿色，点击确认按钮，报警信息在所有报警栏中消失。

8. 事件栏

事件记录栏包含当前所有后台软件动作的事件记录，历史事件用于查询过去某时间段的记录信息，如图6-26所示。

9. 状态栏

状态栏显示当前系统登录的用户及登录时间，以及显示当前系统时间，如图6-27所示。

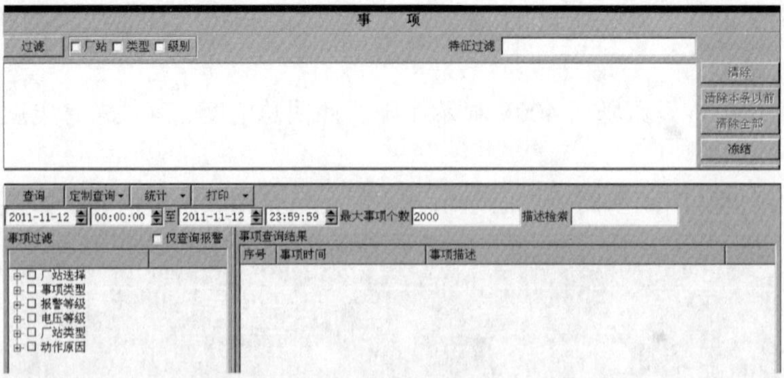

图6-26　广州地铁六号线电力监控系统事件栏操作界面

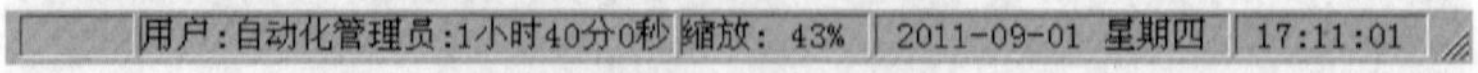

图6-27　广州地铁六号线电力监控系统状态栏显示界面

二　电力监控系统的操作

1. 权限管理操作

超级管理员对系统具有最高的管理权限，通过权限管理操作可以为不同用户分配不同权限，保证系统的操作安全，如图6-28所示。

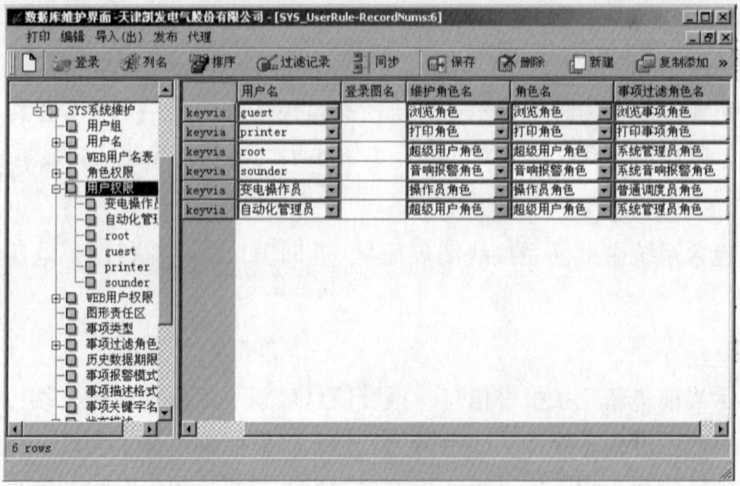

图6-28　权限管理操作界面

2. 登录注销操作

操作员可以根据自身的用户权限登入系统，对系统实施相应权限操作。操作员归属系统操作组、系统管理组等组别。

变电所操作员归属系统操作组，可以对后台进行信息查询、遥控操作等，如图6-29所示。

自动化管理员归属系统管理组，可以对后台进行信息查询、数据配置、遥控操作、界面调整等，如图6-30所示。

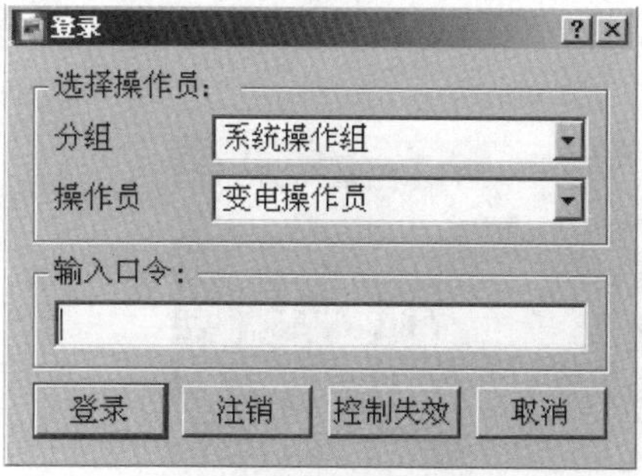

图6-29 变电操作员登录界面

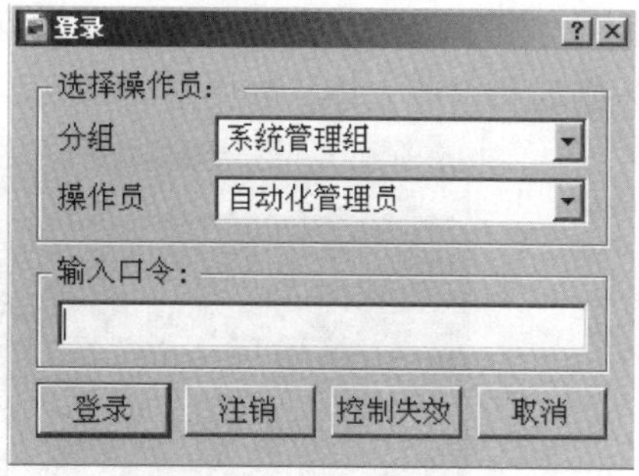

图6-30 自动化管理员登录界面

3. 远程监控操作

(1) 主接线显示

主接线图显示本站供电系统结构，以黑色为背景实际供电设备按照标准图元在界面显示。根据电压等级不同，母线以不同颜色显示，110kV 有电时显示红色，36kV 有电时显示橙色，1500V 有电时显示绿色，400V 有电时显示蓝色，母线不带电时显示灰色，如图 6-31 所示。

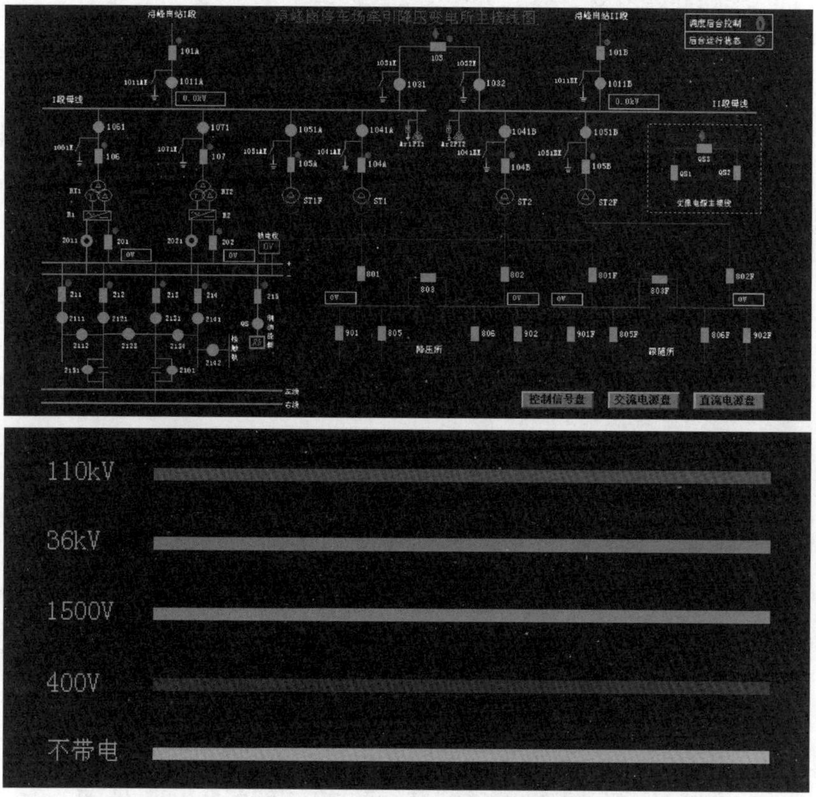

图6-31 主接线显示界面

设备详细信息窗通过点击设备开关编号弹出，例如：查看开关柜 103 的详细信息，将鼠标拖到 103 上，此时 103 被白色框圈起，点击鼠标左键打开信息框。信息框包含设备的遥信、遥测、电度等信息实时状态，具体信息量根据设备点表设置。信息框黑色背景能够通过鼠标拖动和拉伸大小，如图6-32所示。

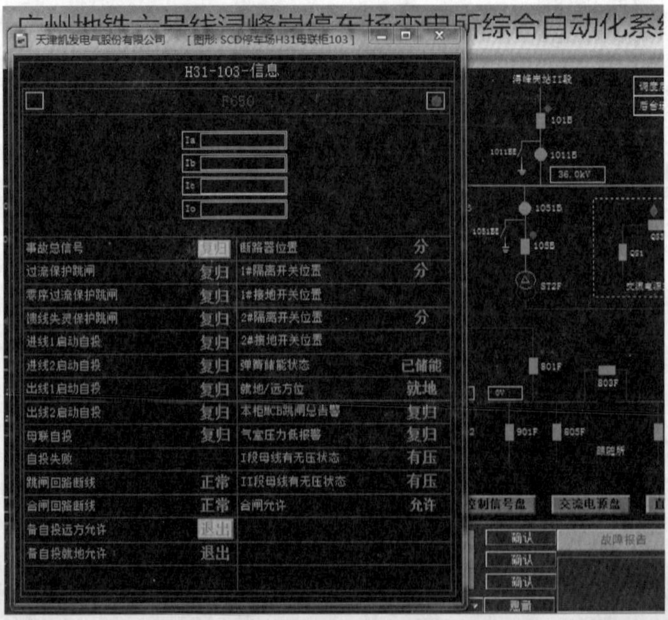

图6-32　开关柜H31-103信息显示

轨电位限制装置、制动能量消耗装置通过点起其图元弹出信息框，交流电源装置、直流电源装置、控制信号盘自身信号通过点击监控窗口右下角按钮弹出。例如：直流电源装置信息框通过点击“直流电源盘”，如图6-33所示。

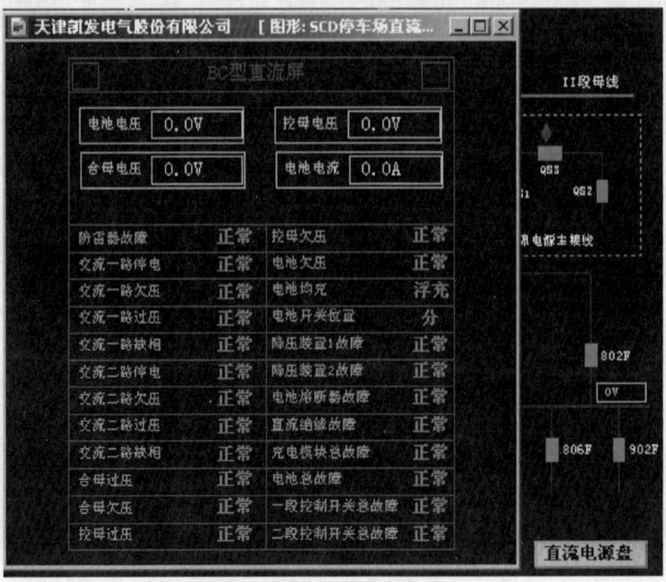

图6-33　直流电源盘信息显示

（2）开关状态显示

实际供电设备开关都有与之对应的图元在界面显示，可以在图元示例中找到图元代表的设备含义。如表 6-2 所示，为断路器 101A 具体开关状态变化显示。

断路器 101A 具体开关状态变化显示 表 6-2

图标	状态	图标	状态
101A 红色	断路器合位状态	101A 绿色	断路器分位状态
101A 蓝色	断路器非法状态	101A 灰白色	后台监控通讯中断
101A 闭锁	断路器被闭锁		

4. 遥信信息量显示操作

（1）运行状态显示。如表 6-3 所示所示，监控窗口右上角可设置调度后台控制状态和本地后台运行状态提示。

运行状态显示 表 6-3

图标	状态	图标	状态
调度后台控制	调度（OCC）可控	后台运行状态	后台运行停止状态
调度后台控制	本地后台可控	后台运行状态	后台运行状态正常

（2）断路器周边信息显示。如图 6-34 所示，为断路器 101A 的周边信息显示。其左上角红色叉代表 101A 设备与 PSCADA 通讯故障，消失代表通讯正常；右上角红色圆点代表 101A 设备处于就地状态，消失代表远方状态；左下角红色感叹号代表保护设备报警总信号，消失代表无报警。

（3）详细设备信息框。如图 6-35 所示，详细设备信息框中设备状态信息根据点表配置，状态描述以文字为主体，按照点表描述设置，遵循故障报警为红色，恢复正常为绿色。所有遥信状态图元在后台出现通讯故障时显示灰白色。

图 6-34 断路器 101A 周边信息显示

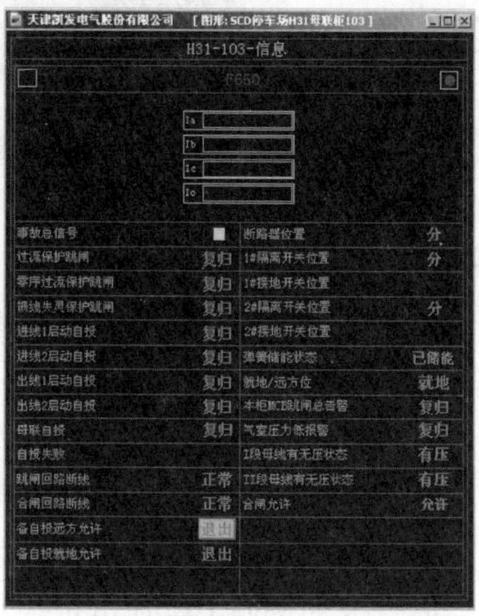

图 6-35 详细设备信息框

5. 遥测信息量显示操作

（1）遥测正常显示效果如表 6-4 所示。

遥测正常显示效果　　表 6-4

电压等级	显示图标	说明
110kV/36kV	Ia 0.0A　Uab 0.0kV	电压、电流显示单位 kV、A，精确到小数点后一位
	P 0kW　Q 0kVar	有功功率、无功功率显示单位 kW、kVar，精确到等级保留整数
1500V	母线电压 0V　进线电流 0A	电压、电流显示单位 V、A，精确等级保留整数
400V	Id 0.00A　Uab 0.00V	电压、电流显示单位 V、A，精确等级保留两位小数

（2）遥测量上下限及零值限如表 6-5 所示。

遥测量上下限及零值限　　表 6-5

电压等级	上限标准	下限标准	零值限
110kV 进线电压	1. 10	0. 90	30%
36kV 进出线电压	1. 05	0. 95	30%
1500V 母线电压	1800V	1000V	20%
400V 母线电压	由设计提供	由设计提供	20%

（3）遥测量不同状态时的显示效果如表 6-6 所示。

遥测量不同状态时的显示效果　　表 6-6

遥测量状态	显示图标	说明
遥测量正常	Uab 33.2kV	字体白色
遥测量越限	Uab 41.5kV	字体红色
通讯故障	Uab	体无显示

6. 遥控操作

对开关进线遥控操作时，右键点击开关选择遥控选项，弹出遥控操作对话框，如图 6-36 所示。

遥控操作对话框包括对象信息、操作提示、操作选项等，正常操作只需要先选择“遥控选择”，再根据操作提示信息进行“遥控执行”操作，最终结果会在操作提示框显示，其余选项系统默认已配置好，打开遥控对话框即可。

整个遥控操作流程按照 104 通讯规约对遥控操作规定设计，即遥控选择→遥控执行或遥控选择→遥控撤销。

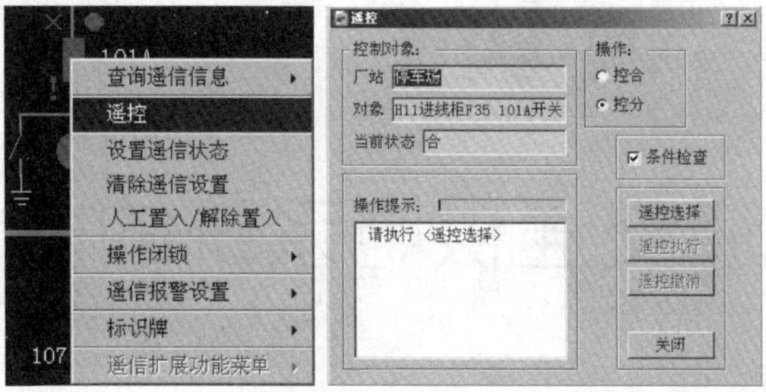

图6-36　遥控操作界面

遥控选择：对一个开关进行分合操作时，先对当前开关分合状态校验、条件检查，当条件满足时会在操作提示窗做出提示，不满足时提示窗也会有相应提示。

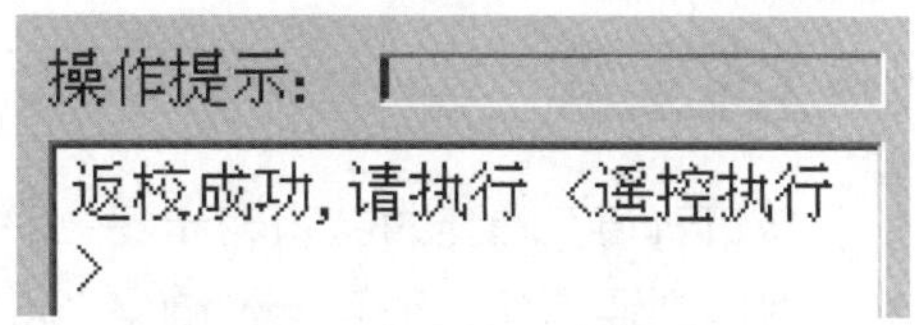

图6-37　条件满足可执行提示

条件满足可执行提示如图6-37所示。

未发执行令超时如图6-38提示，超时默认时间限30s。

当开关控制与现场实际状态逻辑不符时提示如图6-39所示。

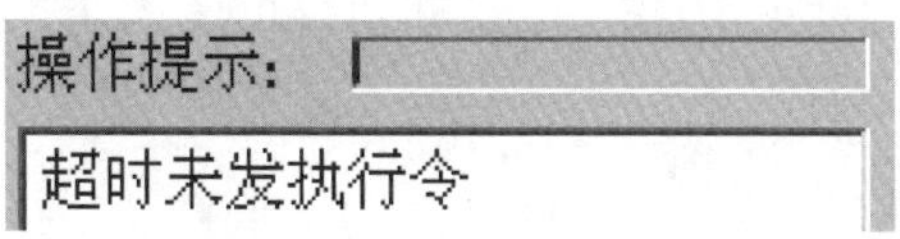

图6-38　未发执行令超时

图6-39　当开关控制与现场实际状态逻辑不符时提示

当控制条件（根据需求设置）不满足时提示控制条件不满足要求。

复习与思考

1. 什么是微机电力监控系统？
2. 微机电力监控系统的基本功能有哪些？
3. 城市轨道交通微机电力监控系统和电力远动系统有什么不同？
4. 微机电力监控系统的总体结构是怎样的？
5. 微机电力监控系统的基本工作原理是怎样的？
6. 微机电力监控系统的监控主站由哪些硬件构成？各起什么作用？
7. 微机电力监控系统的通信网络有哪些拓扑结构？各有什么特点？
8. 微机电力监控系统中有哪些传输介质？
9. 微机电力监控系统中有哪些数据通信方式？
10. 微机电力监控系统中有哪些数据交换方式？
11. 什么是通信协议？它规定了哪些内容？

模块7

城市轨道交通供电系统的安全要求

问题导入

城市轨道交通作为城市的一种重要交通运输方式，一旦发生事故，不仅会引起轨道交通沿线的交通瘫痪，而且会影响整个城市的正常运转。而供电系统是城市轨道交通系统的动力源泉，安全更是其头等大事。供电系统的可靠、经济运行，应以安全为基础。高度重视供电系统运行期间一切生产活动的安全性，已成为运行人员的行为准则。那么，供电系统的工作人员到底要遵守哪些安全管理规定呢？本模块将回答这些问题。

学习要点

1. 牵引变电所的安全管理制度；
2. 接触网安全作业管理制度；
3. SCADA 系统安全管理制度；
4. 工务和电务人员安全作业管理制度。

技能目标

1. 能熟记供电系统的各项安全管理制度；
2. 能够照章操作。

建议学时

4 学时。

单元 7.1 供变电安全

牵引变电所是城市轨道交通供电系统的心脏。它将工业电网中送来的 110kV 三相交流电变为 1500V 的直流电，经过馈电线送至接触网及其导线上，再经过受电弓进入城市轨道交通电动车组，作为驱动城市轨道交通电动车组牵引电动机的电源。它如同人的心脏一样，既变电，又供电。一旦牵引变电所发生故障，相邻两个供电臂的接触网立即停电，从而影响终端若干个区间和车站的行车工作，并将影响全线的运输秩序。

为保证牵引变电所不间断地向接触网供电，有关人员除必须严格执行《牵引变电所安全工作规程》和《牵引变电所运行检修规程》之外，还必须严格遵守下列各项安全管理制度，确保牵引变电所运行安全及运输畅通。

一 值班制度

虽然实现无人值班后，大部分设备具备“四遥”功能，但考虑经济的原因，还有一部分设备，如大部分低压开关、部分站场隔离开关，还需就地操作和定期巡视。

(1) 牵引变电所值班人员应接受电力调度的统一指挥，保证安全、可靠、不间断地供电。

(2) 每班应不少于2人同时值班，并在各自的职责范围内工作。

(3) 值班人员当班时应做到：

①“五熟”“三能”。

a.“五熟”：

(a) 熟悉本所主接线和二次回路的原理及其布置和走向；

(b) 熟悉本所电气设备型号、规格、工作原理、构造、性能、用途、检修标准、巡视项目、停运条件和装设位置；

(c) 熟悉本所（区段）继电保护和自动、远动装置及仪表等的基本原理和装设位置；

(d) 熟悉本岗位的各种规章、制度及标准化作业程序；

(e) 熟悉本所（区段）正常和应急的运行方式、操作原则、操作卡片和事故处理原则。

b.“三能”：

(a) 能分析、判断正常和异常的运行情况；

(b) 能及时发现并排除故障、缺陷；

(c) 能掌握一般的维护、检修技能。

②正确执行电力调度命令，按规定进行倒闸、办理工作票并采取安全措施，参加有关验收工作。

③按规定及时、正确地填写各种运行记录和报表。

④按规定巡视设备。当发现设备有缺陷、出现异常现象，或发生事故时，应尽力妥善地处理，并按信息反馈渠道及时报告有关部门。

⑤严格执行有关规章、制度、细则、命令及指示。

⑥管好仪表、工具、安全用具、备品、钥匙及图纸等资料。

⑦保持所内清洁卫生，做好文明生产。

⑧不擅离职守，不做与当班无关的事。不擅自互相替班、换班，特殊情况应经所长批准方可变更。

（4）接班前、值班中均应禁止饮酒。接班前应充分休息，以保证精力充沛地值班。

（5）控制室应保持安静。非当班人员及检修人员未经许可不准进入控制室、高压室和设备区。其他人员入所须按有关规定办理手续。

二 交接班制度

（1）交接班必须按照规定的时间严肃、认真地进行。接班人员未到，交班人员不得离岗，超过规定时间仍未到时，应报告所长或上级领导，直至作出安排。

（2）交接班前，交班的值班负责人应组织交班人员进行本班工作小结；将交接班事项填入运行日志中。交班人员应提前一小时做室内外卫生及交班准备工作。

（3）交接班时应避免倒闸操作和办理工作票。如遇有重要或紧急倒闸操作以及处理事故等特殊情况，不得进行交接班或暂停交接班，只有倒闸完毕或处理事故告一段落时，经电力调度和接班负责人同意后方可进行或恢复交接班。在交接班当中发生事故或设备出现异常时，虽暂停交接班，但接班人员应主动协助处理。

（4）交接班内容由交班负责人介绍，并由交接班人员按下述内容共同巡视检查：

①设备在交班时的运行情况，前一班的倒闸情况。

②前一班发生的事故和所发现的设备异常以及处理情况。

③断路器跳闸情况，继电保护及自动、远动装置的运行及动作情况、数目，以及尚未恢复的熔断器等。

④设备变更和检修情况，尚未结束工作票的检修设备，尚未拆除的接地线的地点、数目，以及尚未恢复的熔断器等。

⑤各种记录是否齐全，所记内容是否符合实际情况及有关规定。

⑥仪表、工具、安全用具、备品、钥匙、图纸、资料等是否齐全、完好。

⑦已提报的计划检修项目。

⑧设备整洁、环境卫生、通信设备等方面的情况。

（5）交接班双方一致认为交接无问题后，方可办理交接手续。即由接班负责人签字并宣告交接班工作结束，然后转由接班人员开始执行值班任务。

（6）接班后，新接班的值班负责人应向电力调度报告交接班情况，并根据设备运行、检修以及气候变化等情况，向本班人员提出运行中的注意事项和事故预想等。

三 巡视制度

（1）值班人员应按有关项目和要求结合本所的设备运行情况，按规定的巡视路线进行巡视。

（2）巡视应按以下要求进行：

①交接班巡视：每日交接时进行。

②全面巡视：交接班和每班中间巡视。

③熄灯巡视：结合全面巡视进行。

④特殊巡视：在遇有异常气候（雨、雾、狂风、冰雹等）时，新安装及大修后的主变

电所断路器跳闸后，设备异常时应加强巡视。

（3）巡视内容如下：

①交接班巡视、全面巡视：全部设备的全部项目。

②熄灯巡视：各种设备的绝缘件和电器连接部有无放电或发热。

③特殊巡视：异常气候时有无绝缘破损、裂纹和放电；重点设备的电气连接、油色、音响和气味。

（4）巡视应做到：

①单独巡视可由值班人员进行，但严禁进入设备带电区域。

②巡视人员巡视时不得从事其他工作。

③巡视前应通知值班人员或电调，巡视后由巡视人员在运行日志上记录相关情况，发现缺陷时要及时处理，并由值班人员填写缺陷记录，应对缺陷进行检查并复查处理的情况是否正常。

四　缺陷管理制度

设备缺陷管理制度要求全面掌握设备的运行状态，以便及时发现设备缺陷，认真分析缺陷产生的原因，并尽快消除。掌握设备的运行规律，保证设备处于良好的技术状态，努力做到防患于未然，是确保设备安全运行的重要环节，也是科学安排设备检修、校验和试验工作的重要依据。

按对供电安全构成的威胁程度，缺陷分为严重缺陷和一般缺陷。严重缺陷是指对人身和设备有严重威胁，若不及时处理有可能造成事故的缺陷。一般缺陷是指对运行虽有影响，但尚能安全运行的缺陷。有关人员发现缺陷后，无论消除与否，都应由运行值班人员在运行日志和缺陷记录簿中做好记录，并向有关领导汇报。对于严重缺陷，应及时组织人员进行消除或采取必要的措施，防止其造成事故。对于一般缺陷，可列入设备检修计划进行检修处理。

五　运行分析制度

定期地进行运行分析是提高供电质量、保证安全运行的重要技术组织措施。运行分析应包括下述内容。

（1）岗位分析。

岗位分析包括检查分析工作票、作业命令记录、倒闸操作记录及各项制度执行情况；统计倒闸操作正确率、办理工作票正确率、违章率；对发生违章的班组和个人找出原因并提出改进措施。此项分析一般每月或至少每季进行一次。

（2）计量分析。

计量分析包括分析负荷情况；统计负荷率、最大小时功率、平均小时功率；统计受电量、供电量、自用电量、主变压器损耗、功率因数，并分析判断电能电量与实际负荷是否相符；核算主变压器是否经济运行，以确定采用单台还是多台并联运行等。一般每日抄表后进行一次日分析，每周或至少每半月进行一次阶段分析。

（3）检修分析。

检修分析包括分析检修计划完成情况，对未完成或延长检修期限的原因作出说明；统计每台（屏）设备定期检修消耗的材料和工时；统计每月维护检修所消耗的材料费用。

（4）设备运行分析。

设备运行分析是指对电气设备、继电保护、自动装置、远动装置和仪表等的运行情况、事故、故障、缺陷、异常等进行的分析。具体做法是根据有关记录对设备投入运行以来及当时出现的现象、有关的操作、处理的措施、恢复的情况进行统计、分析（评价），从中总结经验教训，以便有针对性地加强检修或进行技术改造。变电所进行的专项设备运行分析一般有下列几种：

①变压器运行分析，内容包括变压器每月的最高及最低油（绕组、铁芯）温、最大和最小温升、过负荷情况、投运时间、投切次数、承受穿越性短路电流次数等。

②断路器运行分析，内容包括累计跳闸次数、每次跳闸时的短路电流、电压值、气压变化情况，以及断路器本身拒动、误动次数及原因等。

③电容补偿装置运行分析，内容包括投切次数、投运时间、投运效果等。

④继电保护、自动装置、远动装置运行分析，内容包括撤出运行的次数、时间和原因，动作的次数和原因，拒动、误动的次数及原因，核算动作正确率等。

六　设备鉴定制度

设备完好是变电所安全运行的重要前提。在运行中除应做好日常维护工作，以及处理在运行、检修中发现的缺陷外，还应结合本周期的预防性试验结果进行综合分析后，对设备质量进行一次等级评定。本年度新建或大修的设备还可结合竣工验收时对质量评定的结果来评定。除已封存的或已列入年度大修计划但尚未检修的设备可不做鉴定外，其他所有设备（包括已安装的或替修用的备用设备）均应进行鉴定，一并统计。

设备鉴定是供电部门全面质量管理的重要组成部分，它采取边鉴定边整治的原则。通过鉴定可全面掌握设备质量，为拟订下一年度的设备检修计划和技术组织措施提供可靠的依据。

设备鉴定后的质量等级分为优良、合格、不合格三级。

（1）优良设备，要求技术状况全面良好，即预防性试验项目全部合格，可测量的技术数据均在标准范围之内，全部项目达到中修的质量标准，外观整洁，技术资料（铭牌，技术履历簿，历年试验报告，每年大、中、小修记录以及鉴定记录，历年事故、故障/缺陷、异常的记录）齐全。对于继电保护及自动、远动装置等二次设备，还应有与现场设备相符的图纸。

（2）合格设备，要求预防性试验项目全部合格，主要技术数据在标准范围之内，主要项目达到中修的质量标准，次要项目达到小修的质量标准。

（3）不合格设备，是指预防性试验项目或主要技术数据有一项不合格，或者预防性试验超过规定周期10%仍未试验者，或其他项目有一项不符合小修质量标准者。

优良设备与合格设备统称为完好设备。

电气设备鉴定结果应填入“设备鉴定质量统计表”。鉴定时发现的设备缺陷应填入“设备缺陷记录分析表”，并进行汇总分析，提出整修、改善措施。对鉴定中发现的缺陷已在鉴定期间处理者，可按整修后的质量评定。

测一测

1. 牵引变电所值班人员应接受电力调度的统一指挥，保证安全、可靠、不间断地供电。每班应不少于（　　）人同时值班，并在各自的职责范围内工作。

2. 交接班时应避免（　　）操作和办理（　　）。

3. 单独巡视可由值班员进行，但严禁进入（　　）。

4. 按对供电安全构成的威胁程度，缺陷分为（　　）和（　　）。

5. 设备鉴定后的质量等级分为（　　）、（　　）、（　　）三级。

单元7.2　接触网作业安全

所有的接触网设备，自第一次受电开始即认定为带电设备。在模块5中已经介绍过，接触网的作业具有“三高”特点，其工作危险性很大。所以，接触网上的一切作业，均必须认真按《接触网安全工作规程》的规定严格执行，确保人身和设备的安全。

一　接触网工作人员安全等级及职责

从事接触网作业的有关人员，除了符合作业所要求的身体条件，熟悉触电急救方法之外，还必须实行安全等级制度，即每年要进行一次安全等级考试，经过考试评定安全等级。只有在取得安全合格证之后，方准参加与所取得的安全等级相适应的接触网运行和检修工作，如表7-1所示。

接触网工作人员安全等级　　表7-1

等级	允许进行的工作	必须具备的条件
一级	地面简单的作业（如推扶车梯、拉绳、整修基础帽等）	1. 新工人经过教育和学习，初步了解城市轨道交通安全作业的基础知识。 2. 了解接触网地面作业的规定和要求
二级	1. 各种地面上的作业。 2. 不拆卸零件的高空作业（如清扫绝缘子、支柱涂漆、涂号码牌、验电、装设接地线等）	1. 参加接触网运行和检修工作3个月以上。 2. 掌握接触网高空作业一般安全知识和技能。 3. 掌握接触网停电作业接地线的规定和要求，熟悉作业区防护信号的显示方法
三级	1. 各种高空和停电作业。 2. 间接带电作业。 3. 隔离（负荷）开关倒闸作业。 4. 防护人员的工作。 5. 进行巡视工作。 6. 要令人及倒闸作业、停电作业、验电接地监护人	1. 参加接触网运行和检修工作1年以上；具有技工学校或相当于技工学校及以上学历（供电专业）的人员可以适当缩短。 2. 熟悉接触网停电和间接带电作业的有关规定。 3. 具有接触网高空作业的技能，能正确使用检修接触网用的工具、材料和零部件。 4. 具有列车运行的基本知识，熟悉作业区防护的规定及信联闭知识。 5. 能进行触电急救

续上表

等级	允许进行的工作	必须具备的条件
四级	1. 各种停电和间接带电作业的工作票签发人、工作领导人及监护人。 2. 间接带电作业的要令人、操作人。 3. 工长	1. 担当三级工作1年以上。 2. 熟悉《接触网安全工作规程》。 3. 能领导作业组进行停电和间接带电作业
五级	1. 车间主任、供电调度员。 2. 技术科长（主任）、副科长（副主任），接触网技术人员。 3. 段长、副段长、总工程师、副总工程师	1. 担当四级工作1年以上。技术人员及正副段长具有中等专业学校（或相当于中等专业学校）及以上的学历（供电专业）可不受此限。 2. 熟悉《接触网安全工作规程》《接触网运行检修规程》，以及接触网主要的检修工艺。 3. 能领导作业组进行停电和间接带电作业

属于下列情况的人员，还应在上岗前进行安全等级考试：

（1）开始参加接触网工作的人员。

（2）开始参加接触网间接带电工作的人员。

（3）接触网供电方式改变时的检修工作人员。

（4）接触网停电检修方式改变时的检修工作人员。

（5）安全等级变更，仍从事接触网运行和检修工作的人员。

（6）中断工作连续6个月以上仍继续担任接触网运行和检修工作的人员。

当接到接触网工作任务后，工作票签发人在安排工作时，应确保：

（1）所安排的作业项目是必要和可能的。

（2）所采取的安全措施是正确和完备的。

（3）所配备的工作领导人和作业组成员的人数和条件符合规定。

工作领导人在安排工作时，要做好下列事项：

（1）确认作业内容、地点、时间、作业组成员等均符合工作票提出的要求。

（2）确认作业采取的安全措施正确且完备。

（3）时刻在场监督作业组成员的作业安全。

（4）检查落实工具、材料准备，与安全员（安全监护人）共同检查作业组成员着装、工具、劳保用品是否齐全、合格。

作业组成员要服从工作领导人的指挥、调动，遵章守纪。对存在安全隐患和有疑问的命令，要及时果断地提出，坚持安全作业。

二 工具的管理、使用安全

各种受力工具和绝缘工具应有相应的使用管理办法，由专人负责进行编号、登记、整理，并监督按规定进行定期试验和正确使用。禁止使用试验不合格或超过试验周期的工具。

绝缘工具应按下列要求进行试验：

（1）新购、制作（或大修）后，在第一次投入使用前应在组装状态下进行机械强度试验。机械强度试验合格后进行电气强度试验。应保证绝缘工具材质的电气强度不得小于3kV/cm，间接带电作业的绝缘杆等的有效长度大于1000mm。

（2）使用中的绝缘工具要定期进行试验。

（3）绝缘工具的机、电性能发生损伤或对其性能有怀疑时，进行相应的试验。

每次使用绝缘工具前，须认真检查有无损坏，并用清洁、干燥的抹布擦拭有效绝缘部分后，再用2500V兆欧表分段测量（电极宽2cm，极间距2cm）有效绝缘部分的绝缘电阻，不得低于100MΩ，或测量整个有效绝缘部分的绝缘电阻不低于10000MΩ。

绝缘工具要放在专用的工具室内，室内要保持清洁、干燥、通风良好。绝缘工具要有防潮措施。

绝缘工具在运输和使用中要保持清洁、干燥，切勿损伤。使用管材制作的绝缘工具，其管口要密封。

三　高空作业安全

凡在距离地面3m以上的处所进行的作业均称为高空作业。

高空作业必须设有专人监护，且监护人的安全等级不低于四级。停电作业时，每个监护人的监护范围不超过2个跨距，在同一组软（硬）横跨上作业时不超过4条股道，在相邻线路同时作业时，要分别派监护人各自监护；当停电成批清扫绝缘子时，可视具体情况设置监护人员。监护人员的安全等级不低于三级。

高空作业使用的小型工具、材料应放置在工具材料袋内。作业中应使用专门的用具传递工具、零部件和材料，不得抛掷传递。

高空作业人员作业时必须将安全带系在安全、可靠的地方。进行高空作业时，人员不宜位于线索受力方向的反侧，并采取防止线索滑脱的措施。在曲线区段进行接触网悬挂的调整工作时，要有防止线索滑跑的后备保护措施。

冰、雪、霜、雨等天气条件下，接触网作业用的车梯、梯子以及检修车应有防滑措施。

1. 攀杆作业

攀登支柱前要检查支柱状态，观察支柱上有无其他设备，确定具备攀登条件并选好攀登方向。

攀登支柱时要手把牢靠，脚踏稳准，尽量避开设备，并与带电设备保持规定的安全距离。用脚扣和踏板攀登时，要卡牢和系紧，严防滑落。

2. 登梯作业

接触网作业用的车梯和梯子必须结实、轻便、稳固，按规定进行试验。在有轨道电路的区段上，车梯的车轮必须采取可靠的绝缘措施。

用车梯进行作业时，应指定车梯负责人，工作台上的人员不得超过两名。所有的零件、工具等均不得放置在工作台的台面上。

作业中推动车梯应服从工作台上人员的指挥。当车梯工作台面上有人时，推动车梯的速度不得超过5km/h，并不得发生冲击和急剧起、停。工作台上人员和车梯负责人要呼唤应答，配合妥当。

工作领导人和推车梯人员，要时刻注意和保持车梯的稳定状态。当车梯在曲线上或遇大风时，对车梯要采取防止倾倒的措施；当车梯在大坡道上时，要采取防止滑移的措施；当车梯放在道床、路肩上或作业人员超出工作台范围作业时，作业人员要将安全带系在接触网上，不得系在车梯工作台框架上；车梯在地面上推动时，工作台上不得有人停留。

为避让列车，需将车梯暂时移至建筑限界以外时，要采取防止车梯倾倒的措施。当作业结束，车梯需要就地存放时，须稳固在建筑限界以外不影响瞭望信号的地方。

当用梯子作业时，作业人员要先检查梯子是否牢靠；要有专人扶梯，梯脚要放稳固，严防滑移；梯子上只准有 1 人作业。

3. 检修作业车作业

160km/h 及以上区段应采用检修作业车作业。

接触网检修作业车出车前，司机应认真检查车辆和行车安全装备，确保状态良好，并与作业人员检查通信工具，确保联络畅通。

作业平台不得超载。工作领导人必须确认地线接好后，方可允许作业人员登上检修作业车作业平台。作业时须关好作业平台的防护门。

作业平台上有人作业时，检修作业车移动的速度不得超过 10km/h，且不得急刹起、停车。

检修作业车移动或作业平台升降、转向时，严禁人员上、下。人员上、下作业平台应征得作业平台操作人或监护人的同意。所有人员禁止从未封锁线路侧上、下作业车辆。

为防止检修作业车作业平台侵入未封锁线路的限界，作业平台严禁向未封锁的线路侧旋转。

作业人员在作业平台防护栅外作业时，必须将安全带系在牢固、可靠的部位。

作业平台上的作业人员在车辆移动中应注意防止接触网设备碰、剐伤人。

司机和学习司机须精力集中，密切配合，在移动车辆前应注意检修作业车及作业平台周围的环境、设备、人员和机具等情况，与附近的设备保持规定的安全距离，以保证人员、设备安全。

作业人员与司机之间的信息传递应及时、准确、清楚、呼唤应答。作业中检修作业车的移动应听从作业平台上操作人员的指挥。

当邻线有以 160km/h 及以上速度运行列车通过时，作业人员应提前停止作业，并在作业平台远离邻线侧避让，列车通过后方可继续进行作业。

四 倒闸操作

接触网作业人员进行隔离开关、负荷开关倒闸时，必须有供电调度的命令；对车站、机务段或路外厂矿等单位有权操作的隔离开关，在向供电调度申请倒闸命令之前，要令人须向该站、段、厂、矿等单位主管负责人办理倒闸手续。

从事隔离开关倒闸作业人员按要求每年进行考试，其安全等级不得低于三级。车站、机务段或路外厂矿等单位有权操作隔离开关的人员应经供电段培训、考试合格，发给合格证后方可担任此项工作。

在申请倒闸命令时，先由安全等级不低于三级的要令人向供电调度提出申请，供电调度员审查后，发布倒闸命令；要令人受令复诵，供电调度员确认无误后，方可给命令编号和批准时间；每次倒闸作业，发令人要将命令内容等记入“倒闸操作命令记录”中，受令人要填写“隔离开关倒闸命令票”。

倒闸人员接到倒闸命令后，必须先确认开关位置和开合状态无误后，再迅速进行倒闸。倒闸时，操作人必须戴好安全帽和绝缘手套，穿绝缘靴，操作准确、迅速，一次开闭到位，中途不得停留和发生冲击。

倒闸作业完成后，确认开关开合状态无误后，操作人向要令人通报倒闸结束，由要令人向供电调度员申请消除倒闸作业命令。供电调度员要及时发布完成时间和编号并记入“倒闸操作命令记录”中，要令人填写“隔离开关倒闸完成报告单”，至此倒闸作业方告结束。

遇有危及人身和设备安全的紧急情况，可以不经供电调度批准，先行断开断路器或有条件断开的负荷开关、隔离开关，并立即报告供电调度。但再闭合时必须有供电调度员的命令。

严禁带负荷进行隔离开关倒闸作业。

要加强对带接地闸刀隔离开关使用管理的检查，其主闸刀应经常处于闭合状态，因工作需要断开时，当工作完毕后须及时闭合。主闸刀和接地闸刀分别操作的隔离开关，其断开、闭合必须按下列顺序进行：

（1）闭合时，要先断开接地闸刀，后闭合主闸刀。

（2）断开时，要先断开主闸刀，后闭合接地闸刀。

测一测

1. 从事接触网作业的有关人员，除了符合作业所要求的身体条件，熟悉触电急救方法之外，还必须实行安全等级制度，即每年要进行一次（　　）考试，经过考试评定安全等级。

2. 各种受力工具和绝缘工具应有相应的使用管理办法，由专人负责进行编号、登记、整理，并监督按规定进行定期试验和正确使用。禁止使用（　　）或（　　）的工具。

3. 凡在距离地面3m以上的处所进行的作业均称为（　　）。

4. 从事隔离开关倒闸作业人员按要求每年进行考试，其安全等级不得低于（　　）级。

单元7.3　电力监控系统安全管理

一　安全及检查制度

针对全线的设备，SCADA工作人员的基本安全生产制度和作业纪律是必须认真执行“三不动”“三不离”“三不放过”“三预想”“了解事故要三清”“三懂三会”“三级检查制度”等安全措施，以及城市轨道交通运营部门的有关安全规章制度。

“三不动”是未联系登记好不动；对设备性能、状态不清楚不动；未经授权的人员对正在使用中的设备不动。

“三不离”是检查完未复查、未试验不离；发现故障未排除不离；发现异状、异味、异声未查明原因不离。

“三不放过”是事故原因分析不清不放过；没有防范措施不放过；事故责任者和其他人员没有受到教育不放过。

“三预想”是工作前，预想联系、登记、检修设备、预防措施是否妥当；工作中，预想有无漏检、漏修和只检不修造成妨害的可能；工作后，预想是否检修彻底，复查试验、加封加锁、消点手续是否完备。

“了解事故要三清”是时间清、地点清、原因清。

“三懂三会”是懂设备结构，会使用；懂设备性能，会维修；懂设备原理，会排除故障。

“三级检查制度”是部门每半年对管内主要设备检查一次；工班每季对管辖范围内的主要设备检查一次；SCADA 专业人员每月对管辖范围内的主要设备检查一次。各种检查后均应有详细的设备运行记录。凡进行危险性较大、影响行车及安全的工作，必须事先拟订技术安全措施，由专人负责执行。对维护工具及安全防护用品，在出工前必须进行检查，禁止使用不良工具和防护用品。未授权的任何人员严禁对本系统所有应用软件做任何改动。电调人员应严格按照有关操作程序进行操作和控制，并对自己的操作负责。SCADA 专业维修人员应严格按照操作维修规程进行维修作业；同时要遵守运营部有关保密制度和规定。

二 设备的日常维护与巡视制度

按照规定的时间、周期和项目，对全线 SCADA 设备进行检查并记录。进行 SCADA 维护作业按下列规定执行：

（1）凡有计划对设备进行拆卸、更换、移位、测试等工作，需中断设备使用时，应填写施工要点申请计划表报生产调度，施工前应按调度命令，在设备检查登记表中登记，经车站值班人员同意并签认后，方可作业。但作业前应告知 SCADA 值班人员。

（2）临时对 SCADA 设备进行拆卸、更换、移位、测试等工作，必须在设备检查登记表中登记，经车站值班人员同意并签认后，方可作业，作业前应告知 SCADA 值班人员。若作业影响相关专业设备，必须取得相关专业人员认可后，在相关专业人员的监护下方可作业。

（3）不松动电气节点、不拆断电气连线、不更换零配件和不分离机械设备的一般性检查，可不登记，但应加强与车站值班人员和 SCADA 值班人员的联系。

（4）检修作业的联系、清点和登记，应按下列要求执行：

①联系、清点前，必须核对准确检修作业地点、需要检修的设备、检修内容及对其他设备的影响范围。

②联系、清点和登记工作，由 SCADA 检修人员负责办理。

③登记的时间、地点和作业性质、设备编号和影响范围等内容，一经车站值班员同意签认后，任何人不得涂改。

④登记、清点的维修作业，一般应在给定的时间内完成，遇有特殊情况需延长时间时，必须重新办理登记手续。

三　设备故障处理制度

为迅速进行事故障碍的处理，同时便于SCADA设备故障的管理及考核，要建立完善的故障受理制度。

（1）SCADA维修人员应从生产调度处受理SCADA设备故障，并按要求填写故障受理表格。

（2）SCADA设备发生故障，有关维修人员应及时、准确地作出判断（判明故障位置、故障原因等），积极组织修复，把故障时间及影响控制在最小范围内。若无法维修，应及时上报。

（3）故障处理时限为在接到故障报告后的当班内应赶到现场，如果是仅需在线维修的设备，维修应在当班内完成，当班完成不了的，应报维修中心生产调度，并做好现场保护措施和下一步的维修计划；对必须离线维修的设备，在设备离线前，做好设备更换，经复查、检验以及运行恢复正常后，方可离开现场，离线设备的维修应有计划和维修期限。

（4）SCADA维修人员在故障处理完毕后，应对维修现场进行清理，使其恢复到原来状态，并及时消点。

（5）SCADA维修人员应及时填写故障处理台账，记录故障情况及处理时间、结果，归档备查，对一时无法处理的故障要及时上报。

（6）严格执行事后检查制度，由SCADA班组对维修情况作核查，确保维修质量。

（7）故障处理时，不能影响接口专业的运作，涉及接口的维修，应先与其他专业协调，在其他专业的监护下进行。

（8）故障处理要按故障处理程序进行，处理要做到“三清”，即时间清、原因清、地点清。部门对SCADA维护班组按月考核“三清率”。

测一测

1. “了解事故要三清”是（　　）、（　　）、（　　）。

2. “三不放过”是（　　）不放过，（　　）不放过，（　　）不放过。

3. SCADA设备发生故障，有关维修人员应及时、准确地作出判断（判明故障位置、故障原因等），积极组织修复，把（　　）及影响控制在最小范围内。若无法维修，应及时（　　）。

单元7.4　工务、电务维修作业安全

一　工务人员作业安全

1. 接触网下作业的安全规定

工务人员在带电的接触网下进行线路、桥隧施工和维修作业时，除严格遵守《电气化铁路有关人员电气安全规则》外，还应注意以下人身安全：

（1）搬运长大杆件（如脚手架用的杆、板等）时，应平放在车上运送或由两人抬运，严禁在搬运中竖立或高举，以防长大杆件触电，危及搬运人员的安全。

测量用的花杆、塔尺应距离带电体2m以上，塔尺第三节最好拆掉，以免使用时不慎碰触带电体。

（2）尽量避免人体与接触网支柱及其附近的金属结构接触，防止这些设备的绝缘装置损坏时，可能出现的高压短路电流伤人。回流线与钢轨的连触点上也可能出现高电压，当接地线损坏时，会出现很强的短路电流，所以禁止与之接触。

（3）在距离接触网支柱及带电部分5m以内的钢管脚手架、钢梁栏杆等金属结构上，均需装设接地线。木杆脚手架上绑扎的铁丝金属物，应把余头去掉，以防止尖端放电。距带电部分不足5m的施工机具（如卷扬机、搅拌机等）也应装设接地线。

（4）接触网断电线接地瞬间，接地点周围（直径8～10m）出现跨步电压时，应单足或并足跳离危险区，防止跨步电压伤人。发现接触网上挂有线头、绳索等物件时，因线头、绳索带有高压电，严禁使用非绝缘物件与之接触，防止触电，并立即通知接触网工区处理。

（5）区间装卸路料时应遵守区间装卸作业安全的规定。运送机具、材料的车辆通过城市轨道时，应遵守道口安全规定。

2. 起道、拔道作业的安全规定

工务人员在起道、拔道作业过程中应遵守如下规定：

（1）由于接触网导线与轨面必须保持一定的距离，保证导线的高度符合《铁路技术管理规程》的要求，保证电力机车受电弓与导线的正常相互作用，起道的高度特别是曲线调整超高或单股起道的高度必须限制在一定的范围之内。《铁路工务安全规则》规定，在城市轨道上进行起道作业，起道高度单股不得超过30mm；隧道、桁架桥梁内不超过限界尺寸线。

（2）为保证城市轨道交通直线线路中心与接触网导线的垂直投影相吻合，防止电力机车受电弓与导线的接触点落在受电弓工作宽度以外，拔道或线路自然横向变化时，在不侵入建筑接近限界的条件下，线路中心位移范围不得超过30mm。确需超出标准时，应提前通知接触网工区，必要时，工务与供电部门协同施工，拔道与调整接触网导线同时进行。

在车站内拔道时，还应注意不使信号机、电动道岔的转辙机侵入限界，不因拔道而损坏扼流变压器和轨道电路等。

（3）为保持接触网导线高度和隧道边墙或接触网支柱内侧至线路中心的距离，供电和工务部门应共同根据线路及接触网设计的轨面高度，在隧道边墙上或接触网支柱内侧画一红横线。红横线上面标明轨面至接触网导线的高度，红横线下面标明隧道边墙或支柱内侧至线路中心的距离，作为线路和接触网维修共同遵守的标准。供电和工务部门每年应按照红横线标准会同复测一次。如因改建、大修需将路基或接触网支柱起高或下落，以及线路和接触网支柱横向位移，施工前供电和工务部门应共同按铁路局批准的施工文件测量复核，竣工后复检并重新测定。

3. 应事先通知供电部门采取安全措施后才能进行的工务作业

遇下列工务作业，必须事先通知供电部门采取安全措施后方可进行：

（1）更换带有回流线的钢轨时。

（2）更换牵引变电所岔线或通往岔线路的钢轨及其主要连接零部件（如夹板、辙叉等）时。

（3）在有接触网的线路上，于同一地点，同时更换两股钢轨上的夹板时。

（4）更换整组道岔时。

更换完毕经供电人员检查，符合供电要求后，方准撤除安全措施。

4. 更换钢轨或夹板时的安全规定

更换钢轨或夹板要遵守下列规定：

（1）禁止在同一地点将左右两股钢轨同时拆下。因为在电力牵引的正线上，牵引电流是通过钢轨流回变电所的，同时拆下两股钢轨，等于切断牵引电流的回路。

（2）换轨前要在被换钢轨两端的左右轨节各安设一条横向连接线，使流回牵引变电所的电流能够顺利通过。连接线应用截面积不小于70mm^2的铜导线做成，用夹子接近轨底。该连接线在换轨完毕后方可拆除。

（3）在更换带有轨端绝缘的钢轨之前，除必须用横向连接线将被换钢轨相邻轨条与相对轨条连接以外，还要用连接线将轨道抗流变压器中间点与被换钢轨相对的钢轨连妥，并断开抗流变压器上的连接线后，方准更换。

（4）当线路维修拉开钢轨调准轨缝时，要在拉开的轨缝间预先装设临时连接线。临时连接线的长度应使钢轨接头间可能拉开200mm。

（5）在通往牵引变电所岔线的城市轨道交通线路上更换钢轨或夹板时，或应更换钢轨需拆开回流线时，在未设可靠的分路电流线前，不得将钢轨、夹板和回流线拆开，以免影响牵引电流流回牵引变电所的通路。拆装回流线必须由牵引变电所的工作人员进行，更换钢轨或夹板也必须由上述人员在场监护。

5. 养路需要暂时拆除接地线时的安全规定

若养路机械在使用中有可能撞坏接地线或者养路工作需要暂时拆开接地线时，施工领导人需事先向电力调度员报告，并取得其同意后，可暂时拆除接地线，并在其作业结束后将其装好。

拆除接地线时应尽量使用临时接地线，以代替该接地线的工作。临时接地线的截面积不得小于25mm^2的铜当量截面。拆装接地线的工作要由接触网工或经专门训练的工务人员担任。

6. 在距离接触网带电部分不足2m的建筑物上作业的安全规定

在距离接触网带电部分不足2m的建筑物上作业，如维修隧道拱部、安装和拆除明峒施工的拱架等，接触网必须停电。因此，施工领导人应向电力调度员提交接触网停电申请书，注明施工地点、施工起止时间及特点。

施工领导人只有在接到电力调度员准许接触网停电的命令，确认接触网已经停电并已挂好临时接地线之后，方可开始施工。

施工完毕，确认所有的工作人员都已转到安全地点后，方可拆除接地线，并通知电力调度员。在拆除临时接地线之后，禁止再进行上述作业。

7. 利用列车运行间隔时间施工时的安全规定

利用列车运行间隔时间进行养路机械化施工，运送施工用的砂、石等材料时，可利用每1km设置的区间电话与车站进行联系。由区间电话引出的施工防护电话，需有接地或避雷装置。引出地电话线应采用绝缘性能较好的话筒线，应埋在电话线或屏蔽线处；若使用皮线，应埋在地面下，不要高出地面。

施工工地与火车站都必须设置电话防护。驻站电话员应加强和车站值班员联系，切实掌握列车运行情况，并将列车闭塞、从车站出发或经过的时间，准确地通知工地电话员。工地电话员立即以规定信号报告施工领导人。施工领导人应于列车到达前5~8min将一切机具搬出线路界限以外。

施工机械上道后，驻站电话员和工地电话员必须不间断地进行联系。如因一方电话发生故障等原因而中断联系，工地电话员应立即报告施工领导人停止作业，将机具完全撤离在建筑接近限界以外，待双方通话后再施工。

驻站电话员、工地电话员和施工领导人三者之间必须保持密切联系。驻站电话员和工地电话员双方应做好通话记录。工地电话员与施工领导人之间的信号联系必须及时、准确，并按《铁路技术管理规程》规定设置防护信号牌和作业标。

二 电务人员作业安全

接触网中流过的大电流会产生一个强大的磁场。当强大的电磁场耦合感应到架空通信电线路时，就产生感应纵向电动势。架空通信电线路与接触网距离越近、与导线平行的距离越长，产生感应纵向电动势就越大。这种感应纵向电动势轻则使通信设备产生串杂音，重则危害作业人员的安全。所以，为了确保安全，电务人员在轨道交通线路附近的架空线路上进行的一切作业，都要像在高压电线路上作业一样对待。

1. 维修地下通信电缆时的安全规定

切割地下埋设的电缆外皮或打开电缆套管之前，要将电缆外皮两端连通并临时接地，坑内要铺设干燥的橡皮绝缘垫或是作业人员穿着高压绝缘靴，务必保证坑内工作人员对地有良好的绝缘，以策安全。

电缆芯线发生故障，需在区段上进行工作时，要把区段两端的接线盒上故障芯线的“U”形插头拔掉，同时挂上警告牌。在警告牌上写明“正在作业，不要接入”字样，防止其他人员误接，危及维修作业人员安全。

2. 维修架空通信线路时的安全规定

在城市轨道交通线路附近的架空通信线路的所有电杆上，要像高压线路一样装设“危险”警告牌。登杆作业前，应检查安全带、脚爬等是否有故障，工具是否带齐，电杆根部和拉杆是否完好等。登杆作业用的安全带，应系在电杆或牢固的构架上。使用的工具、材料应用绳索或工具袋传递，禁止抛扔，以免砸伤杆下作业人员。

上杆维修架空通信线路时，要先把导线接地，地线可用拉线或可挂设临时地线。导线与地线间的连线，应使用截面积不小于25mm^{2}的铜绞线制成，以确保人身安全。

架空通信线路需上杆维修时，要先把电缆芯线与架空通信缆线连接处断开。

架空通信线路上导线的接地，要先将连线的一端用线夹接于地线上，然后将另一端用绝缘工具连接至架空通信导线上，并确保接触良好。工作完毕，按相反的步骤拆除连线。

修理断线时，要把断线区段两端的导线都接地后才能进行工作。断线两端都接地的目的是防止导线上的意外突然来电伤人。

3. 长途通信机械室内维修作业的安全规定

引入长途机械室的电缆要装有绝缘套管，以使电缆外皮与电缆线路部分的外皮隔离。

长途机械室的引入架、电缆箱、电缆盒要对地绝缘，其他通信机架均应接地。维修上述设备前，必须确认其绝缘或接地良好。

凡与电缆线路导线直接连接的插塞，都要有绝缘把手。室内配线与外线连接要用耐压1000V以上的绝缘线。与线路导线连接的继电器和绝缘变压器等设备要装设外罩。检查上述设备时，要与外线断开，并穿着绝缘胶鞋和站在橡皮绝缘垫上工作。

4. 维修信号设备时的安全规定

（1）检查继电器箱（架）和控制台时，要确认其接地良好，并穿着绝缘胶鞋和站在橡皮绝缘垫上工作。

（2）检查轨道电路时，在轨道绝缘变压器与抗流变压器连接的低压线圈断开之前，禁止切断其高压线圈回路。

（3）更换双轨条轨道电路中的抗流变压器及其牵引连接线时，应在接妥纵横向连接线后，方可从钢轨上切断抗流变压器。

（4）整修电缆时，要在确认电缆外皮接地良好之后，方可开始工作。

（5）更换绝缘节时，在双轨条轨道电路中，禁止断开接向轨道抗流变压器连接线中任何一侧或两个抗流变压器中间点的连接；在单轨条轨道道路中，禁止断开相邻两轨道电路的牵引连接线以及平行轨道的牵引轨条之间的连接线。

5. 高柱信号机设置与维修的特殊要求

根据《电气化铁路有关人员电气安全规则》规定，电气化铁路高柱信号机机构及梯子的外缘与接触网带电部分保持2m以上距离时，应设置安全防护网及有关接地装置，才能保证电务人员维修作业的安全。

据调查，有的车站设置的高柱出站信号机离相邻股道上接触网导线不足2m，静电和电磁感应致使信号机的梯子、机构带电。据测定，信号机上人体对地感应电压高达450V。电务人员在信号机上作业时，经常被感应电势击打。因此，电务人员维修高柱信号机时要注意安全防护，以免触电。

6. 电力设备维修的安全规定

（1）需要攀登接触网支柱进行电力检修时，要由经过专门训练的人员进行作业。

（2）在检修电力高低压线路时，要将线路两端断开电源，并在工作区域两端予以封线接地。

（3）新架或更换架空线路的导线时，要每隔 1km 将导线实行封线接地。

（4）在隧道内悬挂的电缆上工作时，其两端必须装设良好的接地线。

测一测

1. 工务人员在带电的接触网下进行线路、桥隧施工和维修作业时，严格遵守（　　）。

2. 发现接触网上挂有线头、绳索等物件时，因线头、绳索带有高压电，严禁使用（　　）与之接触，防止触电。

3. 更换带有回流线的钢轨时，必须事先通知（　　）采取安全措施后方可进行。

4. 更换钢轨或夹板时，禁止在同一地点将（　　）同时拆下。

5. 检查轨道电路时，在轨道绝缘变压器与抗流变压器连接的低压线圈断开之前，禁止切断（　　）。

6. 在检修电力高低压线路时，要将线路两端（　　），并在工作区域两端予以（　　）。

复习与思考

1. 牵引变电所有哪些安全管理制度？
2. 接触网有哪些安全作业管理制度？
3. SCADA 系统有哪些安全管理制度？
4. 工务和电务人员有哪些安全作业管理制度？

参 考 文 献

[1] 郑瞳炽，张明锐．城市轨道交通牵引供电系统［M］．北京：中国铁道出版社，2000.

[2] 宋奇吼，李学武．城市轨道交通供电［M］．北京：中国铁道出版社，2009.

[3] 黄德胜，张巍．地下铁道供电［M］．北京：中国电力出版社，2010.

[4] 张莹．工厂供配电技术［M］．3 版．北京：电子工业出版社，2011.

[5] 于松伟，杨兴山，韩连祥，等．城市轨道交通供电系统设计原理与应用［M］．成都：西南交通大学出版社，2008.

[6] 何宗华，汪松滋，何其光．城市轨道交通供电系统运行与维修［M］．北京：中国建筑工业出版社，2005.

[7] 李宗文．接触网施工与检修［M］．北京：中国铁道出版社，1996.

[8] 钱清泉．微机监控系统原理［M］．北京：中国铁道出版社，1997.

[9] 文锋，臧家义．电气二次接线识图［M］．2 版．北京：中国电力出版社，2014.

[10] 梁广深，邱庆珠．城市轨道交通供电制式分析探讨［J］．城市轨道交通研究，2004，7（6）：10-13.

参考文献

[1] [illegible]

[2] [illegible]

[3] [illegible]

[4] [illegible]

[5] [illegible]

[6] [illegible]

[7] [illegible]

[8] [illegible]

[9] [illegible]

[10] [illegible]

实训

试验（实训）指导手册

问题导入

试验和实训是教学过程中的一个重要环节，对我们熟悉操作规程、掌握操作技能和培养故障检修能力具有极大的铺垫作用。前面已经了解过牵引变电所的各种电气设备、电气主接线以及接触网的结构组成等理论知识，那么在实际的工作岗位应用这些知识时该掌握哪些操作技能呢？本部分将通过一些试验和实训来回答这些问题。

学习要点

1. 高压开关电器的结构和原理；
2. 一次回路和二次回路的过电流保护；
3. 接地电阻的测量方法；
4. 接触网的部件装配和安装；
5. 接触网拉出值及线岔的检调；
6. 接触网腕臂棒式绝缘子更换；
7. GW-35 型隔离开关检调。

技能目标

1. 会拆装部分高压开关电器，如高压隔离开关、高压负荷开关和高压断路器等；
2. 能进行定时限和反时限过电流保护的一次回路和二次回路接线；
3. 会测量建筑物的接地电阻；
4. 能进行接触网的部件装配和安装；
5. 会检调接触网的拉出值及线岔；
6. 会更换腕臂棒式绝缘子；
7. 会检调 GW-35 型隔离开关。

建议学时

24 学时。

试验（实训）须知

一 试验（实训）目的

进行试验（实训）的目的：

（1）配合理论教学，增加学生对城市轨道交通供电方面的感性知识，巩固和加深学生对城市轨道交通供电方面的理性知识，提高课程教学质量。

（2）培养学生学习使用各种常用仪器、仪表，熟练掌握供电电器结构和功能，掌握供电电路连接、故障分析和修理的技能，并培养其分析处理试验（实训）数据和编写报告的能力。

（3）培养严肃认真、细致踏实、重视安全的工作作风和团结协作、注意节约、爱护公物、讲究卫生的优良品质。

二 试验（实训）要求

（1）每次试验（实训）前，必须认真预习试验（实训）手册有关试验（实训）内容，明确试验（实训）规范、任务、要求和步骤，复习与本次试验（实训）有关的理论知识，分析试验（实训）线路，明确试验（实训）注意事项，以免在试验（实训）中出现差错或发生事故。

（2）每次试验（实训）时，首先要检查设备仪表是否齐备、完好、适用，了解其型号、规格和使用方法，并按要求抄录有关铭牌数据。然后按试验（实训）要求和试验（实训）内容合理安排设备仪表位置，接好线路。试验（实训）者自己先行检查无误后，再请指导教师检查。只有指导教师检查认可后方可合上电源。

（3）试验（实训）中，要做好对试验（实训）现象、试验（实训）数据的观测和记录，要注意仪表指示不宜太大和太小。如果指示太大，超过了满刻度，可能损坏仪表；如果仪表指示太小，读数会有困难，且误差太大。仪表的指示以在满刻度的1/3～3/4之间为宜。因此试验（实训）时要正确选择仪表的量程，并在试验（实训）过程中根据指示情况及时调整量程，调整量程时应切断电源。由于试验（实训）中要操作、读数和记录，所以同组同学要适当分工，互相配合，以保证试验（实训）顺利进行。

（4）在试验（实训）过程中，要注意有无异常现象发生。如发现异常现象，应立即切断电源，分析原因，待故障排除后再继续进行试验（实训）。试验（实训）中，特别要注意人身安全，防止发生触电事故。

（5）试验（实训）内容全部完成后，要认真检查试验数据是否合理和有无遗漏。试验数据需经指导教师检查认可后，方可拆除试验（实训）线路。拆除试验（实训）线路前，必须先切断电源。试验（实训）结束后，应将设备、仪表复归原位，并清理好导线和试验（实训）桌面，做好周围环境的清洁卫生。

三　试验（实训）报告

每次试验（实训）之后，都要进行试验（实训）总结，撰写试验（实训）报告，以巩固试验（实训）效果。

试验（实训）报告应包括下列内容：

（1）试验（实训）名称，试验（实训）日期，班级，试验（实训）者姓名，同组者姓名。

（2）试验（实训）任务和要求。

（3）试验（实训）设备。

（4）试验（实训）线路。

（5）试验（实训）数据、图表。试验（实训）数据均取3位有效数字，按《数值修约规则与极限数值的表示和判定》（GB/T 8170—2008）的规定进行数字修约。绘制曲线必须用坐标纸，坐标轴必须标明物理量和单位，曲线必须连续、平滑。

（6）对试验（实训）结果进行分析并回答试验（实训）指导手册提出的思考题。

实训 1 接地电阻测量试验

一 试验（实训）目的

（1）掌握采用接地电阻测试仪测量一般建筑接地网接地电阻的方法。

（2）通过接地电阻的实测数据，判断接地电阻是否满足规程要求。

二 试验（实训）地点及内容

（1）试验（实训）在户外进行，两位同学为一组，每组使用一台测试仪进行测量。

（2）采用接地电阻测试仪，分组测量学院的不同建筑，如教学楼、试验楼等处接地网的接地电阻。

三 试验（实训）设备：ZC-8 型接地电阻测试仪

ZC-8 型接地电阻测试仪由手摇发电机、电流互感器、滑线电阻及检流计等部件组成，全部机构装于铝合金铸造的携带式外壳内，附件有接地探测针及连接导线等。

四 试验（实训）步骤和方法

（1）接地测量电路。

接地测量电路如实训图 1 所示。

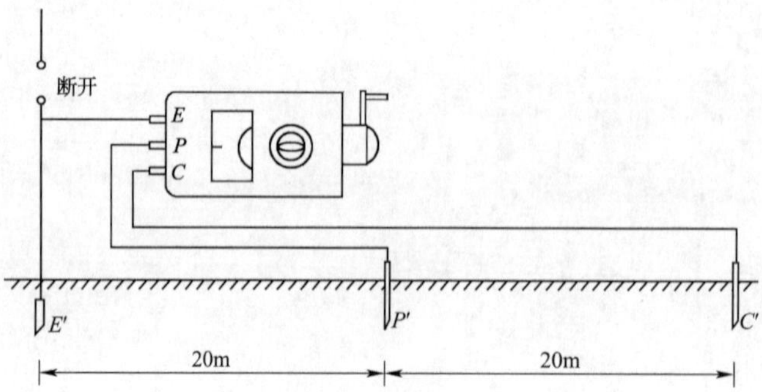

实训图 1 接地测量电路

（2）试验（实训）步骤和方法。

①使被测接地极 E'、电位探针 P'和电流探针 C'彼此间直线距离为 20m，且电位探针 P'要插在接地极 E'和电流探针 C'之间。

②用导线将 E'、P'和 C'连接于仪表相应端钮 E、P、C。

③将仪表放置在水平位置，检查检流计的指针是否处于中心线上，否则用零位调整器将其调整为指于中心线。

④将“倍率标度”置于最大倍数，慢慢转动发电机摇把，同时旋动“测量标度盘”

使检流计指针指于中心线。

⑤当检流计指针接近平衡量时，加快发电机摇把的转速，使其达到 120r/min 以上，整定“测量标度盘”使指针指于中心线。

⑥如“测量标度盘”的读数小于 1，应将“倍率标度”置于较小的倍数，再重新调整“测量标度盘”，使指针指于中心线，以便得到正确的读数。

⑦用“测量标度盘”的读数乘“倍率标度”的倍数，即为所测的接地电阻值。

⑧反复测量三次，取平均值。

（3）试验（实训）注意事项。

①当检流计灵敏度过高时，可将电位探针 P'插入土壤中浅一些的位置；当检流计灵敏不够时，可适当在电位探针 P'和电流探针 C'的位置注水，使其湿润，以减小其接地电阻。

②当接地极 E'和电流探针 C'之间直线距离大于 20m 时，电位探针 P'偏离 $E'C'$直线几米，可不计误差，但 E'、C'之间直线距离小于 20m 时，则必须将电位探针 P'插在 $E'C'$直线上，否则将影响测量结果。

③不允许在接线过程中摇动发电机手把，以防触电。

五 试验（实训）结果

试验（实训）数据记录如实训表 1 所示。

试验（实训）数据记录 实训表 1

建筑物接地网名称	规程规定值	实 测 值			倍率标度数
		1	2	3	测量标度盘读数

六 分析与体会

（1）接地电阻实测结果是多少？是否满足一般建筑物的接地电阻规程要求？

（2）为满足接地电阻要求，可采取什么改善措施？

实训 2　三相变压器空载试验

一　试验（实训）目的

（1）掌握三相变压器的铁损耗测量方法。

（2）掌握各种仪表的使用方法。

二　试验（实训）设备

（1）交流可调电源试验台 1 套。

（2）交流电压表 3 只。

（3）交流电流表 3 只。

（4）功率表 2 只。

（5）三相心式变压器 1 套。

（6）导线若干。

三　试验（实训）步骤和方法

1. 试验（实训）线路图

空载试验用来测量变压器的铁损。当高压侧的额定电压较高时，为了方便试验和安全，通常在低压侧输入电压，而高压侧开路。空载试验时，变压器输入功率由两块功率表 W_1 和 W_2 分别测量，将两块功率表的值相加得到 P_0，P_0 的大小就可以认为是变压器的铁损。

试验接线图如实训图 2 所示。在低压侧三相输入中分别串联接入 A_1、A_2、A_3 三块电流表，用来测量输入空载电流，V_1、V_2、V_3 三块电压表分别并联接在两相电源之间，测量线电压的值，功率表 W_1、W_2 测量输入空载功率，两块功率表在测量时读数有正、负值，其代数和即总的输入功率。功率表有四个接线端，I^* 和 I 端子串联接在电路中，U^* 和 U 并联接在两相电源之间。

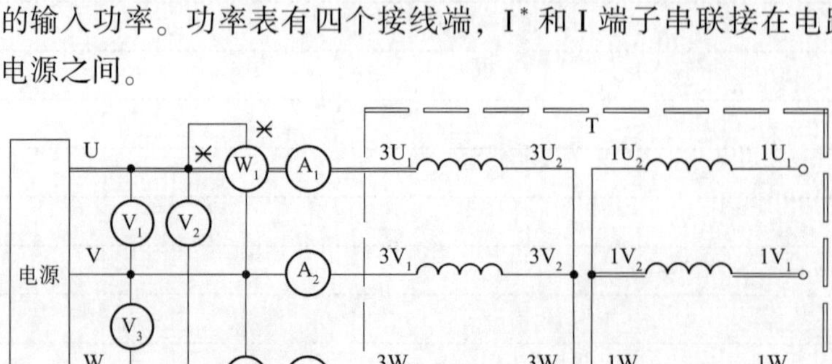

实训图 2　试验接线图

2. 接线注意事项

（1）在三相变压器试验中，应注意电压表、电流表和功率表的合理布置。

（2）在使用仪表时，注意选择好量程，以免损坏仪表。

（3）变压器低压侧接电源，高压侧开路。

3. 试验（实训）步骤

（1）在低压侧接入电源，高压侧开路；

（2）按照试验线路图，在低压侧分别接好电压表、电流表、功率表；

（3）接通电源，并将电压调到额定值；

（4）通过电压表、电流表、功率表分别测出相应值；

（5）将测得的数据分别记录在实训表 2 中，并计算出电压的平均值 U_0，电流的平均值 I_0，功率值的代数和 P_0；

（6）将电源电压逐步调低，按照步骤（5），可以在实训表 2 中记录几组数据；

（7）关断电源，拆线，完成试验。

注意：两块功率表测量值有正值和负值，值相加是其代数和。

四 试验（实训）结果

将试验测量数据正确记录在实训表 2 中，并计算出 U_0、I_0、P_0。

试验测量数据记录表 实训表 2

测量数据								计算数据		
U_0（V）			I_0（A）			P_0（W）		U_0	I_0	P_0
U_1	U_2	U_3	I_1	I_2	I_3	P_1	P_2	（V）	（A）	（W）

五 思考题

（1）为什么选择在变压器低压侧输入电压，高压侧开路？

（2）变压器的铁损与电压有关吗？

实训3 GW-35 型隔离开关检调

一 实训目的

掌握 GW-35 型隔离开关检调方法。

二 实训组织及要求

（1）指导教师人数：1 人。
（2）学员分组：1 人一组。
（3）纪律要求：
①要在规定的时间内完成；
②按规定带齐安全用品，遵守安全规程；
③设备安装正确，符合技术要求；
④主要设备安装后不得有损伤、人员不得有碰伤；
⑤采用正确的操作方法，无违章现象。

三 实训场地

接触网演练场。

四 实训设备及工具

（1）工具材料：GW-35 型隔离开关一台、个人工具、塞尺、2m 卷尺。
（2）安全用品：安全合格证、安全帽、手套、安全带、工装。

五 考核标准及办法

1. 考核标准

（1）分闸角度为 90° +1°，用盒尺测量端部距离等于尾部距离。
（2）合闸两刀片中心线应吻合。
（3）触点接触间隙用 0. 05mm × 10mm 塞尺塞进，且深度不大于 4mm。
（4）分、合闸止钉间隙 1 ~ 3mm。
（5）绝缘瓷柱面不应受损伤。
（6）各零部件齐全或紧固且符合规定。
（7）转动部分应灵活。

2. 考核办法

（1）考评员不少于 3 人，负责考场事务及评分。

（2）考评员同时给考生评分，取平均值为该考生的得分。

（3）评分法：按单项记分、扣分。

（4）在规定的时间内完成，不加分，也不扣分。每超时 1min，从总分中扣 2 分；超时 10min，停止作业。正式操作时间 20min。

（5）采用百分制，100 分为满分，60 分为合格。

六 分析与体会

（1）GW-35 型隔离开关检调的详细步骤是怎样的？

（2）在检调隔离开关的过程中有哪些注意事项？

实训4 电流互感器变比与极性判别试验

一 试验（实训）目的

（1）了解并掌握电流互感器使用中的注意事项。

（2）掌握电流互感器变比的试验方法。

（3）掌握电流互感器极性的判别方法。

二 试验（实训）设备

（1）交流电源试验台1台。

（2）调压器1台。

（3）升流器1台。

（4）交流电流表2只。

（5）钳形电流表1只。

（6）电流互感器1台。

（7）毫安电流表1只。

（8）干电池（1.5～3V）1节。

（9）导线若干。

三 试验（实训）步骤和方法

1. 试验（实训）线路图

（1）电流互感器变比测定。

电流互感器变比测定有电流法与电压法，本试验采用电流法。试验接线图如实训图3所示。电源通过调压器、升流器接入电流互感器的一次绕组的 P_1、P_2 端，电流表 A_1 串接在一次侧测一次电流值，电流表 A_2 串接在互感器二次绕组 S_1、S_2 端，测量二次侧电流值。一次电流测量也可以采用大量程的钳形电流表。通过一次电流与二次电流的比值，测定电流互感器的变比。

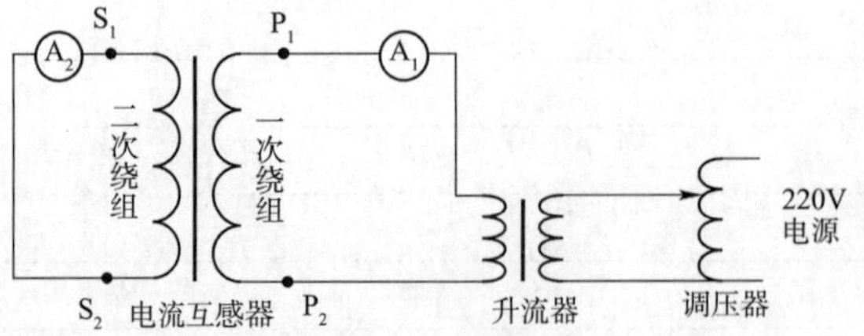

实训图3 试验接线图

（2）电流互感器极性判别。

电流互感器在继电保护二次回路中起一、二次回路的电压和电流隔离作用，一、二次侧都有两个及以上的引出端子，任何一侧的引出端子用错，都会使二次侧的相位变化180°，既影响继电保护装置正确动作，又影响电力系统的运行监控和事故处理，严重时还会危及设备及人身安全。电流互感器极性判别方法较多，本试验采用直流法测电流互感器极性。

直流法测电流互感器极性接线图如实训图4所示。P_1、P_2为电流互感器一次侧两端，S_1、S_2为电流互感器二次侧两端。干电池正极通过开关接到P_1端上，干电池负极接到P_2端上；电流表正极端接到S_1上，电流表负极端接到S_2上。如果合上电源开关，电流表正偏，断开开关，电流表反偏，则电流互感器为减极性；反之，则电流互感器为加极性。

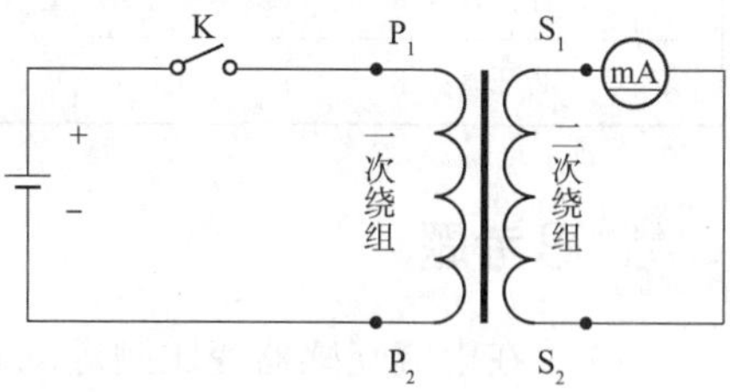

实训图4　直流法接线图

2. 接线注意事项

（1）在变比测定试验中，要保证二次侧不能开路，避免开路电压过高导致危险。

（2）在使用仪表时，注意选择好量程，以免损坏仪表。

（3）在极性判定试验中，应注意电池正负极、电流表正负端与电流互感器端子连接正确。

（4）如果在极性判定时电流表指针偏转不明显，可将两节干电池并联使用。

3. 试验（实训）步骤

（1）电流互感器变比测定：

①按实训图3所示，正确接好线路；

②接通电源，并调节调压器，使电流表A_1读数达到互感器额定电流值，如果使用的是钳形电流表，则一边调节调压器，一边用钳形电流表实时测量；

③当一次侧电流达到额定值时，停止调节调压器；

④读出电流互感器二次侧电流值；

⑤将结果记录于实训表3中，并算出电流互感器变比；

⑥将调压器回零，关断电源，拆线，完成试验。

（2）电流互感器极性判别：

①按实训图4所示，正确接好线路；

②合上开关K，记下电流表正偏或反偏；

③断开开关K，记下电流表正偏或反偏；

④通过电流表偏转方向判断极性；

⑤将结果记录于实训表4中；

⑥关断电源，拆线，完成试验。

四　试验（实训）结果

实训表3

一次电流值	二次电流值	变　比

实训表4

操作开关K	电流表正偏/反偏	极　性
合上开关K		
断开开关K		

五 思考题

（1）在电流互感器变比测定试验中，二次侧为什么不能开路？

（2）为什么要测电流互感器极性？

（3）电流互感器减极性与加极性各有什么特点？

（4）电流互感器在实际使用中需要注意什么？

实训5 定时限过电流保护试验

一 试验（实训）目的

（1）掌握由DL型电流继电器、DS型时间继电器、DZ型中间继电器、DX型信号继电器组成的过流保护装置的定时限过流保护系统电路。

（2）掌握定时限过流保护电路在模拟短路条件下实现短路保护的方法。了解各继电器的动作情况和低压断路器何时自动跳闸。

（3）掌握设计定时限过流保护的继电保护线路的设计方法、实现步骤、切除故障的过程。

二 试验（实训）设备

（1）三相调压器1台。

（2）升流器2台。

（3）电流互感器2台。

（4）DL型电流继电器2台。

（5）DS型时间继电器1台。

（6）DZ型中间继电器1台。

（7）DX型信号继电器1台。

（8）DZ10-100/311低压断路器1台。

（9）15W/220V显示灯（红色）1个。

（10）5W/220V显示灯（绿色）1个。

（11）15W/220V显示灯（白炽灯）1个。

三 试验（实训）内容

1. 试验（实训）线路图

（1）模拟一次回路（主电路）接线图，如实训图5所示。

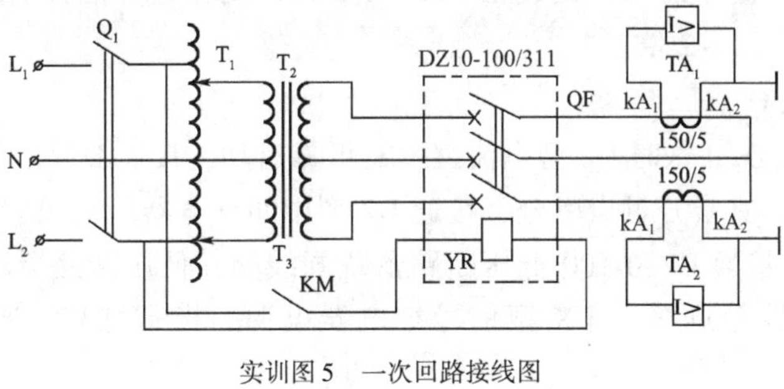

实训图5 一次回路接线图

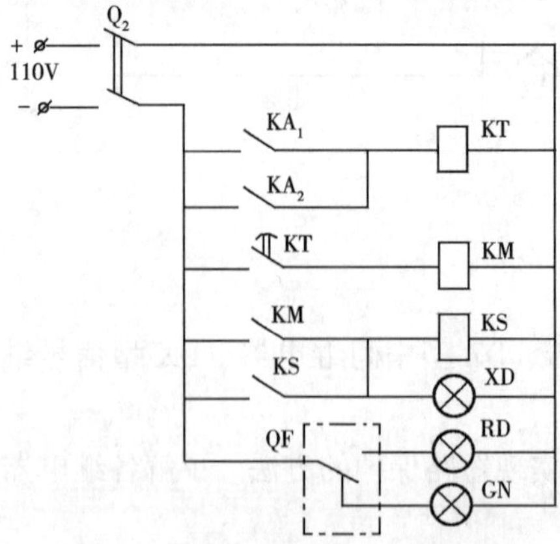

实训图 6　二次回路接线图

（2）模拟二次回路（控制回路）接线图，如实训图 6 所示。

2. 接线注意事项

（1）本试验（实训）线路复杂，既有交流电源又有直流电源、一次回路接交流电源、二次回路接直流电源。有的继电器线圈接交流电路，而触点接直流电路。因此，必须注意不能混接。

（2）DL 型电流继电器 KA_1、KA_2 的线圈，接电流互感器 TA_1、TA_2 的二次回路。继电器触点 KA_1、KA_2 并联后与 DS 型时间继电器 KT 的线圈串接在直流回路作为启动元件。执行元件 DZ 型中间继电器 KM 的一对触点与低压断路器 QF 的跳闸线圈（分励脱扣器）YR 串联后接 220V 交流电源，KM 的另一对触点与信号继电器 KS 的线圈串接。

（3）DL 型电流继电器与互感器的接线采用一相式接线。

（4）DZ10-100 低压断路器的脱扣器线圈采用分励脱扣线圈作为跳闸线圈。

（5）电流互感器 TA_1、TA_2 采用 150/5 的变比。

（6）升流器 T_2 的二次侧连接导线要采用 YC-35 电焊线，注意接线牢固，以减小接触电阻。

（7）电流互感器的二次侧要良好接地或接零。

3. 试验（实训）步骤

（1）按实训图 5 和实训图 6 接线，经检查无误后方可进行以下步骤。

（2）将 DL 型电流继电器的动作值调整把手调至 1.5A，DS 型时间继电器的延时动作时限调整为 5s。

（3）合上 DZ10-100 低压断路器。

（4）合上开关 Q_1。

（5）缓慢旋动调压器旋柄，使输出电压逐渐上升，升流器二次侧电流也同步上升，直到 DL 型电流继电器启动，记下调压器旋柄位置。

（6）断开 Q_1 后，将调压器旋柄调至进行上一步骤时所记下位置电压的 1.5 ~ 2 倍处（例如，所记下的位置为 100V，则旋至 150 ~ 200V），则在这一位置下的升流器二次电流相应为启动电流的 1.5 ~ 2 倍。

（7）合上开关 Q_2。

（8）合上开关 Q_1，这时 DL 型电流继电器可靠启动，接通 DS 型时间继电器的电源，经一定时限（5s），其常开触点闭合，接通 DZ 型中间继电器的电源，使 DZ 型中间继电器常开触点闭合，接通 DZ10-100 低压断路器跳闸线圈，低压断路器跳闸切除电路。同时 DS 型时间继电器触点接通 DX 型信号继电器电源，指示灯亮，通过其常开触点自保持。

（9）断开 Q_1、Q_2，结束试验（实训），拆线复位，整理好试验（实训）台。

四　试验（实训）结果

过电流保护装置系统试验（实训）元件动作顺序记录在实训表 5 中。

过电流保护装置系统试验（实训）元件动作顺序　　实训表 5

动作顺序号	元件名称							
	KA	KM	KS	KT	QF	RD	GN	XD
1								
2								
3								
4								
5								
6								
7								
8								

五　思考题

（1）本模拟试验（实训）电路中，电流互感器与电流继电器的连接属什么接线方式？它与两相电流互感器“V”形接法在原理上有什么不同？

（2）定时限过电流保护动作电流的整定原则是什么？如何整定？

实训6 反时限过电流保护试验

一 试验（实训）目的

（1）掌握根据一次线路的过电流保护要求设计反时限过电流保护线路的方法。
（2）掌握反时限过电流保护线路的工作原理。

二 试验（实训）设备

（1）三相调压器1台。
（2）电流互感器2台。
（3）交流电流表（2.5～5A）1只。
（4）GL型电流继电器2台。
（5）电秒表（408型或407型）1只。
（6）DZ10-100/311低压断路器1台。
（7）升流器2台。
（8）15W/220V显示灯（红色）1个。
（9）15W/220V显示灯（绿色）1个。
（10）15W/220V显示灯（白炽灯）1个。

三 试验（实训）内容与方法

1. 试验（实训）接线

（1）试验（实训）主回路接线如实训图7所示。

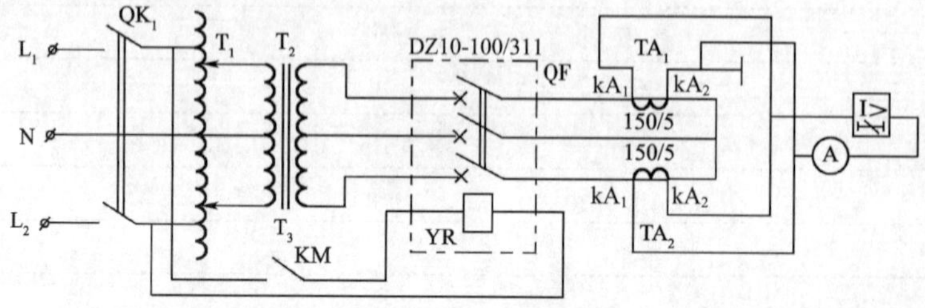

实训图7 主回路接线图

接线注意：两电流互感器一次侧绕线方式相同，同时注意二次侧极性，应采用两相电流差的接线方式。

（2）反时限过流保护线路（二次回路）如实训图8所示。

要求：断路器QF闭合后红灯RD亮，QF断开后红灯RD灭；断路器QF闭合后绿灯GN灭，QF断开后绿灯GN亮。

2. 方法和步骤

(1) 按实训图 7 和实训图 8 接线，检查无误后方可进行以下步骤。

(2) 预先调整好继电器的启动电流值和 10 倍动作电流时间。$I_{OP}=2A$，$t=1s$。

(3) 调压器旋转手轮调回零位。

(4) 合上 DZ10-100/311 低压断路器 QF。

(5) 合上开关 QK_1，控制可偏转框架不动，调节调压器缓慢升压，使电流表指示为 4A 左右，固定调压器旋柄位置不变，断开开关 QK_1。

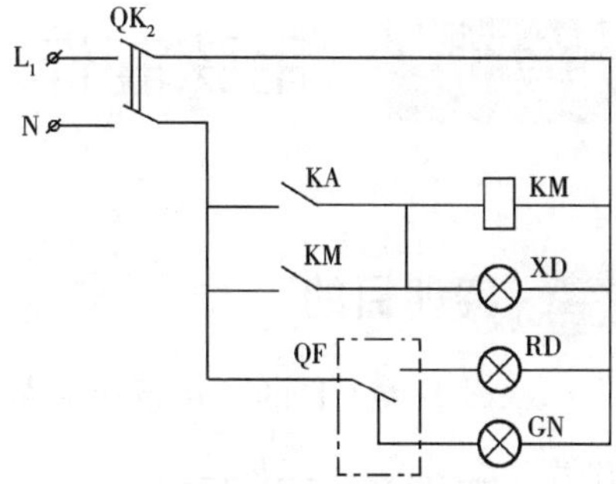

实训图 8　反时限过流保护（二次回路）图

(6) 合上开关 QK_1、QK_2，GL 型电流继电器动作，经一定时限继电器常开触点闭合，接通 DZ10-100/311 低压断路器 QF 的分励脱扣器 YR 的电源，断路器跳闸保护。相应的显示灯显示断路器的位置状态。

(7) 断开开关 QK_1、QK_2，拆线复位，整理试验（实训）台位。

四　思考题

(1) 反时限过流保护系统电路中，如何保证短路电流特大时迅速切断电路故障？

(2) 过流保护线路中如何保证合闸红灯亮，分闸绿灯亮？

实训7 吊弦制作

一 实训目的

掌握一些工具的使用及吊弦的制作。

二 实训组织及要求

（1）学员分组：1 人一组。

（2）纪律要求：

①要在规定的时间内完成；

②按规定带齐安全用品，遵守安全规程；

③设备安装正确，符合技术要求；

④主要设备安装后不得有损伤、人员不得有碰伤；

⑤采用正确的操作方法，无违章现象。

三 实训场地

接触网演练场。

四 实训设备及工具

（1）材料：ϕ4.0mm 铁线。

（2）工具：2m 卷尺、个人工具。

（3）安全用品：工装、手套、安全帽。

五 实训内容及操作

（1）实训内容。

①制作一根三节吊弦，标准长度为 600mm + 300mm + 900mm，下料长度为 900mm + 600mm + 1000mm。下料长度允许误差为 ± 30mm。

②吊弦环缠绕圈数为 2.5 ~ 3 圈（从交叉处起算），缠绕的第一圈交叉后应够 90°，匝间应密贴，双环时两环互相垂直，缠绕余头不超过 100mm，环孔呈水滴状，长 25 ~ 40mm，宽 20 ~ 25mm，收口处线头不得上翘。

③吊弦不得有明显伤痕，手不得有剐伤、划伤现象，必须戴手套操作。

④吊弦顺直，两端有环的两环互相垂直。

（2）准备时间：15min。

准备工具，完成下料。下料长度允许误差为 ± 30mm。

（3）正式操作时间为 20min。

六　考核办法

（1）考评员不少于 3 人，负责考场事务及评分。

（2）各考评员同时给考生评分，取平均值为该考生的得分。

（3）评分法：按单项记分、扣分。

（4）在规定的时间内完成，不加分，也不扣分。每超时 1min，从总分中扣 2 分；超时 10min，停止作业。

（5）采用百分制，100 分为满分，60 分为合格。

七　分析与体会

（1）吊弦制作的详细步骤是怎样的？

（2）吊弦制作过程中有哪些注意事项？

实训8 拉出值及线岔检调

一 实训目的

掌握拉出值的检调和线岔的检调。

二 实训组织及要求

（1）指导教师人数：1 人。

（2）学员分组：3 人一组。

（3）纪律要求：

①要在规定的时间内完成；

②按规定带齐安全用品，遵守安全规程；

③设备安装正确，符合技术要求；

④主要设备安装后不得有损伤，人员不得有碰伤。

三 实训场地

接触网演练场。

四 实训设备及工具

1. 拉出值检调

（1）工具和材料：绝缘测杆、道尺、2m 钢卷尺、线坠、梯车、个人工具、单滑轮、棕绳、工具袋、钢丝套。

（2）安全用品：安全带、工装、手套、安全帽。

2. 线岔检测

（1）工具和材料：梯车、线坠、2m 钢卷尺、双滑轮、棕绳、导线校正扳手、水平尺、千锤、木榔头、工具包、限制管、定位线夹、吊弦线夹。

（2）安全用品：安全带、手套、工装、安全帽。

五 实训内容及操作

1. 拉出值检调

（1）准确测量出超高、导高和轨距，计算现有拉出值的大小。

（2）调整后拉出值应符合设计要求。

（3）定位线夹受力面正确、无偏磨，各部零件紧固。

（4）定位器符合 1:5 ~1:10 的坡度要求。

（5）正确填写测量记录。

（6）操作工序正确，计算数据准确，无返工现象。

2. 线岔检调

（1）线岔的垂直投影，应在线岔导曲线两内轨轨距 630 ~ 800mm 范围内的横向中间处，其误差不超过 50mm。

（2）限制管安装牢固，防缓垫片良好，正线接触线在侧线接触线下方，之间应保持一定的间隙，两接触线能自由伸缩，无卡滞现象。

（3）在线岔两侧线间距 500mm 处，当均为工作支时，距轨面等高，即两导线水平，其误差不超过 10mm。当其中一根为非工作支时，则非工作支比工作支抬高不少于 50mm。

（4）正确填写工作票和测量记录。

（5）测量、调整工序正确，无违章和高空掉物现象。

3. 操作步骤

（1）测量相关参数。

（2）检查相关参数是否符合要求。

（3）若相关参数不符合要求，进行调整。

（4）工作结束，清理现场。

六 考核办法

（1）考评员不少于 3 人，负责考场事务及评分。

（2）考评员同时给考生评分，取平均值为该考生的得分。

（3）评分法：按单项记分、扣分。

（4）在规定的时间内完成，不加分，也不扣分。每超时 1min，从总分中扣 2 分；超时 10min，停止作业。正式操作时间为 20min。

（5）采用百分制，100 分为满分，60 分为合格。

七 分析与体会

（1）拉出值检调过程中有哪些注意事项？

（2）线岔检调过程中有哪些注意事项？

实训9 吊弦及承力索的检修

一 实训目的

对接触网的吊索及承力索进行检修，使之符合技术标准。

二 实训组织及要求

（1）指导教师人数：2 人。

（2）学员分组：3 人一组。

（3）纪律要求：

①要在规定的时间内完成；

②按规定带齐安全用品，遵守安全规程；

③设备安装正确，符合技术要求；

④主要设备安装后不得有损伤、人员不得有碰伤；

⑤采用正确的操作方法，无违章现象。

三 实训场地

接触网演练场。

四 实训设备及工具

（1）工具和材料：个人工具、梯车、DJJ 多功能激光接触网检测仪、吊弦线夹、ϕ4. 0mm 铁线、钢线卡子、吊弦、简单悬挂带弹性吊索、悬吊滑轮、夹环、润滑脂等。

（2）安全用品：安全合格证、安全帽、手套、安全带、工装。

五 实训内容及操作

（1）检查吊弦布置间距、数量是否符合安装图要求，若不符合，则进行调整。

（2）检查吊弦偏移量是否符合要求（在无偏移温度时处于铅垂状态）。

（3）检查吊弦高差是否符合要求（相邻吊弦高差≤10mm）。

（4）检查吊弦是否锈蚀、磨耗、烧伤、断股、散股，必要时予以更换。

（5）检查吊弦线夹、承力索线夹是否安装正确、紧固，无偏斜打碰弓危险，吊弦环节是否卡滞，必要时予以更换。

（6）在检查滑动吊弦时，应检查绝缘轮是否入槽、裂纹、老化及烧伤，焊接部位是否有开焊现象，必要时进行更换。

（7）检查承力索钢线卡子是否紧固无松动，弹性承力索两端辅助绳长度和受力状况是否符合要求。

六　考核办法

（1）考评员不少于 3 人，负责考场事务及评分。

（2）考评员同时给考生评分，取平均值为该考生的得分。

（3）评分法：按单项记分、扣分。

（4）在规定的时间内完成，不加分，也不扣分。每超时 1min，从总分中扣 2 分；超时 10min，停止作业。正式操作时间为 30min。

（5）采用百分制，100 分为满分，60 分为合格。

七　分析与体会

（1）吊弦及承力索的检修的详细步骤是怎样的？

（2）吊弦及承力索的检修过程中有哪些注意事项？

附 录

本教材“1+X”对应知识点列表

本教材紧密对接“1 + X”《城市轨道交通接触网维护职业技能等级标准》、《城市轨道交通变电检修职业技能等级标准》（中级），以轨道列车变电检修和接触网检修岗位的应知应会为基础，以岗位典型工作任务为核心内容，以职业技能要求为目标，充分体现了以学习者为中心、工学结合、行动导向、“岗课赛证”融通的职教特色。具体参见二维码。

教材与“1+X”对应知识点